Rebeldes del

ROCK

Redbook
ediciones

Manuel López Poy

Rebeldes del

ROCK

© 2020, Manuel López Poy

© 2020, Redbook Ediciones, s. l., Barcelona

Diseño de cubierta e interior: Regina Richling

Fotografías interiores: APG images

ISBN: 978-84-121366-9-2

Depósito legal: B-7.227-2020

Impreso por Sagrafic, Passatge Carsi 6, 08025 Barcelona

Impreso en España - *Printed in Spain*

Mi agradecimiento a toda la gente que, queriéndolo o sin querer, con sus apuntes, comentarios, anotaciones y soplos, voluntarios o involuntarios, me ayudaron a ir tejiendo este complicado galimatías del rock rebelde: David Moreu, José Luís Martín, Blas Picón, Myriam Swanson, Alfred Crespo, Sagrario Luna, MA Lonesome, Xavier Valiño, Alex Zayas, Francisco José López Poy, Anabel Vélez, Xavi Carajillo, Eduardo Izquierdo, Juan Pedro Velazquez 'Biri', Jose Cano, Fernando Navarro, Ramón del Solo, Manuel Celeiro, Eloy Pérez, Toni Castarnado, Carlos Zanón, Álvaro González, Fernando Navarro, Carlos Rego, Juan Puchades, Eduardo Ranedo, Mario Cobo, Alberto Valle, Kepa Arbizu, Tedy KGB, Manuel Beteta y Miquel Botella, además de los que ya son citados directamente en las páginas de este libro.

ÍNDICE

INTRODUCCIÓN
REBELDES E INADAPTADOS A 45 REVOLUCIONES POR MINUTO

L a historia del rock está marcada desde sus orígenes por la eterna contraposición entre su espíritu de rebeldía y los permanentes y continuos intentos de domesticarlo y convertirlo en un mero producto de consumo. Cuando surgió, a mediados de los años cincuenta en los conservadores Estados Unidos del *American Way of Life*, el rock 'n' roll fue recibido como un engendro diabólico que venía a contaminar a la juventud y arrastrarla a un mundo de perversiones y pecado en el que los hijos renegaban del mundo que sus padres pretendían legarles, cosa esta última en la que no les faltaba razón a sus detractores. Desde entonces, cada generación de rockeros ha visto como su espíritu insumiso original se iba diluyendo para adaptarse al sistema al mismo tiempo que surgía una nueva generación que reivindicaba para sí ese espíritu.

La aparición de los primeros músicos de rock 'n' roll supuso una convulsión social sin precedentes: por primera vez en la historia una generación rompía con todas las expectativas que se habían puesto en ella y se rebelaba contra el camino que le habían marcado, al mismo tiempo que se convertía en un sector de consumo distinto y particular, con sus propias modas, sus propios comportamientos sociales y sus propias expresiones culturales. En realidad el primer rock 'n' roll es más rebelde que revolucionario, al menos en su más estricto sentido político y social. Probablemente nada más lejos del ánimo de Elvis Presley, Chuck Berry o Jerry Lee Lewis que intentar sacudir los cimientos del sistema capitalista norteamericano. Más bien todo lo contrario: trataban a toda costa de medrar en él, rebelándose contra las barreras económicas, raciales o sociales que se lo impedían.

Los Teddy Boys representaban la vanguardia oscura de la cultura pop.

Pero también es cierto que la rebelión es la levadura indispensable que ayuda a fermentar la revolución, y eso, una revolución en el más primario sentido de la palabra, el de la convulsión y el estremecimiento, fue lo que supuso la aparición del rock en la pretendidamente plácida sociedad de posguerra.

En el estallido del rock unos fueron rebeldes por desobediencia a las aburridas normas de una sociedad amedrentada y conservadora, otros lo fueron por saltarse los convencionalismos, otros por sus escandalosas actitudes morales y sexuales, otros por tratar de romper las barreras sociales y raciales y algunos, los menos, lo fueron por conciencia política y social. En cualquier caso, con ideología o sin ella, el rock & roll siempre ha tenido un componente antisistema y siempre ha sido mirado con recelo por el poder, sea este del signo que sea, el capitalista a ultranza o el comunista radical, aunque también es cierto que ninguno de los dos ha dudado en usarlo como elemento de propaganda cuando le ha convenido. Mientras en Estados Unidos y en Inglaterra los jóvenes *greasers* y *teddy boys* eran vistos como una plaga delictiva que socavaba los cimientos del tradicional modo de vida norteamericano de orden y consumo que había salido triunfador tras la Segunda Guerra Mundial, en la Unión Soviética sus equivalentes, los *stilyagi*, eran perseguidos con saña por poner en cuestión los valores revolucionarios socialistas que habían sido decisivos para acabar con el nazismo. Y a uno y otro lado del Telón de Acero el sistema respondió de forma similar, tratando de domesticar a los rockeros rebeldes con réplicas domesticadas convertidas en modas de consumo, en el caso norteamericano, y creando fieles seguidores de la ortodoxia que usasen la música para crear jóvenes obedientes al partido, en el caso soviético.

Pero a pesar de la tentación de la venta del alma al diablo del dinero o la amenaza de la cárcel y el psiquiátrico reeducador, el rock ha sobrevivido durante más de seis décadas y ha tenido una influencia determinante en las formas que adoptó la rebeldía en la cultura universal de la segunda mitad del siglo XX. Amparó el nacimiento de la contracultura y los movimientos contestatarios posteriores a la Segunda Guerra Mundial y los extendió hasta el último rincón de la Tierra en un proceso históricamente inédito de globalización cultural. Puso banda sonora a la revolución de paz y amor de los *hippies*, a las protestas contra la guerra de Vietnam y el movimiento pacifista, a la lucha por los derechos civiles, a la reivindicación de la libertad sexual o a las demandas ecologistas. En los años sesenta y setenta la imagen de Jim Morrison o John Lennon, compartía espacio en las paredes

Jim Morrison es uno de los grandes mitos del rock: poeta, cantante, símbolo sexual, chamán y provocador nato.

de las habitaciones de los estudiantes con el Che Guevara o un Cristo idealizado con el emblema los *hippies* y en los ochenta, mientras el mundo se volvía cada día más caótico, se echó en brazos del nihilismo punk que gritaba anarquía mientras consumía drogas. Porque el rock siempre ha estado caracterizado también por la ambivalencia y puso al mismo tiempo banda sonora a la guerra del Vietnam y las protestas contra ella, sirvió para criticar la sociedad de consumo y para vender pantalones vaqueros, coches y motos de marcas que han usado la rebeldía y la libertad como conceptos inherentes a esos productos y se usó para alumbrar himnos patrióticos y llamar a la sedición.

Nacido de la unión entre las músicas negra y blanca, el rock & roll se ha comportado como un adolescente díscolo, un bastardo incomprendido y un rebelde inadaptado que pierde fuelle con los años, pero se resiste a acomodarse, a integrarse en una sociedad que trata de seducirlo con los cantos de sirena del éxito y la fama. Y eso es así desde que alguien puso en marcha un disco a 45 revoluciones por minuto y empezó a sonar una música que al grito de «come on let's go!» hacía que los pies se moviesen solos y empujaba a los jóvenes a echarse a la calle en busca de algo que les proporcionase satisfacción, costase lo que costase y le pesase a quien le pesase, aunque a veces ese camino les llevase a caer en el desencanto y pensar que no había futuro en los límites del gueto urbano. Prueba del innato espíritu rebelde del rock es que tiene el dudoso honor de que no ha habido una dictadura del signo que sea que no lo haya perseguido. Más de sesenta años después, el reloj sigue girando.

LAS RAÍCES
INSURRECTAS

Hijo de las melodías blancas y los ritmos negros, el rock 'n' roll nació en un país y una época, Estados Unidos de los años cincuenta, en los que la palabra *rebeldía* estaba proscrita por una sociedad conservadora y paranoicamente temerosa del peligro comunista, y la palabra *revolución* había sido extirpada durante los convulsos y violentos tiempos de la Depresión de finales de los años veinte y casi toda la década de los treinta, cuando el movimiento obrero fue duramente reprimido con la violencia de la policía, el FBI y los reventadores de huelgas de la agencia Pinkerton, financiados por la patronal, sobre todo a partir de las grandes huelgas de 1936 y 1937 en la industria del automóvil, el caucho y el sector textil. El estallido de la Segunda Guerra

Mundial en Europa y la posterior entrada del país en el conflicto tras el bombardeo de Pearl Harbour produjeron un giro en la situación interna que acabaría llevando a Estados Unidos a ocupar la posición de primera potencia mundial. Por un lado, la industria bélica dio ocasión a un crecimiento económico que abriría las puertas al *American Way of Life*, mientras que el trauma de la guerra que sufrieron millones de norteamericanos los empujó a un conservadurismo prácticamente generalizado.

En este contexto comienza a crearse una sociedad de consumo, o más bien consumista, en la que se cría una nueva generación que protagonizará un cambio social con una ruptura en las pautas de comportamiento, los hábitos sociales y el propio diálogo intergeneracional: los jóvenes cachorros del rock 'n' roll. Como apunta Jordi Sierra i Fabra en su libro *La era rock (1953-2003)*, los primeros rockeros fueron: «Los hijos de los que habían combatido para forjar "un mundo mejor" y que, lejos de aceptarlo tal cual, buscaban también una identidad propia en él. Si los jóvenes han dirigido siempre el son de sus protestas contra lo establecido, los de los años cincuenta fueron pioneros del cambio más singular, porque jamás la música había sido un arma tan poderosa como lo fue desde entonces». Y esa generación tuvo que rastrear en el pasado en busca de las raíces que alimentaran su espíritu de rebeldía y ruptura generacional. Las baladas populares y las canciones del country de finales del siglo XIX y principios del XX que ensalzaron a héroes populares, en muchas ocasiones rebeldes y bandidos (los *outlaws*), el primitivo blues rebelde con mensaje racial contra la segregación de artistas como Leadbelly o Josh White y el folk contestatario y popular de Woody Guthrie, Pete Seeger o Cisco Houston en los años treinta, son las raíces inconformistas del primer rock 'n' roll.

LOS MITOS DEL SALVAJE OESTE

Cartel promocional de *Love Me Tender*, la primera película de Elvis como protagonista.

La primera película que protagonizó Elvis Presley, *Love Me Tender*, en 1956, era un western en el que el rey del rock interpretaba a Clint Reno, el hermano pequeño de tres soldados confederados que regresan a casa para convertirse en unos fuera de la ley contra su voluntad. Es una de tantas historias de forajidos creados por la Guerra Civil que enfrentó al Norte contra el Sur entre 1861 y 1865 y que tantas películas dio al western, un género al que Elvis era aficionado desde sus días como adolescente acomodador de cine y una pasión compartida por toda la generación de jóvenes díscolos que iluminaron los primeros días del rock: Jerry Lee Lewis, los hermanos Johnny y Dorsey Burnette, su amigo Paul Burlinson, Carl Perkins, Gene Vincent o Eddie Cochran. Todos crecieron con los westerns de los años cuarenta y tuvieron como héroes infantiles a los vaqueros y forajidos del legendario oeste, quienes fueron su primer y prácticamente único referente de rebeldía adolescente en una sociedad, la del *American Way of Life*, que ellos contribuyeron a poner patas arriba con una actitud generacionalmente inconformista, desconocida hasta entonces.

Las canciones de *cowboys* comenzaron a popularizarse a finales del siglo XIX, surgidas para cantar al calor de las fogatas donde se reunían los vaqueros durante los *cattledrives*, las largas conducciones de ganado desde el sur de Texas a las ciudades de Kansas o Wyoming donde enlazaban con los ferrocarriles que llevaban la carne a las ciudades del este. Las historias de mitos del western como Wild Bill Hic-

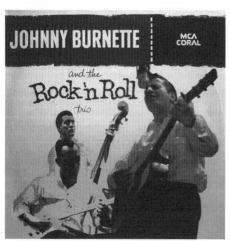

Johnny Burnette junto con su hermano mayor Dorsey y su amigo Paul Burlison, fundaron el grupo The Rock and Roll Trio en 1952.

Con el nombre de "el espíritu de Jim Crow", se conocen las leyes que implantaron la segregación racial promulgadas entre 1876 y 1965 basadas en la idea de "separados pero iguales").

kok o Buffalo Bill comenzaron a hacerse populares en ciudades como Washington o Nueva York a través de folletines y obras de teatro y con ellas también se hicieron famosas canciones como «The Streets of Laredo», también conocida como «The Cowboy's Lament», que tenía su origen en una balada de origen inglés, «Unfortunate Rake», una historia de adversidad y muerte de un soldado en la que algunos han querido ver un ancestro del famoso estándar de jazz-blues «Saint James Infirmary Blues», popularizado por Louis Armstrong en una grabación de 1928 y atribuido inicialmente a Don Redman y posteriormente a Irving Mills. Eran canciones en las que se enaltecía la libertad de aquella vida dura y salvaje del *cowboy*, al margen de cualquier restricción impuesta por la civilización, libre de ataduras, dependiendo sólo de su caballo y su revólver. Era la expresión de una forma primaria, ruda e individualista de rebeldía contra el nuevo orden que traería la sociedad del siglo XX con el predominio del modelo de vida urbana sobre el rural, la mecanización del trabajo y el control por parte del Estado de la mayoría de las facetas de la vida social. En ocasiones, esta rudeza se reflejaba en canciones preñadas de machismo e incluso racismo, como «Old Dan Tucker» un tema surgido en los espectáculos ambulantes de los *minstrel* de los días anteriores y posteriores a la Guerra Civil, donde predominaba el modelo Jim Crow –un blanco con la cara pintada de negro que imitaba groseramente

De villanos a héroes populares

Tal como había sucedido con sus antecesores europeos como el medieval Robin Hood o el dieciochesco Dick Turpin, muchos bandoleros del *Far West* fueron cantados como justicieros amigos de los pobres, como Jesse James en el tema homónimo, en cuyos versos es loado como un benefactor de los más desfavorecidos: «Jesse was a man, a friend to the poor. / He never would see a man suffer pain» («Jesse era un hombre, amigo de los pobres / nunca podía ver a un hombre sufrir dolor»). Otros bandidos inmortalizados como héroes por la cultura popular son los miembros del clan Younger que lucharon en la Guerra Civil y cabalgaron con sus primos, los hermanos James, en sus días de asaltos a bancos y ferrocarriles; Sam Bass, un *cowboy* huérfano que acabó convertido en bandido e incluso figuró entre los personajes del museo de cera de Madame Tussauds; el célebre y sanguinario Billy the Kid; los hermanos Dalton, que comenzaron como agentes de la ley y acabaron abatidos a tiros cuando intentaban robar su enésimo banco; o el compañero de los hermanos Earp en el histórico duelo de OK Corral, el mítico Doc Holliday, quien por cierto daría nombre a una famosa banda de rock sureño creada en 1981 lo que él consideraba que era el folclore afroamericano–, y que entre sus versiones, habitualmente groseras y violentas, tuvo una bailable que hacía referencia a la emancipación de los esclavos: «Ho! el coche Emancipación / Cabalga majestuoso por nuestra nación / Llevando en su tren la historia / ¡Libertad! La gloria de una nación / ¡Quítese de en medio!

¡Cada estación! / ¡El coche de la libertad, Emancipación!». Su huella en la música popular norteamericana alcanza hasta nuestros días con multitud de versiones, entre las que destacamos una de Bruce Springsteen grabada en el año 2006. Otras veces, quizá a modo de compensación, los *cowboys* cantaban adaptaciones de himnos religiosos como «Nearer My God to Thee» o baladas populares como «Texas Lullaby», una canción de la añoranza del hogar de un vaquero que vaga por la pradera solitaria.

El universo musical del Lejano Oeste, poblado por *cowboys*, forajidos y esforzados pioneros, comenzó a cobrar popularidad a partir de 1910, cuando el folclorista John

Billy el Niño ha pasado a ser una de las figuras más legendarias del Oeste americano.

Lomax edita su recopilación de canciones americanas *Cowboy Songs and Other Frontier Ballads*, que apuntala su teoría de que esas canciones que hunden sus raíces en las baladas de la música popular europea de los siglos XVIII y XIX son la base de la tradición musical de un país, Estados Unidos, cuya historia y tradición como nación consolidada, en ese momento no llegan al siglo y medio. En esa afanosa búsqueda de raíces, en los albores del siglo XX cobran especial relevancia las canciones sobre esos forajidos que habían dejado marcada su huella indeleble a sangre y fuego en la mítica frontera del Oeste que por entonces a duras penas acaba de ser colonizado por completo.

El primer artista que publicó grabaciones comerciales de las canciones tradicionales de los *cowboys* fue Bentley Ball. Entre 1918 y 1919, grabó catorce canciones

El forajido Jesse James fue asesinado el 3 de abril de 1882 por uno de los miembros de su banda.

para Columbia Records, entre las que se encontraban títulos como «Jesse James», en la que se vuelca en denigrar la figura de Robert Ford, el hombre que asesinó a Jesse por la espalda, y «The Dying Cowboy», también conocida como «Bury me not on the Lone Prairie» («No me entierres en la pradera solitaria»). Al contrario que la mayoría de los cantantes vaqueros originales, se acompañaba con un piano y no con una guitarra, como era lo usual. Como sucede con la mayoría de los precursores, sus grabaciones tuvieron escaso éxito y rápidamente su figura cayó en el olvido. Pero la influencia musical de los forajidos del Oeste se prolongó mucho más allá de su desaparición. Todavía en 1947 el bluesman Johnny 'Guitar' Watson grababa «Gangster of Love», uno de sus temas más populares, en el que se recuerda a Billy The Kid y Frank y Jesse James como grandes figuras de la épica norteamericana. También en los años cuarenta Woody Guthrie grabó «Belle Star», una canción dedicada a la célebre forajida Myra Maybelle Shirley, presunta amante de Cole Younger, primo de los hermanos James y miembro destacado de su banda. Bob Dylan rindió tributo al mítico Billy el Niño cuando compuso la banda sonora de la película *Pat Garrett y Billy the Kid*, dirigida por Sam Peckinpah en 1973, que incluye la celebérrima «Knockin' on Heaven's Door»,

LA ROSA DE CIMARRÓN, EL HOMENAJE A UNA BANDIDA LEGENDARIA

Sin duda, el homenaje más famoso y superventas dedicado a una figura del bandolerismo en el Oeste fue el del grupo Poco, la banda de country rock creada por Richie Furay, Jim Messina y Rusty Young, que en 1976 lanzó al mercado el álbum *Rose of Cimarron* que contenía un tema del mismo nombre dedicado a una de las escasas bandidas célebres, Rose Dunn, más conocida como La Rosa de Cimarrón, miembro de la banda de Bill Doolin, fundador del *Wild Bunch* («Grupo Salvaje»). A pesar de educarse en un convento, Rose eligió rebelarse con el destino que le habían marcado y con las enseñanzas de sus hermanos y la influencia de su novio, el célebre bandido 'Bitter Creek' Newcomb, se convirtió en una célebre forajida, aunque acabó sus días como esposa de un político de Oklahoma. La canción se convirtió en el tema más célebre de Poco y fue versionada por artistas como Emmylou Harris.

Poco, la banda de country rock creada por Richie Furay, Jim Messina y Rusty Young.

una canción que describe los desgarradores momentos finales de un ayudante de *sheriff* que muere a causa de un balazo. Once años antes, en 1962, Bob Dylan también había dedicado un tema, «Ramblin' Gamblin' Willie», a la figura del legendario pistolero Wild Bill Hickock, un personaje que recibió varios homenajes rockeros, como el que en 1980 le tributaron los Motörhead con su canción «The Ace of Spades».

La lista de homenajes del mundo del rock a los aventureros y fuera de la ley del Salvaje Oeste es muy extensa y en ella destacan bandas como The Eagles, con «Desperado» en 1973, Billy Joel y su «The Ballad of Billy the Kid», también de 1973, Thin Lizzy, con «Cowboy Song», de 1976, y Christopher Cross y su canción «Ride Like the Wind», editada en 1979, por citar sólo algunos de los más destacados. En el siglo XXI siguen homenajeando a los viejos forajidos del Oeste músicos de rock tan distintos y distantes, como Bruce Springsteen con «Outlaw Pete», o la banda danesa de heavy metal Volbeat y su tema «Pearl Hart», dedicado en 2003 a una salteadora de diligencias.

En la crónica histórica, el legendario y salvaje Oeste acabó dejando paso a una de las épocas más socialmente convulsas de Estados Unidos a medida que el siglo XX se iba abriendo paso. Mientras los viejos forajidos se convertían en leyendas del pasado y los *cowboys* empezaban a ser una figura casi folclórica, comenzaba a aparecer un nuevo tipo de héroe, o antihéroe, el rebelde que, de forma espontánea, como los nuevos *outlaws* como John Dillinger, Kate 'Ma' Barker, Pretty Boy Floyd o Alvin Karpis; o de forma estructurada e ideológica, como los líderes obreros y campesinos Frank Little, Louis Adamic, Ben Reitman o Daniel DeLeon, plantan cara al sistema y las clases privilegiadas que detentan el poder. Aunque Hollywood y la historia oficial se han empecinado en ocultarlo en la medida de lo posible, en las tres primeras décadas del siglo XX Estados Unidos vivieron una época marcada por una agitación política y social sin precedentes,

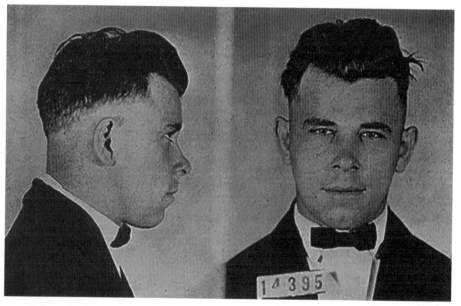

El ladrón de bancos John Dillinger es un icono de la cultura popular estadounidense como ejemplo del "enemigo público número uno".

producto primero de la vertiginosa industrialización del país que dio lugar la nacimiento de un potente movimiento obrero, influido por el estallido de revoluciones socialistas y comunistas en Europa y Rusia, y más tarde a causa de la Gran Depresión que sumió a más de la mitad de la población en la absoluta miseria. Es entonces cuando surge una música marcada por su carga de denuncia social.

Paul Robeson, el afroamericano polifacético, culto y popular que defendía la igualdad de derechos entre blancos y negros.

Sin duda el héroe proletario al que más canciones se han dedicado es John Henry. Este afroamericano nacido hacia 1840, era un forzudo trabajador del ferrocarril que se convirtió en una leyenda al plantarle cara a la mecanización del trabajo retando a un martillo neumático de vapor a ver quién ajustaba más y mejor los raíles de la vía a las traviesas. El mito proletario afirma que, contra todo pronóstico, John Henry resultó vencedor pero cayó fulminado por el esfuerzo, que paralizó su corazón. Su hazaña ha inspirado novelas, películas y series de televisión, y ha sido cantada por centenares de músicos norteamericanos de todos los estilos, desde el bluesman Leadbelly a la estrella del country rock Steve Earle, pasando por Bill Monroe, Big Bill Broonzy, Woody Guthrie, Paul Robeson, Pete Seeger, Johnny Cash, Jerry Lee Lewis, Van Morrison, Bruce Springsteen o Joe Bonamassa, entre otros muchos.

Pete Seeger, icono del folk con compromiso social.

LOS PRIMEROS CANTANTES PROLETARIOS

El final del siglo XIX y los inicios del XX suponen para Estados Unidos su consolidación definitiva como Estado moderno, con todo el país unificado políticamente tras la sangrienta Guerra Civil y unido comercial y geográficamente por las vías del ferrocarril y la red de carreteras que lo recorren de punta a punta. Esa expansión económica se realiza en gran parte gracias a la llegada de sucesivas oleadas de inmigrantes europeos –sólo entre 1855 y 1890 llegaron al puerto de Nueva York ocho millones de inmigrantes, la mayor parte procedentes de países del norte y el oeste de Europa– empujados por la penuria económica en sus países de origen, pero también por las persecuciones políticas que sufren los incipientes movimientos socialistas, comunistas y anarquistas en el viejo continente. Miles y miles de obreros sensibilizados políticamente se instalan en los vastos y ricos territorios en los que hasta hacía poco campaban a sus anchas los indios y en los que ahora están amasando su fortuna los nuevos capitalistas y las grandes corporaciones mineras, industriales y agrícolas, que no dudan en exprimir todo lo que puedan a los obreros recién llegados. El estallido de la lucha de clases era inevitable y tanto en las ciudades como en las zonas rurales comienzan a surgir organizaciones sindicales para tratar de obtener unas condiciones laborales dignas. En 1905 se funda en Chicago la más

importante de todas ellas, el sindicato IWW (Industrial Workers of the World, Obreros Industriales del Mundo), cuyos militantes serían conocidos popularmente como *wobblies*, con cuyo nombre protagonizaron numerosas canciones que fueron recogidas en 1909 en la publicación *The Little Red Songbook*, la primera recopilación de himnos y canciones usadas por el sindicato en sus actos públicos y sus fiestas con el ánimo de levantar la decaída moral de los trabajadores sometidos a jornadas laborales extenuantes y salarios de miseria, que llevaron al país a vivir una oleada de fuerte conflictividad laboral con protestas como la huelga de los mineros de Colorado en 1903, la protagonizada en 1908 por las obreras del textil de Chicago o la famosa huelga de las camiseras de Nueva York, de 1909, considerada como la mayor huelga protagonizada por mujeres hasta la fecha en la historia de Estados Unidos, con el apoyo de más de 20.000 trabajadoras. Entre las canciones incluidas en esa recopilación, reeditada en ocasiones como *I.W.W. Songs* o *Songs of the Industrial Workers of the World*, figuran temas de Ralph Chaplin, un escritor de Kansas que participó en la Revolución mexicana, fue condenado a diecisiete años de cárcel acusado de alentar a los soldados a desertar para no ir a luchar en la Primera Guerra Mundial y acabó muy desilusionado con la deriva de la Revolución rusa. Otro de los autores era T-Bone Slim, poeta, humorista y cantautor vagabundo, autor de canciones como «The Popular Wobbly» y «Mysteries of a Hobo's Life», que acabarían influyendo en los cantautores folk de los años treinta y el movimiento surrealista norteamericano de los años sesenta.

«THE POPULAR WOBBLY»

El primer himno proletario estadounidense

(...) They accuse me of rascality
And I can't see why they always pick on me
I'm as gentle as a lamb
Yet they take me for a ram
They go wild, simply wild over me
Oh the bull he went wild over me
And he held his club where everyone could see
He was breathing mighty hard
When he saw my union card
He went wild, simply wild over me
Then the judge, he went wild over me
And I plainly saw we never could agree
So I let the man obey
What his conscience had to say
He went wild, simply wild over me
Oh, the jailer, he went wild over me
And he locked me up and threw away the key

(...) Me acusan de ser un bandido,
Y no veo por qué siempre se meten conmigo;
Soy tan manso como un cordero, pero me toman por un carnero.
Se vuelven locos, simplemente locos, contra mí.
Oh, el «toro», se volvió loco contra mí.
Y sostuvo su arma donde todos pudieran verla;
Respiraba con dificultad cuando vio mi carnet del sindicato,
Se volvió loco, simplemente loco, contra mí.
Luego el juez se volvió loco contra mí.
Y vi claramente que nunca estaríamos de acuerdo;
Así que dejé que obedeciera lo que su conciencia dictaba,
Se volvió loco, simplemente loco, contra mí.
El carcelero se volvió loco contra mí,
Y me encerró y tiró la llave.

Joe Hill, músico y sindicalista norteamericano de origen sueco, fue uno de los precursores de la canción de autor y de protesta político-social.

Pero el más famoso de todos los cantantes y compositores *wobblies* y pilar fundamental en la música de contenido social revolucionario en Estados Unidos fue Joel Emmanuel Hägglund, más conocido como Joe Hill o Joseph Hillström, un emigrante sueco nacido en 1879 y fallecido en 1915 en Salt Lake City, Utah. Podría ser considerado como el primer *folk singer*, un precursor de la canción protesta con denuncia política y social. Era un consumado músico que tocaba el piano, el acordeón, el violín, el banjo y la guitarra. Llegó a Estados Unidos en 1901 y cantó sus propias experiencias denunciando siempre la opresión y la explotación de los trabajadores norteamericanos. Miembro del IWW, además de escribir y cantar, participará activamente en la lucha obrera dirigiendo la huelga de los trabajadores del puerto de San Pedro, en California, combatiendo en la revuelta magonista de Baja California durante la Revolución mexicana y organizando la huelga de los mineros de Salt Lake City en 1913, donde un año después fue arrestado acusado de asesinar a dos comerciantes. Tras un juicio cargado de irregularidades, en el que Hill se negó a dar el nombre de la amante con la que había estado durante los hechos por tratarse de una mujer casada, el 19 de noviembre de 1915 fue ejecutado, más por el contenido subversivo de sus canciones que por los delitos de los que se le acusaba. A su entierro se calcula que asistieron unas treinta mil personas.

Joe Hill era un militante político, pero era sobre todo un artista muy consciente de su capacidad para transmitir ideas y de la importancia de la música para llevar a cabo ese cometido, tal y como mantiene en unas antiguas declaraciones recogidas por Diego A. Manrique en su artículo «Canciones que derriban muros», publicado por el diario *El País* en julio de 2019: «Un panfleto, por muy bueno que sea, nunca se lee más de una vez, mientras que una canción se aprende y se repite una y otra vez, [...] si una persona puede colocar unos cuantos datos de sentido común en una canción, vestidos con una capa de humor para quitar seriedad, puede lograr enseñar a un gran número de obreros indiferentes a panfletos o textos de ciencia económica». Hill plasmó esa idea en canciones como «The Preacher and the Slave», una canción de 1911 en la que satirizaba cruelmente la doble moral de la caridad ejercida por el Ejército de Salvación frente al concepto de solidaridad, «The Tramp», de 1913, una parodia de un tema popular de los días de la Guerra Civil en la que narra el permanente deambular de un trabajador desempleado rechazado en todas partes y que ni siquiera es admitido en el propio infierno, o «There is Power in a Union», una loa a la fuerza de la unión de los trabajadores, convertida prácticamente en un himno del IWW. Pero quizá donde su capacidad poética como letrista y su capacidad para lanzar mensajes de alto contenido revolucionario brilló de una forma especial, fue en «The Rebel Girl» («La chica rebelde»), canción escrita en 1914 con una letra de evidente exaltación feminista y orgullo proletario.

«THE REBEL GIRL»

La canción del feminismo proletario

That's the Rebel Girl / to the working class she's a precious pearl (...) Yes, her hands may be hardened from labor / And her dress may not be very fine / But a heart in her bosom is beating / That is true to her class and her kind / And the grafters in terror are trembling / When her spite and defiance she'll hurl

Es una chica rebelde, / la perla de la clase obrera (...) Es cierto que sus manos están endurecidas por el trabajo / y que su vestido no es muy fino, / pero en su pecho late un corazón / que es fiel a su clase y a los suyos, / y los patrones tiemblan de miedo / cuando grita su odio y su desafío.

LA HERENCIA DEL BLUES COMPROMETIDO

El blues, la raíz negra del rock 'n' roll, transmitió a su vástago un espíritu de rebeldía incubado en las condiciones de miseria y racismo que habían marcado históricamente a los afroamericanos del sur de Estados Unidos. Una miseria que algunos pioneros del rock como Elvis Presley y los hermanos Burnette conocieron de cerca y compartieron como pertenecientes a la llamada *white trash* («basura blanca»), la clase baja blanca de los barrios más pobres de ciudades como Memphis. En la línea de influencia musical directa del blues en el rock 'n' roll y el rockabilly, los historiadores colocan como figura fundamental a Leadbelly, a través de su tema «Pick a Bale of Cotton», un country blues bailable que inspiró a muchos rockeros blancos. Hudson «Huddie» Leadbetter, conocido en la historia musical como Leadbelly, fue un cantante afroamericano de voz asombrosa y un buscavidas pendenciero con un físico que intimidaba. Nacido en 1888, sólo veinticinco años después de la abolición de la esclavitud en Estados Unidos, a los dieciséis años ya tocaba el piano y la guitarra en los burdeles, mientras recorría los caminos del Sur emborrachándose en los más sórdidos tugurios y trabajando de lazarillo para músicos ciegos. A los veintisiete años lo detuvieron por tenencia ilícita de armas y lo condenaron a una temporada de trabajos forzados en una granja penitenciaria del condado de Harrison, Texas, de la que se fugó para ser condenado de nuevo dos años después, acusado de matar en un baile a un rival por los favores de una mujer. Su largo historial delictivo incluye continuas entradas y salidas de la prisión, pasando a la leyenda al ser indultado y liberado después de escribir una canción al gobernador de Texas, Pat Morris Neff, que se conmovió con su voz. En 1933 fue descubierto y grabado en la famosa prisión de Angola, en Luisiana, por los musicólogos John y Alan Lomax, que se lo llevaron con ellos a Nueva York, donde fijó su residencia en 1934. Se hizo popular tocando para el público blanco de los cafés del Greenwich Village de Manhattan. Allí conoció a

Leadbelly, ex presidiario y pionero del blues que influyó en el nacimiento del folk protesta.

los músicos Pete Seeger y Woody Guthrie, con los que, al igual que otros bluesmen como Sony Terry, Brownie McGhee y Josh White, usó su talento para apoyar musicalmente las reivindicaciones sindicalistas durante los años cuarenta y contribuyó a crear el caldo de cultivo necesario para que el barrio se convirtiese en un vivero de jóvenes estrellas del nuevo folk contestatario de principios de los años sesenta como Phil Ochs, Tom Paxton, Joan Baez o Bob Dylan. Entre sus temas de contenido social más conocidos se encuentra «The Bourgeois Blues», una canción que compuso en 1937 como protesta por la discriminación y la segregación que sufrió en propia carne durante toda su vida y que provocó las suspicacias de las autoridades, que lo acusaron de colaborar con el Partido Comunista de Estados Unidos. Al parecer la chispa que hizo nacer la canción fue la respuesta airada a la discriminación que sufrió en su primera vista a Washington D. C., acompañado por su esposa Martha, para grabar con el musicólogo Alan Lomax. Leadbelly, que creía que había dejado atrás las leyes segregacionistas Jim Crow al salir del viejo Sur, tuvo problemas para encontrar alojamiento fuera del barrio negro y además se le cerraron las puertas de todos los restaurantes cuando intentó cenar con Alan Lomax y su esposa, en una actitud que un amigo de Lomax definió como «propia de una ciudad burguesa», de ahí el título. El tema es uno de los grandes hitos de la canción protesta dentro del ámbito del blues y la música afroamericana y fue adoptada por muchos de los grandes nombres del folk y la canción protesta hecha por blancos, como Pete Seeger o Hans Theessink, lo que incrementó la animadversión del FBI, que a principios de los años cuarenta lo incluyó en su lista de sospechosos de deslealtad a la patria.

Otro de su temas con carga política y social es «Go Down Old Hannah», un *chaing gang* o canto de trabajo carcelario, grabado en 1948 en el apartamento de su amigo y productor Fred Ramsey, en el que da rienda suelta a la rabia e indignación que le producía el recuerdo del salvaje maltrato que sufrían los reclusos negros en las prisiones del Sur del país. A Leadbelly se le suele atribuir también la canción «Black Betty», en realidad un tema tradicional que hacía referencia al carro

Josh White

en el que los condenados eran conducidos a la cárcel o el látigo con el que se azotaba a los presidiarios en las granjas penitenciarias. El tema tuvo un largo recorrido y se hizo universalmente famoso en 1977 con la versión del grupo de rock Ram Jam, aunque también la grabarían Tom Jones, Meat Loaf, Jon Spencer Blues Explosion o Larkin Poe, entre otros muchos.

Otro bluesman que influyó poderosamente en las generaciones de músicos posterio-

res con sus letras cargadas de contenido social fue Josh White. Nacido el 11 de febrero de 1914 en Greenville, Carolina del Sur, era hijo de un predicador que acabó muriendo en un manicomio años después de que una turba de blancos lo sometiese a un brutal intento de linchamiento que marcó para siempre al futuro bluesman, que por entonces tenía siete años y que en los años siguientes como aprendiz de varios músicos ciegos tendría ocasión de ver numerosos linchamientos y todo tipo de injusticias. La vida personal y profesional de White estuvo marcada por la miseria económica, la segregación racial, la persecución política y la debilidad física, y sin embargo fue capaz de convertirse en un músico que derribó barreras raciales, transformó el blues e influyó poderosamente en la conciencia social de muchos artistas posteriores. Tras instalarse en Harlem con su familia a principios de los años treinta, comenzó a grabar canciones cargadas de contenido social como «Silicosis Blues», un alegato contra

Chain Gang
La primera obra de denuncia del racismo penal y judicial

El álbum de Josh White, *Chain Gang*, producido por John Hammond, con el patrocinio de un influyente grupo de ciudadanos entre los que figuraba el activista por los derechos civiles Bayard Rustin, marca un antes y un después en la denuncia de la profunda injusticia con que el sistema carcelario estadounidense trataba a la minoría negra. El disco contenía canciones como la que le da título, una protesta contra la crueldad del sistema penitenciario, «Trouble», quizá el primer alegato evidente contra el racismo del sistema judicial y penal, además de temas como «Going Home Boys», sobre la desesperación de un hombre que sueña con la fuga del penal o «Cryin' Who Cryin' You», una brutal descripción de las celdas de castigo. El disco puso a White bajo el punto de mira de los grupos supremacistas y el FBI, ya que nunca antes el racismo carcelario en Estados Unidos había sido tan evidentemente confrontado en una obra artística.

las duras condiciones de trabajo de los mineros, y «No More Ball and Chain», un tema sobre la injusticia de la vida carcelaria, ambas compuestas por Bob Miller, un activista de izquierdas, lo que le colocó en el punto de mira de los grupos ultraconservadores y el FBI. En 1940 White grabó para Columbia Records, *Chain Gang*, un álbum sin precedentes por su contenido político y social.

En 1940 White participó en el musical *John Henry* junto al polifacético actor y cantante Paul Robeson, conocido por sus ideas izquierdistas, tras lo que montó varios dúos, primero con Leadbelly –que tendría enorme repercusión en el ambiente bohemio del Greenwich Village neoyorquino–, y más tarde con la cantante blanca Libby Holman, una artista de escandalosa reputación, lo que le atrajo todavía más la inquina de los sectores más conservadores. Éstos trataron por todos los medios de torpedear aquel primer dúo entre un negro y una blanca. De las consecuencias de dicha inquina sólo le libró su amistad con Eleanor Roosevelt, la esposa del presidente –fue el primer cantante negro que actuó en la Casa Blanca–, la cual admiraba profundamente su obra. En 1941 publi-

Sonny Terry y Brownie McGhee

có *Southern Exposure: an Album of Jim Crow Blues*, un disco en el que ajustaba cuentas con las leyes segregacionistas surgidas tras la abolición de la esclavitud y que se mantenían todavía en vigor en muchos casos. En 1945, mientras el país comienza a sucumbir a la fiebre de la paranoia anticomunista posterior a la Segunda Guerra Mundial, graba «One Meatball», una canción satírica sobre el hambre de posguerra, que habla de un hombre que sólo tiene dinero para comprarse una albóndiga y que convirtió a White en el músico afroamericano más importante del momento. Sin embargo la presión sobre su figura pública es tan aplastante que decide cambiar de aires y se traslada a Europa, donde se convertirá en uno de los primeros y más importantes difusores del blues. En 1954 regresó definitivamente a Estados Unidos, donde el FBI lo humilló con un interrogatorio en el propio aeropuerto y donde comprobó que, a pesar de recuperar el respeto del público y del apoyo de figuras tan destacadas como el propio John F. Kennedy o el doctor Martin Luther King Jr., junto a quien actuó en Washington el día de su famoso discurso «I Have a Dream», su carrera había entrado definitivamente en declive. Falleció en Nueva York en septiembre de 1969.

Dos figuras clave de la influencia del blues en el folk contestatario de los años treinta y cuarenta del siglo XX, y posteriormente en la vertiente más rebelde del rock, fueron Sonny Terry y Brownie McGhee. Esta pareja de músicos con discapacidades físicas –Terry acabó prácticamente ciego y McGhee era poliomielítico– aparecieron en Nueva York a principios de los años cuarenta y comenzaron a codearse con los músicos del ambiente bohemio e izquierdista de la metrópoli, como Woodie Guthrie, Pete Seeger, Cisco Houston o Lee Hays. Ambos habían recorrido por separado los caminos desde muy jóvenes, acompañando a bluesmen ciegos, absorbiendo todas las enseñanzas de los grandes clásicos que los convirtieron en uno de los dúos más importantes de la historia del blues, especialmente en sus vertientes folk, country y Piedmont. En su etapa final actuaron en obras de teatro y series de televisión y se hicieron muy populares entre el público blanco, especialmente en círculos intelectuales, contribuyendo a derribar unas cuantas barreras raciales en el ámbito cultural. Aunque la mayoría de sus canciones estuvieron dedicadas a aspectos cotidianos de la vida como el dinero, las juergas y el alcohol, el amor, y sobre todo el desamor, también cantaron a la iniquidad del sistema carcelario en «Jailhouse Blues», a las tragedias de las inundaciones en «Backwater Blues», al rechazo social a los pobres y los vagabundos en «Just Rode in your Town», a la explotación laboral en «Keep on Walking», a la intervención en la guerra contra la Alemania nazi en «Move into Germany» o a la usura de las casas de empeño en «Pawn Shop Blues».

LOS *FOLKIES* REVOLUCIONARIOS

A finales de los años treinta, en los días de los últimos coletazos de la Gran Depresión económica y el convulso ambiente ideológico que precedió a la Segunda Guerra Mundial, Nueva York era la ciudad más liberal de Estados Unidos y la que acogía a más intelectuales, artistas y activistas antifascistas, antirracistas e izquierdistas en general. Allí coincidieron músicos de reconocida militancia sindicalista, curtidos en los duros días del éxodo interior en busca de trabajo, los campamentos de vagabundos, las huelgas y la lucha continua con la policía y los grupos de matones financiados por la patronal. Entre esos músicos estaban Millard Lampell y Lee Hays, que en 1940 alquilaron un apartamento que bautizaron como Almanac House, que daría origen al nombre de los Almanac Singers, la banda de folk contestatario y comprometido que formaron al año siguiente con Pete Seeger y Woody Guthrie, y con la que en sucesivos momentos fueron colaborando músicos como Sis Cunningham, los hermanos Peter y Baldwin 'Butch' Hawes, Cisco Houston, Arthur Stern o Josh White. En torno al grupo también se movieron artistas como Bess Lomax, hermana del folclorista Alan Lomax y esposa de Butch Hawes, Burl Ives, Jaime Lowden, Jackie Alper o Carol Channing. En 1942, con la entrada de Estados Unidos en la guerra, los Almanac fueron acusados por el FBI de actividades antipatrióticas y simpatías con el comunismo soviético y acabaron disolviéndose. Ellos serían el germen del movimiento de recuperación del folk en los años cincuenta e

Las canciones de los Almanac Singers estaban estrechamente ligadas a la política, que inspiró al grupo y también fue su condena.

influyeron decisivamente en el movimiento cultural *beatnik* y contestatario del que se alimentarían muchos músicos del militante rock de los años sesenta, con Bob Dylan a la cabeza. Pero los que dejaron una huella más profunda fueron Woody Guthrie y Pete Seeger. Woodrow Wilson Guthrie, que pasaría a la historia como Woody Guthrie, nació en Okemah, Oklahoma, el 14 de julio de 1912.

Curiosamente, sus padres eligieron su nombre como homenaje al presidente Woodrow Wilson, elegido ese mismo año y que fue un mandatario que encarnó casi todo lo que Woody rechazó a lo largo de su vida, empezando por su juvenil apoyo al Ku Klux Klan y su política exterior intervencionista, sobre todo en Latinoamérica, y terminando por su idea de un ideal de gobierno elitista cuya capacidad política y moral le debía colocar por encima incluso de la voluntad de la mayoría de la población. A los diecinueve años, Woody abandonó su casa y se fue a Texas, donde se casó con Mary Jennings, con la que tuvo tres hijos, pero tras la tremenda sequía que asoló durante seis años los estados del Medio Oeste, conocida como *dust bowl*, abandonó de nuevo su hogar para unirse a la legión de desheredados que vagaba por el país con rumbo a California en busca de un trabajo para poder sobrevivir. Durante esos años conoció de primera mano la pobreza y la marginación y compuso e interpretó ante sus compañeros de infortunio sus canciones de denuncia, además de colaborar con el *People's Baily World*, el periódico del Partido Comunista de los Estados Unidos y militar durante un tiempo en el sindicato IWW. Guthrie era un narrador incisivo que relataba las miserias e injusticias de la vida cotidiana de su país y no dejaba escapar oportunidad para meter el dedo en la llaga de las responsabilidades del gobierno en esas injusticias. Su canción más famosa es «This Land is your Land», en la que condensaba su experiencias como cantante vagabundo en los días de la Gran Depresión, con una letra original absolutamente revolucionaria en Estados Unidos: «En la oficina de ayuda, había visto a mi gente / Mientras estaban allí con hambre, yo estaba allí preguntando / ¿Esta tierra está hecha para ti y para mí? / Mientras caminaba, vi un cartel que ponía "Propiedad privada" / Pero por el otro lado: ¡no ponía nada! / Ese lado fue hecho para ti y para mí». Entre los muchos asuntos que le preocupaban estaba el de los inmigrantes mexicanos y el maltrato

Woody Guthrie, genio del folk y testigo y narrador de las penurias de la sociedad durante la Gran Depresión.

que recibían de sus explotadores patrones, lo que le llevó a escribir otro de sus temas más emblemáticos, «Deportee (Plane Wreck at Los Gatos)», que narraba una tragedia histórica. El 28 de enero de 1948 un avión se estrelló cerca de Los Gatos Canyon, en el condado de Fresno, California: En el espectacular accidente fallecieron todos los ocupantes del aparato, cuatro de ellos estadounidenses y los 28 restantes trabajadores agrícolas, inmigrantes ilegales que eran deportados a México.

Armado con su voz y una guitarra en la que había escrito la leyenda «Esta máquina mata fascistas», recorrió incansablemente los escenarios y plazas de Estados Unidos, cantando temas que han pasado a la historia como paradigma de la canción de denuncia social y política como «1913 Massacre», sobre una masacre de obreros cometida en Michigan en 1913, «Vanzetti's Letter», una desgarradora canción sobre la injusta ejecución de los anarquistas Sacco y Vanzetti, «Hobo's Lullaby», un relato fidedigno de la vida vagabunda, o «Dust Bowl Refugee», sobre la desesperada lucha por la supervivencia de los desplazados por la histórica sequía de los años treinta, por citar sólo algunas de las decenas de obras maestras de este genio de la música popular en su más amplio sentido de la palabra que también escribió canciones en la tradicional línea de homenaje a forajidos de leyenda como «Billy The Kid», «Jesse James» y «Pretty Boy Floyd». Murió en Nueva York el 3 de octubre de 1967 después de una larga enfermedad que le mantuvo postrado e incapacitado para cantar. Además de su hijo biológico, el cantautor Arlo Guthrie, que recogió su antorcha como autor contestatario, su paternidad artística ha sido reivindicada por músicos como Bob Dylan, Phil Ochs, John Mellencamp, Robert Hunter, Jerry Garcia, Bruce Springsteen, Joe Strummer o Billy Bragg, entre otros muchos.

Pete Seeger vino al mundo el 3 de mayo de 1919 en Nueva York y hasta su muerte, el 27 de enero de 2014, tuvo una larga existencia que le convirtió en la memoria viva de la rebeldía musical para varias generaciones. Miembro de una antigua familia de ideología conservadora y puritana, sus padres Charles Louis Seeger Jr. y Constance de Clyver eran

Sacco y Vanzetti, anarquistas ejecutados tras un juicio cuestionado mundialmente.

Pete Seeger, icono contestatario del folk norteamericano.

músicos con una sólida formación académica e investigadores de las raíces etnomusi-
cales de su país. La ideología pacifista del padre llevó a la familia a una inestabilidad
profesional y económica que acabó rompiendo el matrimonio. Rodeado de una familia
de intelectuales folcloristas y músicos, Pete acabó tocando el banjo tras pasar por varios
internados. Sus estudios universitarios se vieron interrumpidos por su dedicación a la
política y la música y a los veinte años comenzó a realizar conciertos acompañando a
una banda juvenil, The Vagabond Puppeteers («Los Titiriteros Vagabundos»). Miembro
de la Young Communist League (Liga de Jóvenes Comunistas) desde los diecisiete años,
una de las primeras causas que defendió con fervor fue la de la República Española en la
Guerra Civil provocada por el golpe de Estado de Franco 1936. En 1942 se afilió al Partido
Comunista de los Estados Unidos, que acabaría abandonando en 1949 por su divergencia

ideológica con la deriva de la Unión Soviética, a pesar de lo cual la persecución del Comité de Actividades Antiamericanas lo condenó a un año de prisión y otros diecisiete de censura en medios de comunicación.

En 1940 conoció a Woody Guthrie en un concierto a favor de los inmigrantes y un año después ambos formaban parte de los Almanac Singers, mencionados anteriormente, con los que grabó seis álbumes de estudio en dos años. Durante la Segunda Guerra Mundial tocó para las tropas desplazadas al Pacífico y en 1943 grabó uno de sus discos más emblemáticos, *Songs of the Lincoln Battalion*, un homenaje a las brigadas internacionales que combatieron en España a favor de la República, que contenía canciones que han pasado a formar parte del imaginario musical izquierdista internacional como «There's a valley in Spain called Jarama», también conocido como «Jarama Valley», y «Viva la Quince Brigada», popularmente conocido como «¡Ay Carmela!». En 1948 fundó The Weavers junto a Ronnie Gilbert, Lee Hays y Fred Hellerman, un grupo que estuvo en activo hasta principios de los años ochenta y que fue decisivo en el desarrollo del folk norteamericano y su florecimiento una década después con músicos como Peter, Paul & Mary, The Seekers, The Kingston Trio, Odetta, Joan Baez o Bob Dylan. A lo largo de su historia, por el grupo pasaron músicos como Erik Darling, Frank Hamilton y Bernie Krause y su popularidad llegó a ser tal que en 1950 el sencillo más vendido es precisamente «Goodnight Irene» de los Weavers, una canción de origen popular grabada por primera vez por Leadbelly en 1933 en la prisión de Angola, Luisiana, donde la registraron Fred y Alan Lomax. Se trata de una canción de amor, o más bien de desamor, bastante alejada del tono combativo de Seeger y que parece anunciar la etapa de flacidez en la que entraría el folk estadounidense

Peter, Paul & Mary.

durante la siguiente década, hasta que fuese rehabilitado por los bohemios del *revival* de los años sesenta. En 1953 la discográfica Decca rescinde el contrato con los Weavers y cinco años después Pete Seeger abandonaba la banda, acusándolos de venderse al capitalismo por grabar anuncios publicitarios de marcas de tabaco, y se zambulló en el exilio interior del neoyorquino Greenwich Village.

Pero para entonces el panorama musical estaba en plena agitación gracias a un nuevo ritmo que atrapaba por igual a la juventud negra y blanca, el rhythm & blues, un término acuñado en 1948 por Jerry Wexler, un redactor de la revista *Billboard*, para acabar con la vieja y despreciativa denominación de *race records* para la música hecha por afroamericanos. De ahí al rock & roll sólo había un paso,

Los race records tuvieron una influencia decisiva en la difusión del blues.

o como muchos defienden, un simple cambio de denominación. La convulsión social y musical estaba servida. La noche del viernes 21 de marzo de 1952 los vecinos de Cleveland, Ohio, fueron testigos de la primera conmoción social generada por el rock & roll, una palabra que todavía era desconocida para casi todo el país menos para los oyentes del programa de radio *Moondog,* de Alan Freed, un *disc jockey* de la ciudad, por entonces más conocido como pinchadiscos, que la venía utilizando desde hacía un año para definir la música que ponía y que aquella noche iba a sonar en el *Moondog Coronation Ball*, una fiesta con la que pretendía popularizar su programa y que se convirtió en el primer concierto de rock y a punto estuvo de acabar en un disturbio. El cartel del concierto lo formaban grupos de rhythm & blues como Billy Ward and His Dominoes, The Orioles, Tiny Grimes and his Rocking Highlanders, Varetta Dillard, Danny Cobb y Paul Williams and his Hucklebuckers, todos ellos afroamericanos, al igual que la mayoría de las cerca de veinte mil personas, entre las que había también un número apreciable de blancos, que se congregaron en las puertas del estadio de baloncesto donde se iba a celebrar el concierto y que tenía un aforo que no superaba los diez mil asientos. El primer intérprete, Paul 'Hucklebuck' Williams a duras penas pudo acabar su primera canción, la única que sonó aquella noche, antes de que la policía entrase en el pabellón para desalojarlo por las bravas. Pero más allá del terremoto provocado por el caos y los disturbios, aquella

Billy Ward and His Dominoes.

noche de marzo de 1952, la ciudad de Cleveland fue también escenario del primer acto revolucionario del rock & roll, porque en sus calles jóvenes blancos y negros padecieron por igual la violencia de las cargas policiales, en un tiempo, el de la segregación, en el que lo habitual eran los enfrentamientos raciales. Con su programa de radio Alan Freed había logrado derribar las barreras creadas por los prejuicios en torno al color de la piel, algo a lo que contribuiría decisivamente la inminente explosión del rock & roll.

«DEPORTEE
(Plane Wreck at Los Gatos)»

The crops are all in and the peaches are rott'ning,
The oranges piled in their creosote dumps;
They're flying 'em back to the Mexican border
To pay all their money to wade back again
(...)
My brothers and sisters come working the fruit trees,
And they rode the truck till they took down and died.
(...)
Some of us are illegal, and some are not wanted,
They chase us like outlaws, like rustlers, like thieves.
We died in your hills, we died in your deserts,
We died in your valleys and died on your plains.
We died 'neath your trees and we died in your bushes,
Both sides of the river, we died just the same.
(...)
The sky plane caught fire over Los Gatos Canyon,
A fireball of lightning, and shook all our hills,
Who are all these friends, all scattered like dry leaves?
The radio says, "They are just deportees"

Inmigrantes ilegales mexicanos a punto de subir a un avión para ser deportados

Los cultivos están todos dentro y los melocotones se están pudriendo.
Las naranjas se apilan en sus depósitos de creosota.
Los están llevando de vuelta a la frontera con México...
Para que paguen todo su dinero para volver a vadear de nuevo.
(...)
Mis hermanos y hermanas vienen a trabajar
en los árboles frutales y se subieron
al camión hasta que se bajaron y
murieron
(...)
Algunos de nosotros somos ilegales, y otros no son deseados.
Nos persiguen como forajidos, como cuatreros, como bichos.
Morimos en sus colinas, morimos en sus desiertos.
Morimos en sus valles y morimos en sus llanuras.
Morimos bajo tus árboles y morimos en tus arbustos.
A ambos lados del río, morimos de la misma forma.
(...)
Un avión se incendió sobre el cañón de Los Gatos
Como la bola de fuego de un relámpago, sacudió todas nuestras colinas
¿Quiénes son todos estos amigos, todos dispersos como hojas secas?
La radio dice que sólo son deportados.

REBELDES SIN CAUSA

En 1954, el año en que Elvis y Bill Haley and The Comets graban sus primeros rock 'n' roll, el mundo vive inmerso en la bipolaridad de la llamada Guerra Fría que divide el planeta en dos bloques antagónicos: el capitalista y el soviético, aunque de fría tenga sólo el nombre, como acaba de demostrar la sangrienta Guerra de Corea, que había quedado en tablas un año antes. Los EE.UU. y la URSS compiten en una escalada de pruebas nucleares que instalarán el temor a una hecatombe atómica en el ánimo de las siguientes generaciones, que serán testigos y protagonistas de una guerra, la de Vietnam, que germina en esos momentos en un lugar ignorado de Indochina, Dien Bien Phu, donde los franceses son machados por los rebeldes. Mientras los mayores tratan todavía de olvidar el trauma de la Segunda Guerra Mundial, los jóvenes norteamericanos crecen con las ventajas de una expansión económica sin precedentes, que afecta sobre todo a las clases medias, cuyo nuevo estilo de vida se publicitará como *American Way of Life*. Los hogares se ven invadidos por todo tipo de electrodomésticos, mientras la radio, que hasta entonces era la reina del ocio hogareño y el canal de difusión musical más importante, comienza a competir en desventaja con el gran invento del momento, la televisión, que en 1954, llega ya a la mitad de los domicilios del país. En los garajes se guardan coches cada vez más grandes: cadillacs, buicks, chevrolets o packards, en los que los jóvenes acuden al autocine para ver una película y luego ir al bar o la heladería donde pueden escuchar música o bailar en las *jukebox* en las que desde 1949 imperan los discos de vinilo de 45 RPM, los *singles*, que se con-

vierten en el formato más barato y práctico para generalizar el consumo del rhythm &
blues y el rock 'n' roll. Ese mismo año fundacional de 1954 llega a las tiendas de instrumentos musicales una nueva guitarra de la empresa Fender, su Stratocaster, llamada a
convertirse en un icono del rock y que desde el primer momento es uno de los objetos
más ansiados por los adolescentes con aspiraciones musicales. Ese público juvenil es
también el objetivo prioritario de una nueva industria en auge, la publicidad, que en
los años cincuenta y sesenta vive lo que se conoce como su edad de oro, pasando de
ser una herramienta informativa a una estrategia dirigida a fomentar exclusivamente el
consumo de productos y marcas. El cine, la moda y la música son los tres ámbitos en
que se fomenta el consumo de una generación, los nacidos en la segunda mitad de
los años treinta, que por primera vez tienen capacidad adquisitiva, o como dijo una de
las personas que primero vio en el rock 'n' roll una posibilidad de negocio, el director
del programa televisivo *American Bandstand,* Dick Clark: «los jóvenes tenían su propia
música, su propia moda y su propio dinero».

En la vertiente política, 1954 es también un año de grandes cambios, sobre todo en
el terreno de la lucha por los derechos civiles de los afroamericanos, cuya influencia
en el terreno musical era mayor cada día. La Corte Suprema de Estados Unidos decre-
ta el final para la segregación racial en las escuelas. A pesar de la férrea oposición de
los estados del Sur como Arkansas, donde los ocho alumnos negros que decidieron
ingresar en el instituto de Little Rock tuvieron que ser escoltados por soldados de la
Guardia Nacional, la lucha contra la segregación racial sería lenta pero imparable y los
primeros años del rock & roll, una música de raíces afroamericanas, fueron testigos de
ello. Mientras «That's all right, mama» de Elvis y «Rock Around the Clock» de Bill Haley
se convierten en éxitos superventas, los cines se llenan de jóvenes de ambos sexos que
quieren imitar al duro Marlon Brando de *On the Waterfront (La ley del silencio)* y a la
sensual Dorothy Dandridge de *Carmen Jones,* y los adolescentes acuden a los *drugsto-
res* a comprar la revista de humor satírico *MAD,* cuyo título original, *Tales Calculated to
Drive you MAD (Cuentos calculados para volverte LOCO),* revela a las claras su espíritu
crítico y transgresor. La primera gran ruptura generacional estaba servida y venía marcada por su propia banda sonora, o dicho en palabras de Petter Doggett, en su *Historia
de la música Pop:* «Varias líneas de falla atraviesan la historia de la música del siglo XX.
La más ancha de ellas, la correspondiente a la llegada del rock 'n' roll, constituyó una
revolución musical, social y psicológica». El rock & roll se revela como una música inconformista de una nueva generación rebelde y desafiante. El rock, hijo del blues negro
y el country-folk blanco, se convierte para la biempensante sociedad norteamericana
primero y mundial después, en una música maldita, propia de una juventud díscola y
desobediente. De Elvis Presley a Jerry Lee Lewis o Gene Vincent, los rockeros son vistos
como un peligro corruptor para la juventud.

LA SEMILLA DE LA REBELIÓN GENERACIONAL

E l 20 de marzo de 1955 se estrena en Nueva York *Blackboard Jungle,* traducida en España con el intencionado título de *Semilla de maldad,* un film que abordaba el espinoso asunto de la integración interracial y la violencia en las aulas de una forma nueva, cruda y progresista, que fue dirigida por Richard Brooks y protagonizada por Glenn Ford, culpable de que sonase en la película «Rock Around the Clock», una canción que descubrió cuando la compró su hijo Peter. Desde el primer segundo el film hace una asociación evidente e intencionada entre delincuencia y rock 'n' roll. Mientras suenan los primeros compases de batería de «Rock Around the Clock» sobre la pantalla en negro se pueden leer unos rótulos que son una clara e intimidatoria declaración de intenciones sobre el objetivo de la película, lo que comúnmente se suele llamar un aviso para navegantes: «En Estados Unidos tenemos la suerte de tener un sistema educativo

Semilla de maldad abordaba el problema de los adolescentes en los barrios populares y la aparición de la violencia juvenil.

Blackboard Jungle
La espoleta del rock 'n' roll

La película se convirtió inmediatamente en un éxito entre los jóvenes y contribuyó decisivamente a la rápida eclosión del rock. Los adolescentes acudían en masa a los cines y bailaban en los pasillos del patio de butacas al ritmo de «Rock Around the Clock» al principio y al final de la película, las únicas ocasiones en las que sonaba. Gracias a este efecto publicitario no buscado, en muy poco tiempo el tema se convirtió en número uno en las listas de éxitos y vendió tres millones de discos en su primer año. Los medios de comunicación reaccionaron con agresividad y acusaron a la película de encarnar todos los males posibles para corromper a la juventud. La revista *Time* llegó a afirmar que era un ataque intencionado contra el estilo de vida norteamericano tras el que estaba la Internacional Comunista.

que es un tributo a nuestras comunidades y a nuestra fe en la juventud. Hoy nos preocupa la delincuencia juvenil, sus causas y sus efectos. Nos preocupa especialmente cuando esta delincuencia llega a nuestras escuelas. Las escenas e incidentes aquí mostrados son ficticios. Sin embargo, creemos que la conciencia pública es un primer paso para remediar cualquier problema. Con este espíritu y esta fe se ha realizado *Blackboard Jungle*». Fueron precisamente su primitiva rebeldía y su imagen transgresora las que lograron que el rock & roll se extendiese rápidamente por todo el mundo, calando incluso en millones de jóvenes que no sabían inglés y no entendían las letras de sus canciones, pero que se identificaban con aquella actitud desafiante que transmitía una película en la que, entre otras cosas, unos airados jóvenes destrozan una colección de discos de jazz de su profesor, en un claro desafío generacional.

Dos años antes ya había comenzado a cundir la inquietud con el estreno de *The Wild One* (*Salvaje*), dirigida por László Benedek y protagonizada por Marlon Brando, que estaba basada en la novela *The Cyclists' Raid*, escrita por Frank Rooney, quien se había inspirado directamente en unos sucesos registrados en el verano de 1947 cuando una pandilla de motoristas invadió el pueblo de Hollister, en California, y mantuvo en vilo a la población y la policía protagonizando numerosos actos vandálicos que además fueron magnificados por la prensa, creando la semilla del mito del motorista violento y peligroso que llegaría a su máximo nivel con la aparición de los famosos Hell Angels (Ángeles del Infierno).

Siete meses después de *Semilla de Maldad*, en octubre de 1955, se estrenaba *Rebel Without a Cause* (*Rebelde sin causa*), la película de Nicholas Ray que elevaría a la categoría de mito universal al actor James Dean, que interpretaba a un estudiante un tanto tímido e inadaptado que llega a un nuevo instituto y entabla amistad con otros dos marginados: otro joven solitario e introvertido, interpretado por Sal Mineo, y una muchacha atrapada entre el mundo conservador de sus padres y la pandilla juvenil que dirige su novio, encarnada por Natalie Wood. El calado de la película procedía del libro en el que se basó, escrito por el psiquiatra Robert M. Lindner, y que lleva el revelador título de *Rebel Without A Cause: The Hypnoanalysis of a Criminal Psychopath* (*Rebelde sin causa: El hipnoanálisis de un psicópata criminal*). El impacto de la película fue histórico, a tal punto que la Biblioteca del Congreso de Estados Unidos en 1990 la incluyó en la categoría de films a preservar por su trascendencia «cultural, histórica y estéticamente significativa». El director, Nicholas Ray, ya se había sumergido en el mundo de los conflictividad juvenil en 1949, con su película *Knock on Any Door* (*Llamad a cualquier puerta*), la historia de un delincuente juvenil interpretado por John Derek con sólo trece años. Estrellas como Dean, Brando y Natalie Wood se convierten en los iconos de una generación que, por primera vez, siente la necesidad colectiva de rebelarse contra el destino que sus mayores han precocinado para ellos.

A la desnortada juventud criada tras la Segunda Guerra Mundial en el tranquilo, estable y aburrido *American way of life*, el rock le proporcionó una nueva épica, una nueva mitología a la que aferrarse. Por el contrario, para la generación que había vivido las penurias y el horror de la guerra y que aspiraba a recuperar el mundo sosegado con banda sonora de Glenn Miller, Bing Crosby o Frank Sinatra, el desenfrenado rock 'n' roll fue como una plaga bíblica, o

Rebelde sin causa lanzó al estrellato a sus tres protagonistas: Natalie Wood, Sal Mineo y, el icono, James Dean.

dicho en palabras de Ezio Guaitamacchi en su *Crónica del Rock*: «Frente a los valores de aquella generación, la explosión del rock 'n' roll se consideró una desgracia. Una música salvaje e inmoral que ponía en peligro el futuro de Estados Unidos: era un enemigo a combatir. Pero el rock 'n' roll era, sobre todo, el cómplice de los adolescentes que, desde principios de la década de 1950, adoptaron inconscientemente la nueva música como un formidable código de pertenencia». Tal y como mantiene el propio Ezio, el rock fue asumido por los jóvenes como la argamasa de su propia identidad, creando una nueva cultura de masas que los alejaba de las generaciones anteriores y les otorgaba una nueva forma de ser, un nuevo estilo de comportamiento social que les permitía enfrentarse a lo que el *establishment* había previsto para ellos: una vida metódica y sin sobresaltos de fieles consumidores y ciudadanos obedientes y amantes de la ley y el orden.

Son los músicos de esa generación los que encarnan la definición del espíritu primitivamente libertario de los primeros alientos del rock, proporcionada por Bob Stanley en su libro *Yeah! Yeah! Yeah! La historia del pop moderno*: «En el rock 'n' roll de primera hora no había reglas que dictasen quién cantaba, cómo se cantaba, cómo se grababan los temas ni cómo se distribuían los discos. Era la anarquía, la piedra arrojada en mitad del estanque, y tras desvanecerse la última onda concéntrica nada volvió a ser igual ni jamás volvió a surgir algo tan novedoso ni tan libre». *Grease*, la película que caricaturizando el rock 'n' roll contribuyó a su *revival* a principios de los años ochenta, retrata perfectamente, aunque en clave de cuento naíf, ese instante revulsivo en el que en los pasillos de los institutos comenzaron a aparecer chicas pintadas y peinadas provocativamente y chicos con aire malote y cazadora de cuero negro, que desafiaban el, hasta entonces, sólido y convencional modelo de las *sandies,* admiradoras del capitán del equipo de futbol y su pulcro jersey de cuello de pico. La chulería, las carreras de coches, la insatisfacción, las ansias de transgresión, la falta de fe en el futuro, convirtieron al rock 'n' roll en el pegamento que unió a toda una generación, dándole un carácter propio y distinto, como nunca había sucedido antes.

Quizá por eso el rock 'n' roll fue recibido por la propia comunidad musical como un nuevo pariente apestado. Frank Sinatra, un artista con probadas conexiones mafiosas, lo calificó como «La música de los delincuentes patilludos del planeta» y los medios de comunicación arremetieron con saña contra aquel nuevo sonido –que no en vano era heredero del blues, la música del diablo– y contra aquellos desvergonzados muchachos y muchachas que la interpretaban. La revista *The Liberace* llegó incluso a afirmar textualmente que Elvis, el bueno de Elvis, era un tipo peligroso. En la ofensiva desacreditadora se echó mano hasta de la medicina. El renombrado psiquiatra Francis J. Braceland, que se había hecho célebre por su testimonio en el Proceso de Núremberg y había atendido al propio presidente Roosevelt, arremetió contra el rock calificándolo de «caníbal y tribal» y tildándolo de enfermedad contagiosa que podía acabar provocando una epidemia. En lo del contagio sí estuvo acertado, pero en el resto tuvo la misma visión de futuro que su colega profesional Fredric Wertham, cuyas opiniones dieron lugar a la creación de la Comics Code Authority, el código de censura para los *comic books*, que en su origen también fueron considerados un peligro para la juventud.

Cada uno trató de capear el temporal como pudo. Unos cedieron y se plegaron a las exigencias de sus discográficas y mánagers, como Elvis Presley, otros pagaron cara su osadía o bien con una condena de varios años de ostracismo musical, como Jerry Lee Lewis, o directamente pisando la prisión, como Chuck Berry. Hubo algunos que incluso tiraron de una oculta ironía para justificarse, como el cantante negro de doo wop, rock and roll y rhythm & blues, Frankie Lymon, con su tema «I'm Not a Juvenile Delinquent».

Sin embargo, esa inicial rebeldía primaria y juvenil no tardó en perder su carácter genuino y convertirse en una sombra camino de la domesticación, a decir del citado Bob Stanley, quien en su *Historia del pop moderno* afirma de una forma tajante e incluso un tanto simplista: «Flaco favor harían a estos pioneros las generaciones siguientes al acuñar la expresión "estilo de vida rockero" para referirse a actividades como vestir chupas de cuero negro, destrozar televisores, beber Jack Daniel's a morro y colocarse con heroína: el rock 'n' roll de primera hora era rápido, divertido, desechable, desafiante, juvenil y refractario a los clichés. Había más rock 'n' roll en los tres minutos de fogoso desmelene del "I Need a Man" de Barbara Pitman que en las discografías enteras de Aerosmith y Mötley Crüe». Es obvio que Stanley se refiere al ritmo de la canción, grabada en 1956 por una amiga de Elvis, una pionera que hubiese merecido mejor suerte y más apoyo promocional, ya que la letra del tema en realidad se limita a expresar una carencia sentimental: «Necesito un hombre para amar, / necesito un hombre al que abrazar. / Bueno, necesito a alguien a quien pueda contarle mis problemas. / Tengo mucho dinero y un fino abrigo de visón / pero simplemente no me pueden dar lo que más necesito», tal y como sucedía con muchos de los rock & rolls originales: una actitud salvaje envolviendo un contenido de ansiedades adolescentes.

Frankie Lymon
Justificando lo imposible

El líder de The Teenagers sufrió serios ataques por atreverse a bailar en público con una blanca durante una actuación y trató de defenderse como mejor sabía: cantando. Nacido y criado en las duras calles de Harlem, hizo popular el tema «I'm Not a Juvenile Delinquent» («No soy un delincuente juvenil»), escrito por el productor discográfico George Goldner, un firme defensor de la eliminación de barreras raciales en la música. La canción trataba de transmitir un mensaje positivo: «La vida es lo que haces de ella, / todo depende de ti. / Lo sé porque no soy un delincuente juvenil. / Es fácil ser bueno, es difícil ser malo. / Mantente alejado de los problemas y te alegrarás. / Toma este consejo de mí y verás / que feliz serás». A pesar de estas bonitas palabras, cantadas con una voz melodiosa y una sonrisa inocente, la vida de Lymon estaba bastante lejos de ser un lecho de rosas y ejemplo para los jóvenes y acabó falleciendo a los 25 años, víctima de su adicción a la heroína.

Frankie Lymon & The Teenagers

CHICAS QUE ROMPEN MOLDES

Barbara Pittman fue una de las primeras propuestas femeninas de Sun Records, pero la discográfica no se la tomó demasiado en serio y después de un par de éxitos moderados se marchó a California para convertirse en una actriz habitual en las películas de motoristas. Su historia es una demostración de que en el origen del rock 'n' roll las mujeres lo tuvieron, como siempre, bastante más difícil que sus compañeros masculinos. En una sociedad en la que la mujer tenía reservado el papel de obediente esposa, abnegada madre y perfecta ama de casa, que unas adolescentes decidiesen subirse al escenario para bailar meneando sus caderas delante del público fue algo casi subversivo. Otra adelantada a su tiempo fue Lillian Briggs, que a principios de los cincuenta montó su propia banda de rhythm & blues, The Downbeats, y la sostenía económicamente conduciendo la furgoneta de reparto de una lavandería. A los veinte años se convirtió en la cantante y trombonista de la orquesta femenina de Joy Cayler y en 1954 su versión del «Shake, Rattle and Roll», el blues de Big Joe Turner convertido en rock 'n' roll por Bill Haley, logró el éxito suficiente para conseguir un contrato con la discográfica Epic, que la llevó de gira por todo el país. Su primer *single*, «I Want You to be my Baby», vendió un millón de copias y la convirtió en la primera reina del rock. Su carácter independiente le permitió mantenerse en el negocio del rock durante los años sesenta, combinando sus lanzamientos discográficos con apariciones televisivas y comedias de Hollywood. Se retiró a mediados de los setenta para dedicarse al negocio inmobiliario.

Pero el título de Reina del Rockabilly fue para otra mujer de armas tomar, Wanda Jackson, una cantante de estilo rabioso y demoledor que comenzó cantando country y cuyo primer éxito, «You can´t have my Love», grabado en 1954, llamó la atención de un debutante Elvis Presley que la convenció de que abandonase la tradición formal del country y el góspel y la condujo por la senda del rock 'n' roll, codeándose de tú a tú con *la crème de la crème* en giras con el propio Elvis, Jerry Lee Lewis o Buddy Holly. En 1957 lanza «Fujiyama Mama», una versión de un clá-

Wanda Jackson, una cantante de estilo rabioso y demoledor.

sico del rhythm & blues que hablaba de las bombas atómicas lanzadas sobre Hiroshima y Nagasaki y que sorprendentemente fue número uno en Japón. En 1959 graba el tema que la lleva al estrellato internacional, «Let´s Have a Party», una canción que por paradojas del destino supone también su cenit como intérprete de rock 'n' roll clásico, que comenzaba a perder terreno frente a las nuevas modas musicales de principios de los sesenta, y Wanda regresa a sus orígenes en el country. Desde entonces no ha dejado de pisar los escenarios, recibiendo el homenaje de un público fiel a sus canciones y grabando con músicos como Elvis Costello, The Cramps, Lee Rocker o Jack White.

A pesar de las sobradas pruebas de talento que demostraron las primeras rockeras, el machismo imperante en la época las convirtió a casi todas en réplicas de sus colegas masculinos y de nada sirvió que demostrasen que tenían un espíritu tan transgresor como los chicos. Por el contrario, incluso esa capacidad de rebeldía para romper los moldes sociales tradicionales se convirtió en un argumento en su contra. El caso que mejor lo demuestra es el de Janis Martin, que a los quince años ya compartía escenario con estrellas del country de la talla de la Carter Family o Sonny James y a la que la RCA fichó con la intención de lanzarla como la Elvis femenina, y como tal fue bendecida por el propio Rey del Rock. Pero lo que estaba bien en un hombre no lo estaba en una mujer y los contoneos en el escenario que tanto entusiasmo levantaban en Elvis, en el caso de Janis se convirtieron en críticas virulentas. Pronto se cansó de la doble moral de que la llamasen vulgar o desvergonzada por hacer lo que en el fondo le exigía el mercado y, por si fuera poco, tras dos años de éxitos continuados, en 1958 se quedó embarazada, desafiando las advertencias de la discográfica, que se deshizo de ella inmediatamente por considerar que su maternidad la excluía del catálogo de cantantes para adolescentes. Janis, que según contaba había decidido hacerse cantante tras escuchar a Ruth Brown cantando «Mama he treats your Daughter Mean», una canción de denuncia del maltrato a las mujeres, siguió peleando para mantenerse en el mundo de la canción pero a mediados de

Cordell Jackson
Pionera del rockabilly

Una de las primeras cantantes en hacer gala de una independencia irreductible fue Cordell Jackson, pionera del rockabilly y la primera mujer que montó su propio sello dedicado al rock 'n' roll, Moon Records. Compositora, guitarrista y productora, comenzó trabajando en Sun Records, pero cansada de que no se le brindasen las oportunidades que merecía su talento decidió crear su propia discográfica y durante cinco décadas se dedicó a editar discos de rockabilly, rock and roll y country rock. Fue una adelantada a su tiempo y su estilo de componer influyó incluso en los orígenes del punk. Su historia es la de una mujer que teniéndolo todo en contra —no era joven no era guapa, no cantaba bien y tenía una imagen un tanto pueblerina— supo sobreponerse a todas las dificultades y convertirse en una figura fundamental del rock, aunque ese reconocimiento fue esquivo y tardío.

los años sesenta se había convertido prácticamente en una desconocida. En 1960 grabó uno de sus últimos éxitos, «Hard Times Ahead» («Se avecinan malos tiempos»), que parece toda una premonición: «Tiempos difíciles de dolor y aflicción, / tiempos difíciles de gemidos sordos. / Buenos tiempos, adiós para siempre. / No puedes tratar a un corazón como un bloque de madera. / Hombrecillo, sin tu amor, / todo lo que tengo es un futuro de tiempos difíciles por delante».

Otra que tuvo que cargar con el sambenito de «versión femenina de» fue Laura Lee Perkins, una excelente pianista que además tocaba el ukelele, la guitarra y la batería, a quien la discográfica Imperial Records quiso convertir en una especie de sosias de Jerry Lee Lewis. A partir de su primer sencillo, «Kiss me Baby», grabado en 1958, la discográfica exprimió su arrolladora presencia escénica durante cuatro años, hasta que en 1963 decidió abandonar la música para cuidar de su marido y una numerosa prole cerca de Detroit, donde compuso música para anuncios publicitarios. Efímera fue también la carrera de la empecinada Jo Ann Campbell, conocida como «La bomba rubia», que tras cosechar reiterados fracasos con sus primeros discos a finales de los cincuenta consigue participar en el programa *American Bandstand*, de Dick Clark, y participa en la película *Go, Johnny Go*, de Alan Freed. A partir de ese momento su voz, su escultural figura, su forma de bailar y su estilo de vestir la convierten en la reina de los *teddy boys*. Se retiró en 1964 tras casarse con el productor musical Troy Seals, famoso compositor de canciones para Elvis Presley y Roy Orbison.

En este particular Olimpo de chicas rompedoras que se enfrentaron a los convencionalismos del machismo de una sociedad y una industria del ocio que asistieron asombradas a aquella descarga de desparpajo e independencia femenina, figuran también cantantes como Brenda Lee, acertadamente apodada «Miss Little Dynamite», una niña prodigio de origen humilde que comenzó actuando en el circuito de la música country y que en 1957, con sólo trece años colocó en la lista de éxitos del *Billboard* su tema «Dynamite», un vertiginoso rock 'n' roll que la pondría en el sendero de la fama. En 1960 graba un bombazo, «I'm Sorry», una desgarrada canción de desamor que la discográfica Decca Records consideró excesiva para una niña de quince años y que mantuvo guardada hasta que se atrevió a publicarla como cara B del *single* «That's Al You Gotta Do». El tema se convertiría en un número uno y la auparía a la fama de por vida, convertida en una reina del pop. Se retiró a principios de los noventa habiendo grabado más de cuarenta discos. Cierra la lista Jackie DeShannon, una de las primeras compositoras del rock 'n' roll que comenzó cantando country y llegó a la cima de su éxito como cantante en 1964, actuando como telonera de los Beatles en su primera gira americana. A partir de mediados de los sesenta centra su actvidad en la composición, creando sonados éxitos para figuras como The Byrds, Marianne Faithfull, Donna Summer o Rod Stewart.

ELVIS, UN REY EN LIBERTAD VIGILADA

A pesar de las polémicas que envuelven su figura como una acomodaticia estrella del espectáculo y un disciplinado acatador del *establishment*, es indudable hasta para sus críticos que Elvis Presley fue un imprescindible catalizador del estallido del rock 'n' roll y responsable en buena medida de la imagen de rebeldía que proyectó su música desde el primer momento, tal y como lo definía muy acertadamente Joaquín E. Brotons en su artículo «Elvis es el rock» publicado en octubre de 2019 en la revista *Ruta 66*: «Hay que ser conscientes de que en sus inicios el mito del rock fue, digan lo que digan, un mito revolucionario. Hay que ser conscientes de lo que realmente suponía que Elvis fuera un día a Sun Records a grabar unas canciones que imitaban lo que sentían los músicos negros que aún sufrían la segregación. Hoy nadie se escandalizaría porque un cantante blanco se uniera a músicos negros y los imitara: entonces fue realmente un escándalo de proporciones sociopolíticas infinitas. Little Richard dijo que la aparición de Elvis fue una bendición para los músicos negros».

Elvis Presley fue el catalizador del estallido del rock 'n' roll.

Elvis provenía de un entorno en el que la segregación racial se atenuaba por la pobreza compartida entre blancos y negros, y tanto en su pueblo de nacimiento, Tupelo, en Misisipi, como en The Courts, el barrio de viviendas sociales en el que vivió en Memphis, tuvo vecindad con lo que entonces se denominaba como «gente de color». Los afroamericanos y su cultura eran algo muy próximo para el futuro Rey del Rock que durante su infancia y adolescencia escuchó tanto góspel y blues como country y hillbilly. En un documental realizado por HBO él mismo recuerda que de pequeño acudía a una iglesia no segregada y se colaba en el coro para cantar góspel. Eso se tradujo en un absoluto respeto por los artistas afroamericanos y su música, como Ray Charles, Rufus Thomas y B.B. King, con los que reconoció estar en deuda en más de una ocasión. En 1956, al referirse al bluesman Arthur Crudup, el autor original de su primer tema, «That's All Right», afirmó: «Siempre me dije que si alguna vez pudiera llegar al lugar donde pudiera sentir todo lo que el viejo Arthur siente, me convertiría en un músico como nunca nadie ha visto».

Lo cierto es que, más allá del asunto racial, nadie en su sano juicio podría considerar a Elvis un rebelde ni un provocador revolucionario. Y sin embargo, al principio fue tratado prácticamente como tal. Quince años antes de rendirse a la evidencia y aceptar cantar con él en un *show* televisivo, Frank Sinatra afirmó que la música de Elvis era «la forma de expresión más brutal, fea, desesperada y viciosa que he tenido la desgracia de escuchar». Ed Sullivan, el presentador más famoso de la CBS lo calificó como «incongruente con el público familiar», Steve Allen, de la NBC, afirmó que «carecía de talento y era absurdo», mientras que Jack Gould, de *The New York Times* dijo que no tenía ninguna habilidad destacable para el canto y que su fraseo era similar «a una aria cantada en la ducha por un principiante». Pero donde le cayeron las burlas más crueles fue en su estilo de moverse en el escenario y su forma de bailar que Ben Gross, del *New York Daily News*, ridiculizó como «una exhibición sugestiva y vulgar, teñida de los niveles de salvajismo que debería ser exclusivo de los prostíbulos». Pero la realidad era que desde un primer momento Elvis

La leyenda negra del rey del rock

Como muchos de los primeros rockeros, Presley no tuvo ningún problema para acudir a locales donde actuaban las estrellas negras de rhythm & blues, algo que le granjeó el respeto de la comunidad afroamericana cuando diarios como el afroamericano *The Memphis World* lo airearon en sus primeros tiempos como estrella del rock. Evidentemente, eso tuvo su contrapartida en los ambientes supremacistas blancos en los que fue etiquetado como un «amigo de los negros». Sin embargo nada de esto evitó que se crease una leyenda negra respecto al racismo confeso de Elvis, que llega hasta nuestros días y se cimenta en una presunta entrevista con el periodista de la cadena de televisión CBS Edward R. Murrow en la que el cantante habría afirmado: «la única cosa que los negratas pueden hacer por mí es comprar mis discos y limpiar mis zapatos», de cuya veracidad nadie ha podido aportar ni una sola prueba hasta el momento.

fue el menos díscolo de la discográfica Sun Records, donde coincidió con personajes de vida tan disipada y personalidad tan indisciplinada como Little Richard o Johnny Cash. A pesar de que para los sectores más conservadores era un modelo de rebeldía juvenil, siempre fue obediente a las directrices que para su carrera musical marcaron primero su madre, Gladys Love, y luego a su mánager, el falso coronel Tom Parker, quien se convirtió en su representante en agosto de 1955, poco más de cuatro meses antes de conseguir que el propietario de Sun Records, Sam Phillips, vendiera a la RCA el contrato de Elvis, que tenía sólo veinte años, por 35.000 dólares más un extra de 5.000 para el cantante, una cifra sin precedentes por aquellos días. A partir de ese momento se convertirá en una megaestrella del rock que vivirá siempre bajo la constante vigilancia de quienes manejan el millonario negocio que representa y que tratan de dulcificar su inicial imagen de símbolo de la rebeldía juvenil.

Elvis escandalizaba a los más puritanos con sus sensuales movimientos de cadera.

Las rebeldías de Elvis fueron realmente ingenuidades agigantadas por la prensa, como la famosa anécdota protagonizada en agosto de 1956, cuando un juez de Jacksonville, Florida, le ordenó moderar sus movimientos supuestamente obscenos, con la advertencia de que podría ser detenido por escándalo público. La policía rodeó el escenario y el cantante actuó prácticamente estático pero hizo un guiño burlón a su público realizando un gesto con su dedo meñique que fue lo suficientemente sugerente para que todos creyesen que se estaba saltando la advertencia judicial. En ocasiones el comportamiento ante la prensa de Elvis es tan extremadamente correcto e inocente que resulta difícil creer que no fuera una estrategia de su torticero mánager, el coronel Parker, para alejar de su pupilo cualquier asomo de duda sobre la vinculación del rock 'n' roll con la rebeldía juvenil. El mejor ejemplo es la entrevista que le hicieron en 1956 en *Hy Gardner Calling*, un programa de entrevistas de la televisión neoyorquina en el que afirmó con todo el candor posible que no entendía el revuelo en torno a la influencia de su música.

«No siento que esté haciendo nada malo [...]. No veo cómo cualquier tipo de música tendría una mala influencia en la gente cuando se trata sólo de música [...]. ¿Cómo puede el rock 'n' roll hacer a alguien rebelarse contra sus padres?»

Elvis Presley

El entorno familiar era fundamental para Elvis, que poco después de incorporarse al ejército en marzo de 1958 sufrió un duro mazazo al morir su madre. Según cuenta su primera

Cuando se conocieron, Elvis tenía 24 años, y Priscilla Beaulieu apenas 14.

esposa, Priscilla Beaulieu, la combinación de la pérdida de su madre y su marcha a una base militar de Alemania fue el origen de su adicción al consumo de estimulantes. A partir de entonces las cosas no volverían a ser igual. A finales de los cincuenta Elvis y el rock 'n' roll estaban a punto de perder su rebelde ingenuidad. A su regreso del servicio militar el retozón y candorosamente irreverente Elvis, sucumbió a la maquinaria del *marketing* del coronel Parker y de Hollywood para acabar convirtiéndose en un insatisfecho ídolo de masas. El 25 de marzo ofrece un concierto benéfico en Hawái que será el último en nueve años, los que pasará dedicado en exclusiva a su anodina carrera como actor. A pesar de sus exigencias de participar en películas de con-

Elvis y sus trajes de lentejuelas

tenido serio y artístico, Parker le prepara un extenuante plan de trabajo a base de comedias musicales mediocres. *Blue Hawaii, Follow that Dream, Girls! Girls! Girls!, Fun in Acapulco* o *Viva Las Vegas*, son algunas de las más famosas películas de las 28 que rodó entre 1960 y 1969, una media de más de tres al año. De ser considerado el hito del rock and roll, Elvis Presley pasó a ser un actor de comedias musicales más. A pesar de sus millonarios éxitos de taquilla y su popularidad creciente, sobre todo entre el público femenino, la crítica fue muy dura con sus películas y en numerosas ocasiones llegó a ridiculizar sus interpretaciones en la gran pantalla.

Elvis tardaría casi de una década en regresar a los escenarios y en grabar una canción con clara y evidente conciencia social. Estamos hablando de «In the ghetto», un tema originalmente compuesto por el músico de country Mac Davis con el título de «The vicious circle» («El círculo vicioso»), que narraba las desventuras de un joven atrapado en un barrio marginal de Chicago, condenado desde su nacimiento a ser carne de cañón.

Se trata de una canción inusualmente comprometida en el ámbito del rock 'n' roll clásico, pero también concuerda perfectamente con el ambiente político y social que se respiraba en Estados Unidos en 1969, con las protestas multitudinarias contra la Guerra de Vietnam, los disturbios de Stonewall, en Nueva York, que marcarán el inicio del Orgullo Gay, y el cénit del movimiento de los Freedom Riders (los Viajeros de la Libertad) que supusieron el principio del fin de las leyes de segregación racial. El éxito alcanzado por el tema supuso el regreso de Elvis a los primeros puestos de las listas y el 31 de julio de ese año, en el Hotel International de Las Vegas, vuelve a los escenarios después de una década dedicado al cine.

Elvis retoma su carrera con fuerza, graba discos de enorme éxito, como el doble álbum *From Memphis To Vegas/From Vegas To Memphis*, y regresa a la carretera para realizar un par de giras. Su éxito es arrollador pero su imagen está ya muy lejos del joven rebelde de los primeros tiempos. Tras suscribir un contrato que le llevará a actuar en Las Vegas durante los siguientes cinco años, Elvis se recluye en su círculo íntimo y adopta una imagen más espectacular con sus capas y sus trajes de lentejuelas. Mientras aumenta su dependencia de los fármacos se convierte en un militante contra el consumo de drogas por parte de la juventud. En un extraño alarde de patriotismo, el 21 de diciembre de 1970, Elvis protagonizó una esperpéntica anécdota al reunirse por propia iniciativa en la Casa Blanca con el presidente Richard Nixon, con el objetivo de solicitarle una insignia de la Oficina de Narcóticos y Drogas Peligrosas y ponerse a su servicio para combatir las tendencias antipatrióticas y el uso de las drogas entre los jóvenes estadounidenses. Llegó incluso a poner como ejemplo de malas influencias a los Beatles ante un Nixon visiblemente incómodo que trató de salir de aquel entuerto halagando al cantante de Memphis, a quien puso como ejemplo a seguir para las nuevas generaciones.

De muy distinto signo fue la visita que le hizo también a Nixon siete meses antes Johnny Cash, uno de los compañeros de Elvis en la famosa foto del millón de dólares que aún se exhibe en la cafetería de Sun Records y en la que ambos están acompañados por Jerry Lee Lewis y Carl Perkins. Lejos del peloteo colaboracionista de Elvis en la Casa Blanca, Cash hizo que Nixon –que lo había invitado para tratar de obtener los votos de los sureños apegados a la tradición country de Estados Unidos– se removiese de disgusto e incomodidad cuando el cantante interpretó ante él su canción «What is Truth», una defensa del espíritu de rebeldía juvenil que había nacido con el rock 'n' roll y que en aquellos días de 1970 dominaba el país con sus protestas contra la Guerra de Vietnam y el espíritu convencional de la sociedad norteamericana: «El juez miró su pelo largo y aunque el joven había jurado solemnemente, nadie pareció escucharlo. / No importaba si la verdad estaba ahí, fue el estilo de sus ropas y el largo de su pelo / Y la solitaria voz de los jóvenes que gritan ¿qué es verdad? / Los jóvenes bailando al nuevo ritmo, han encontrado una nueva forma de mover sus pies. / Ese joven hablando en la plaza de la ciudad, está tratando de explicar lo que le importa / Los que llamáis salvajes pronto serán los líderes. / Este viejo mundo despertará en un nuevo día y juro solemnemente que será a su manera».

En la Casa Blanca con el presidente Richard Nixon

LA VOZ DEL PUEBLO LLANO

Aunque no era estrictamente un rockero sino un renovador del country, se podría decir que Johnny Cash fue el artista más militante surgido de la escudería Sun Records y también el que mejor entroncaba con las baladas de *outlaws*, fomentando él mismo su imagen de fuera de la ley, tal y como expone Bob Stanley en su *Historia del pop moderno*: «Entusiasta de las causas, el cantante consagró álbumes enteros al obrero, a su patria, a los presos, a los descarriados y a los marginados indios norteamericanos, mientras cimentaba su reputación de forajido con los repetidos arrestos por posesión de estupefacientes de que fue objeto a mediados de la década de 1960. Además, provocó un fuego forestal que arrasó medio parque nacional, se echó a dormir en una cueva y tuvo una epifanía y, como es bien sabido, daba conciertos en las cárceles. Era un espíritu libre, no cabe duda». Aunque nunca se involucró ideológicamente en política, siempre mantuvo una firme actitud de denuncia ante la injusticia y se posicionó al lado de los más débiles. Cash era el poeta del pueblo, la conciencia de la América profunda, el hombre eternamente de negro en protesta por la injusticia, tal y como refleja en la letra de «Man in Black», la canción que mejor define su compromiso con los desfavorecidos.

Cash nació en una minúscula comunidad rural de Arkansas en 1932 y sufrió en carne propia las penurias de la Gran Depresión. Era el cuarto de siete hermanos de una familia pobre y se crio en un lugar conocido como la Colonia Dyess, un asentamiento de viviendas precarias construidas por el Estado, y tuvo que trabajar desde la más tierna infancia, en la que sufrió la muerte de su hermano mayor, Jack, como una pérdida irreparable que dejó una profunda huella en su carácter. A los doce años ya componía sus propias canciones y a los dieciocho años se marchó de casa y después de trabajar una temporada en una fábrica de Detroit, en 1950 se alistó en el ejército y fue destinado a Alemania Federal, donde montó su primer grupo de country. A su regreso a casa contrae matrimonio e intenta dedicarse profesionalmente a la música. En 1955 lanza su primer disco con Sun Records y en 1958 abandona la discográfica para irse a Columbia, donde sus primeros temas, «All over again» y «Don't take your Guns to Town» le convierten en un artista tan popular como conflictivo, sobre todo por su adicción al alcohol y a las anfetaminas. Su mu-

Johnny Cash, un habitual de las comisarías.

jer le abandona, comienzan sus problemas con la ley y entra en barrena hasta que pide ayuda a June Carter, de quien se había enamorado durante sus giras con la Carter Family, una estirpe histórica del country. June consigue que comience un período de rehabilitación y juntos logran un Premio Grammy en 1967 con «Jackson». Un año después se casan y Johnny lanza *At Folsom Prison*, un álbum grabado en vivo en la prisión del mismo nombre que pasó a la leyenda de la música. Superadas sus dependencias se convirtió en una leyenda viva y falleció en septiembre de 2003, cuatro meses después de June, cuya ausencia no pareció poder soportar.

A pesar de su innata rebeldía, sus conflictos con la ley y su pública denuncia de las injusticias sociales, uno de los rasgos distintivos de Cash era el profundo amor que sentía por su país, que quedó reflejado en discos como *From Sea to Shining Sea*, publicado en1965. Ese patriotismo de Cash ha llevado a que en ocasiones personas o grupos de extrema derecha se apropien de su música y su imagen. Uno de los casos más flagrantes y notorios se produjo en agosto de 2017, cuando los herederos del cantante denunciaron a un militante de una organización supremacista blanca que lució una camiseta con su nombre en una manifestación en Charlottesvile, Virginia, que acabó con un saldo de una persona muerta y varias heridas. El ultraderechista en cuestión fue entrevistado por televisión y eso provocó la reacción de la familia de Cash, que manifestó públicamente que el cantante se habría horrorizado de ver su nombre utilizado para apoyar una causa basada en el odio y la persecución racial, ya que «su corazón latía al ritmo del amor y la justicia social».

Well, you wonder why I always dress in black
Why you never see bright colors on my back
(...)
I wear the black for the poor and beatendown
Livin on the hopeless, hungry side of town
I weat it for the prisoners who has long paid for his crime
But is there because hes a victim of the times
(...)
I wear it for the sick and lonely old,
For the reckless ones whose bad trip left them cold
I wear the black in mourning for the lifes tha could have been
Each week we lose a hundred fine young men
(...)
Well, theres things that never will be right, I know
And things need changin everywhere we go
But til we start to make a move, to make a few things right
Youll never see me wear a suite of white

Te preguntas por qué siempre visto de negro,
¿por qué nunca me ves con colores brillantes en mi espalda?
(...)
Me visto de negro por los pobres y los maltratados
que viven en el lado desesperado y hambriento de la ciudad.
Lo uso por el preso que hacemucho que ha pagado por su crimen
pero está ahí porque es una víctima de los tiempos.
(...)
Lo uso por los viejos enfermos y solitarios,
por los imprudentes cuyo mal viaje los dejó fríos.
Mepongo el negro de luto por las vidas que podrían haber sido.
Cada semana perdemos cien hombres hermosos.
(...)
Bueno, hay cosas que nunca estarán bien, lo sé.
Las cosas necesitan cambiar donde sea que vayas.
Pero hasta que empecemos a hacer un movimiento
para hacer algunas cosas bien
Nunca me verás usar un traje blanco.

LA PRIMERA CAMADA INDÓMITA

El éxito de Elvis sembró la inquieta semilla del rock en miles de jóvenes de todo el país, que se dirigieron a Memphis para llamar a la puerta de Sun Records con la intención de hacerse famosos y en lo posible millonarios. Uno de esos jóvenes fue Jerry Lee Lewis, un pionero del rock cuyos apodos no dejan lugar a dudas sobre su carácter indómito: The Killer y The Wild of Rock. Nacido en 1935 en el seno de una familia de estricta moral religiosa en Ferriday, un pequeño pueblo de Luisiana con numerosos vecinos afroamericanos de los que Jerry recibió la influencia musical del blues, el góspel, el rhythm & blues y el boogie, que unidos al country de sus vecinos blancos le proporcionaron el bagaje musical para convertirse en el pianista más salvaje y demoledor del primer rock 'n' roll. Para comprarle su primer piano sus padres tuvieron que hipotecar su modesta granja, colocándose al borde de la ruina, pero el chaval respondió al gesto y a los catorce años dio su primer concierto, dejando pasmados a sus vecinos con su peculiar interpretación de «Drinkin wine, spoo-dee-o-dee», un tema del bluesman 'Sticks' McGhee. Siguiendo lo que era una práctica habitual en las zonas rurales del Sur, se casó muy joven, a los dieciséis años, con Dorothy Barton, una chica dos años mayor que él y al poco tiempo su madre trató de encarrilar su espíritu rebelde mandándolo a una escuela religiosa en Waxahachie, Texas, de la que lo expulsaron pronto por su insistencia en fugarse a los garitos del barrio negro de la ciudad y en interpretar la música del Señor al ritmo diabólico del boogie-woogie. Igual de breve fue su primer matrimonio, que acabó roto a las bravas cuando menos de un año después de la boda dejó embarazada a una joven llamada Jane Mitcham, madre de su primer hijo, Jerry Lee Lewis Jr. Durante los dos años siguientes se dedica a tocar en garitos del norte de Luisiana hasta que descubre en una revista la fulgurante carrera de Elvis Presley y con veintiún años decide plantarse en Sun Records para grabar un par de temas, «End of the road», una composición propia, y una versión personal de «Crazy Arms», una canción del cantante country Ray Price, que le permiten hacerse un hueco en la discográfica y participar el 4 de diciembre de 1956 en la famosa foto del *Million Dollar Quartet* junto las principales estrellas de la compañía: Elvis Presley, Carl Perkins y Johnny Cash.

Su carrera dentro de Sun Records es fulminante, en competencia con el propio Rey del Rock. En 1957 vende más de un millón de copias de su tema «Whole Lotta Shakin' Goin' On», una canción con una fuerte carga sexual tanto en su ritmo abrasador como en su letra de doble intención: «Sí, dije ven, chica, / no te puedes equivocar. / No estamos fingiendo / un montón de sacudidas. / Bueno, dije ven, chica, / tenemos pollo en el granero.

/ Ven, chica, tenemos el toro por los cuernos. / No estamos fingiendo / un montón de sacudidas [...]. Es fácil ahora. / Agítalo Ahhhh... Agítalo, nena». La canción fue un rotundo
éxito que le llevó a lo más alto, pero también le colocó bajo el punto de mira de los mora-
listas radicales. Los predicadores la anatemizaron, muchas emisoras de radio y televisión
prohibieron su emisión y muchas salas vetaron las actuaciones de Jerry. Pero a pesar de
todo siguió su carrera ascendente. Participó en la película *Jamboree*, una de las primeras sobre el mundo del rock 'n' roll, junto a estrellas como Carl Perkins, Fats Domino,
Frankie Avalon y la estrella de la televisión Dick Clark, grabó temas de éxito como «High
School Confidential» o «Great Balls of Fire», su canción más famosa, que vendió más
de un millón de copias, sólo en los diez primeros días y protagonizó todo tipo de excesos
fuera y dentro del escenario; el más famoso el del Brooklyn Paramount Theatre de Nueva
York, cuando al tener que actuar antes que Chuck Berry roció su piano con gasolina y lo
quemó mientras seguía tocando, espetándole a Chuck al final un retador «Supera eso,
negro», algo tan insultante que hay quienes niegan que los hechos sucediesen realmente
así —hay quien mantiene que lo que dijo fue «Me gustaría ver qué hijo de puta supera
esto»— aunque esos hechos persistan en la historiografía del músico, a pesar incluso de
que el propio Jerry Lee los haya negado.

Fue precisamente la herramienta que le había
proporcionado su primer éxito de ventas, el escándalo, lo que desbarató su fulgurante carrera. El 12 de diciembre de 1957, a los veintidós
años, se casa con su prima Myra Gale Brown, de
sólo trece. Por mucho que en su tierra natal los
matrimonios con menores fuesen entonces algo
bastante habitual, aquello levantó ampollas e
incrementó la inquina de sus enemigos. Por si
fuera poco, afrontó el escándalo con una absoluta desfachatez y falta de inteligencia, ya que se

Jerry Lee Lewis y Myra Gale Brown, de tan sólo
trece años edad.

hizo acompañar por Myra a Inglaterra para una serie de conciertos. Cuando la prensa se
enteró de la edad real de la joven esposa, se desató una polémica que arruinó la gira y le
persiguió hasta su regreso a Estados Unidos, donde se le hizo el boicot más absoluto y su
carrera se hundió por completo a pesar de los reiterados esfuerzos de Sun Records para
relanzarlo. Su carácter de por sí irreverente y hostil se vuelve abiertamente huraño e in-
subordinado, mientras va aumentando su alcoholismo y su dependencia de las pastillas.
Durante una década sobrevive tocando sobre todo en Europa. A finales de los sesenta
abandona prácticamente el rock para dedicarse al country y comienza una nueva etapa
en la que se acerca a la religión al tiempo que se sumerge en continuo proceso de intentos

de desintoxicación, en paralelo a sucesivos fracasos matrimoniales. A pesar de todo, The Killer consigue sobrevivir y en el siglo XXI sigue pisando los escenarios de todo el mundo con el mismo espíritu indómito, como el último dinosaurio de la época más salvaje del rock 'n' roll.

> «Iré al infierno, pero iré tocando el piano.»
>
> Jerry Lee Lewis

Ese espíritu salvaje y rebelde fue el que exhibieron desde su más temprana juventud los hermanos Burnette: Dorsey que nació en 1932 y su hermano Johnny, que vino al mundo dos años más tarde. Crecieron en Lauderdale Courts, un barrio de Memphis constituido por viviendas de protección oficial, un lugar habitado por familias blancas de clase baja, en su mayoría emigradas de las poblaciones rurales cercanas, en el que también vivía la familia de Elvis. Desde niños dieron muestras de un carácter pendenciero que trataron de canalizar deportivamente en el boxeo y ambos ganaron los Guantes de Oro del torneo local en categoría *amateur*. Fue el ambiente de las doce cuerdas donde conocieron a su amigo Paul Burlinson, con el que en 1952 montaron el grupo musical The Rhythm Rangers. A los dos años los tres se marcharon a Nueva York, donde ganaron varios concursos de jóvenes talentos, en uno de los cuales lograron como premio un contrato de grabación con Coral Records, momento en el que se convirtieron en The Rock and Roll Trio. En otro concurso quedan finalistas en la Original Amateur Hour de Ted Mack, en el Madison Square Garden, que fue retransmitida por la cadena de televisión ABC, al mismo tiempo que en la CBS, su antiguo vecino Elvis Presley debutaba en el programa The Ed Sullivan Show. A partir de ahí, se convir-

Jerry Lee Lewis

La llamada de la selva

De la primera camada del rock 'n' roll, Jerry Lee fue el que concitó más recelos, miedo y rechazo entre los padres blancos y conservadores. Aquel salvaje que aullaba y aporreaba el piano, mientras berreaba obscenidades y hacía gestos lascivos, era más de lo que podían soportar. Temiendo que aquel obsceno blanco sureño arrastrase a sus hijos, y sobre todo a sus hijas, a la jungla de la perdición, lo condenaron al ostracismo. Periódicos como el *White Citizen Council*, cuyo nombre no deja lugar a dudas sobre su ideología, tildaron su música de una obscenidad y vulgaridad tal que debido a su influencia «los blancos y sus hijos corren el riesgo de rebajarse al nivel de los negros». Jerry también pagó un precio personal, siempre acosado por el recuerdo de su madre que le reprochaba haber seguido la senda de aquella música infernal. Como si de una maldición se tratase, su vida estuvo marcada por el infortunio: su segundo hijo, Steve Lewis Allen, se ahogó en una piscina a los tres años, Jerry Lee Lewis Jr, su primogénito, murió en un accidente de coche a los diecinueve, su cuarta esposa también falleció ahogada en una piscina y la quinta murió por sobredosis. Jerry se enfrentó a la adversidad volcándose en el rock 'n' roll y siendo fiel a su espíritu salvaje.

tieron en la punta de lanza del rockabilly con su tema «Tear It Up» y comenzaron a dar conciertos por todo el país e incluso se fueron de gira con Carl Perkins y Gene Vincent. Con este último protagonizaron durante un concierto en las Cataratas del Niágara una pelea que los llevó a comisaría y cimentó su fama de camorristas. Las cosas se complicarían todavía más con disputas internas en el trío, que acabaría roto en el otoño de 1956 cuando Dorsey abandona la banda justo una semana antes de incorporarse al rodaje de la película *Rock, Rock, Rock*, de Alan Freed, en la que el mayor de los Burnette sería sustituido por Johnny Black, hermano del bajista de Elvis, Bill Black.

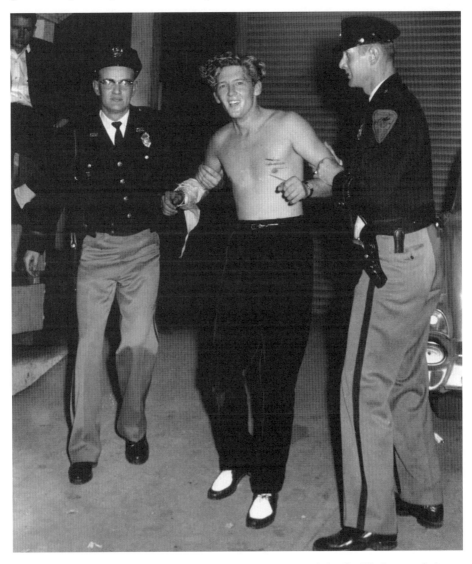

Jerry Lee Lewis, icono de la rebeldía juvenil de los años cincuenta, apodado "The Killer" por su salvaje actitud.

Oficialmente, el trío se disolvería en el otoño de 1957. Tras grabar algunos *singles* sin mayor repercusión Dorsey se instala en California, adonde acude Johnny para reunirse con él y tratar de recuperar el trío. Después de una serie de pleitos con su antigua discográfica, Coral Records, los hermanos Burnette decidieron tomar el camino de en medio para lograr el éxito como compositores, se plantaron ante la casa del ídolo adolescente Ricky Nelson y permanecieron sentados en los escalones de la entrada hasta que el joven cantante accedió a recibirlos y grabar alguno de sus temas, como «Believe What You Say» e «It's Late», que les abrieron a los tercos hermanos las puertas de Imperial Records. Pero el éxito siguió resistiéndose a pesar de ir reconvirtiendo poco a poco su estilo rudo y salvaje en melosas melodías para adolescentes soñadoras. En agosto de 1964 Johnny muere ahogado en un accidente mientras pescaba y su hermano cayó en una depresión que le llevaría a acabar abandonando el rock & roll y regresar al country y la religión. El pendenciero y macarra Dorsey murió el 19 de agosto de 1979, al día siguiente de participar gratuitamente en un concierto solidario a beneficio de la Arthritis Foundation.

The Rock & Roll Trio, con los hermanos Burnette y Paul Burlison.

MALDITOS Y FUGACES

Pero en el universo del rockabilly quien mejor encarna el papel de maldito es sin duda Gene Vincent, un músico hoy en día bastante más olvidado de lo que merece, excepto por los fieles aficionados al género. Conocido como el «Príncipe negro» por su costumbre de ir siempre enfundado en una cazadora y pantalones de cuero negro, era un provocador nato, tanto en la forma como en el fondo, y a su agresividad estética y su imagen autodestructiva unía la virulencia de sus canciones, lo que le convirtió en el modelo a seguir por toda la legión de rockers rebeldes, moteros y *greasers* de las generaciones posteriores en todo el mundo. Pero a pesar de su espectacular éxito inicial siempre tuvo que remar contracorriente. La industria musical pronto se dio cuenta de que aquella versión rockera del torturado príncipe Hamlet no encajaría nunca en el proceso de domesticación al que querían someter el rock 'n' roll a base de fama y dinero que ya estaba empezando a dar resultados con estrellas como Elvis.

Eugene Vincent Craddock nació en 1935 en Norfolk, Virginia, en una familia de clase trabajadora. A los diecisiete años se enroló en la Marina y aunque no participó en ninguna acción bélica, estuvo embarcado en la Guerra de Corea. A su regreso y antes de acabar su periodo militar, tuvo un accidente de moto que le dejó cojo de por vida y con una adición a los calmantes. Al salir del hospital adoptó el nombre de Gene Vincent y formó una banda de rockabilly, Gene Vincent and His Blue Caps, con la que en 1956 lanzaría un *single*, «Woman Love», que en la cara B llevaba un tema, «Be-Bop-A-Lula», que se convirtió en un éxito inmediato. Ese mismo año logró colocar otro par de canciones en los primeros puestos, pero durante una gira con el conflictivo Johnny Burnette se vio involucrado en una trifulca y acabó en comisaría, con el consiguiente escándalo en la prensa, a partir de lo cual algunas de las estrellas más formales y conservadoras del rock 'n' roll, como Pat Boone, se negaron a compartir con él los escenarios. Por si fuera poco, sus letras se consideraban demasiado explícitas y en ocasiones eran más crípticas de lo que convendría para que se las entendiera, lo que alimentaba aún más las sospechas sobre sus oscuras intenciones. En ocasiones sus mensajes hablaban de comportamientos próximos al perfil del delincuente juvenil, como en «Race with the Devil», una exaltación de la transgresión y el riesgo de la velocidad: «Me dicen que he llevado una vida malvada, / pero yo dije que me esconderé del diablo el día del juicio. / Muévete, hot-rod, muévete hombre [...]. Iba bastante rápido, pero miré hacia atrás. / Vi venir el diablo a noventa y nueve»; en otras, como «Pistol Packin' Mama», sus temas tenían un trasfondo inquietante: «Bebía cerveza en el cabaret / y me estaba divirtiendo, / hasta que una noche ella me enganchó / y ahora estoy huyendo. / Ella pateó mi parabrisas. / Ella me golpeó en la cabeza. / Ella maldijo, lloró y dijo que le había mentido, / y deseé estar muerto. / Deja esa pistola, nena. / Deja esa pistola». Incluso algunas de sus letras románticas estaban muy lejos del amor idílico, como en su canción «Jezabel»: «Si alguna vez nació el diablo / sin un par de cuernos, / fuiste tú, Jezabel, fuiste tú [...]. Si alguna vez un par de ojos. / Paraíso prometido. / Engañándome, entristeciéndome. / Si alguna vez el plan del diablo / fue hecho para atormentar al hombre, / fuiste tú».

A pesar de su participación en películas como *The Girl Can't Help It*, en 1956, y *Hot Rod Gang*, en 1958, y de lograr la aclamación de la crítica con temas como «Blue Jean Cop», «Crazy Legs» o «Lotta Lovin», su estrella comenzó a declinar mientras aumentaba su fama de borracho y sus constantes dolores en la pierna le obligaban a recurrir cada vez con más frecuencia a los analgésicos. En 1959 se trasladó a Inglaterra, donde contaba con muchos seguidores entre la parroquia *greaser* británica, y llamó a su amigo Eddie Cochran para realizar una gira que acabó trágicamente con un accidente de circulación en el que Cochran perdió la vida y Vincent salió muy deteriorado física y psíquicamente. A pesar de los intentos de salir a flote acompañando a pioneros como Jerry Lee Lewis y Chuck Berry e incluso algún concierto esporádico con The Beatles, que le admiraban en sus días juveniles, el alcoholismo y la depresión se lo llevaron en 1971, con sólo treinta y

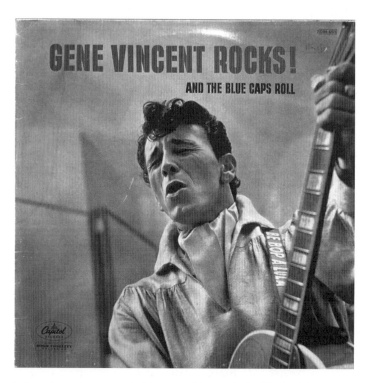

La fama de pendenciero y rebelde aumentó la popularidad de Gene Vincent.

seis años de edad. A día de hoy, sigue siendo el ídolo de los rockers más duros e irreductibles.

Su compañero de aventuras y desventuras, Eddie Cochran, que había abandonado el country cuando descubrió a Elvis, era uno de esos jóvenes guapos con aire de misterio y aura de rebelde que tan bien encarnaban el primer rock 'n' roll. Aunque apenas le dio tiempo a mostrar un carácter especialmente indómito –más allá de una terca negativa a aparecer sin su guitarra en su breve intervención en la película *The Girl Can't Help It*, en la que sólo querían enseñar su vertiente de cantante atractivo– desde el primer disco dio sobradas pruebas de que venía a romper moldes en el rock 'n' roll, aunque en el primer momento en su discográfica, Liberty Records, intentaron convertirlo en un intérprete de baladas. Sus primeros discos cosecharon malos resultados de ventas hasta que llegó «Summertime Blues», la cara B de un *single* de 1958 que no sólo alcanza los primeros puestos del Billboard, sino que se convierte en una canción decisiva para el futuro desarrollo del rock por la forma de interpretarla y por el brillante sonido metálico de la guitarra de Eddie. La letra era la mejor expresión escrita hasta entonces del desencuentro generacional, parodiando las reconvenciones de los adultos.

Prueba de la influencia del tema en la inminente evolución del rock es que en las siguientes décadas sería interpretado por grupos y artistas como Jimi Hendrix, Beach Boys, The Who, T-Rex, Ventures, Joan Jett, Bruce Springsteen, Stray Cats o Rush, entre otros muchos. Incluso el irreverente movimiento punk de finales de los años setenta reivindicó a Cochran como un modelo de rebeldía juvenil y los Sex Pistols hicieron versiones de sus temas «C'mon Everybody» y «Something Else» en su película *The Great Rock-and-Roll Swindle* (*El gran timo del rock & roll*), dirigida por Julien Temple en 1979.

«SUMMERTIME BLUES»
La ruptura generacional de Eddie Cochran

Well I'm a gonna raise a fuss, I'm gonna raise a holler

About workin' all summer just to try an' earn a dollar

(...)

Well my mom 'n papa told me, son, you gotta make some money

If you want to use the car to go ridin' next sunday

Well I didn't go to work, told the boss I was sick

Now you can't use the car 'cause you didn't work a lick

Sometimes I wonder what I'm gonna do

'Cause there ain't no cure for the summertime blues

Cada vez que llamo a mi chica

para tratar de conseguir una cita

mi jefe me dice: «No, hijo, tienes que trabajar hasta tarde».

(...)

Mi madre y mi padre me dijeron: «Hijo, tienes que ganar algo de dinero

si quieres usar el coche para ir a pasear el próximo domingo».

Bueno, no fui a trabajar, le dije al jefe que estaba enfermo.

«Bien, no puedes usar el coche porque no has hecho nada».

A veces me pregunto qué voy a hacer

pero no hay cura para el blues del verano.

NEGROS, TRANSGRESORES Y SALVAJES

Si la insumisa actitud de los jóvenes rockeros blancos era una provocación inadmisible para los sectores más rancios y conservadores de Estados Unidos, los representantes del rock negro eran, abierta y directamente, una amenaza para las bases de un sistema que asentaba parte de sus cimientos en más de tres siglos de racismo y segregación racial. Músicos como Esquerita, Little Richard, Chuck Berry o Bo Diddley ponían el vello de punta a los padres blancos que, como si se hubiesen materializado sus peores pesadillas, veían como sus hijas adolescentes se convertían en idólatras fans de aquellos músicos negros que se paseaban por los escenarios con una actitud obscena y provocadora, tanto con su música como con sus gestos y bailes. El rock negro – si es que tal categoría se puede usar sin tener una actitud filorracista – era mucho más salvaje todavía que el de los blancos y la clasista y supremacista sociedad de los años cincuenta trató de ocultarlo, diluirlo y desacreditarlo.

Durante años, la historia oficial del rock 'n' roll ninguneó más o menos solapadamente a artistas negros que hoy son considerados padres legítimos del género, como Ike Turner, Fats Domino o Roy Brown. Este olvido premeditado de la paternidad afroamericana del rock, que hoy se conoce como apropiación cultural, se arrastra desde los tiempos de los viejos bluesmen, y la sombra de la segregación racial siempre ha pesado como una losa sobre los músicos negros de Estados Unidos, por famosos que llegasen a ser. En ocasiones, esa misma fama era la que les convertía en objetivos de la parte más retrógrada de la sociedad. Eso fue precisamente lo que le sucedió a Billy Eckstine, un popular cantante de jazz de los años cuarenta apodado «el Sinatra negro» y que tuvo una poderosa influencia en la aparición y difusión del rhythm & blues. En abril de 1950 la revista *Life* publicó un artículo sobre su figura con una fotografía en la que se ve a Eckstine con un grupo de admiradoras blancas, una de las cuales tenía su mano sobre su hombro y su cabeza sobre su

Ike y Tina Turner

pecho mientras se reía. La fotografía provocó una airada reacción, con una oleada de cartas de protesta a la revista. A partir de ahí todo comenzó a cambiar para el artista que vio como muchas puertas se le cerraban y una parte importante de su público blanco comenzó a darle la espalda. A pesar de que el hecho no acabó con su carrera, que continuaría con un éxito moderado hasta principios de los ochenta, sí frenó su meteórica ascensión a lo más alto del estrellato.

Quizá el caso más notorio en el que el color de la piel fue decisivo para que durante años se le negase su protagonismo fundamental en el nacimiento del rock es el de Chuck Berry, el afroamericano que disputa de tú a tú con Elvis

Algunos quisieron ver a Billy Eckstine como al Sinatra negro.

el título de Rey del Rock. Charles Edward Anderson Berry vino a parar al mundo en San Luis, Misuri, en 1926. Hijo de una maestra y un diácono baptista, se crio junto a sus cinco hermanos en un entorno acomodado de clase media afroamericana. Se enamoró a muy temprana edad del blues y el boogie y a los quince años actuó por primera vez en público interpretando un tema de Jay McShann, «Confesin' The Blues». Aprendió a tocar la guitarra de forma autodidacta y su adolescencia transcurrió más o menos plácidamente, tocando en fiestas colegiales y vecinales hasta que, a punto de cumplir los dieciocho años, durante un viaje a California con un par de amigos, fue detenido por robar un coche a punta de pistola. Pasó tres años en el reformatorio juvenil de Algoa, Misuri, donde se dedicó a boxear y a perfeccionar su técnica con la guitarra. Al salir, trató de sentar cabeza, se casó, montó una peluquería y siguió tocando en los clubs nocturnos.

En 1955 se fue a Chicago, donde Muddy Waters le puso en contacto con Chess Records y en el mes de mayo de ese año, diez meses después de que Elvis grabase «That's All Right», un Berry de casi treinta años lanza al mercado «Maybelline», que pronto se coloca en el quinto puesto de las listas de éxitos y convierte a su autor en una de las primeras estrellas del rock, por delante en ventas del propio Elvis. Al año siguiente repite éxito con «Roll Over Beethoven» al que seguirían otros bombazos como «Sweet Little Sixteen», en 1958 y «Johnny B. Goode», en 1959. Aunque la mayoría de sus letras hablan de los iconos del consumo juvenil al que aspiraban la mayoría de los adolescentes —los grandes coches, la ropa, el baile desenfrenado, el sexo— el espíritu rupturista de Berry se trasluce en canciones como «School Days», un himno a la rebeldía juvenil: «Cierra tus libros, sal de tu asiento, / ve por el pasillo hacia la calle, / hasta la esquina y dobla la curva. / Entra en el

Chuck Berry.

juke joint. / Deja caer la moneda directamente en la ranura. / Tienes que escuchar algo realmente caliente [...]. Salve, salve rock and roll, / libérame de los viejos tiempos. / Larga vida al rock and roll». Huraño y tacaño hasta la saciedad, su dios era el dólar y a obtenerlo iba dirigido su espíritu creativo, tal como reconoció él mismo en más de una ocasión. Ello no impidió que impusiese un tema como «Brown Eyed Handsome Man», una osada alegoría de las relaciones interraciales en la que muchos han querido ver un canto al orgullo negro.

Todo marcha a pedir de boca y el huraño Berry disfruta de su éxito exhibiéndose con sus fans blancas e incluso funda el Club Bandstand, en el que se permite el desafiante lujo de eliminar la segregación racial. Toda esa chulería le proporciona un buen número de resentidos enemigos que no ven el momento de hacérselo pagar. Ese momento llega 1959, cuando es acusado de mantener relaciones con una menor. En realidad la muchacha, una joven apache a la que había conocido en Texas, le había dicho a Berry que tenía veintiún años cuando sólo tenía catorce. El músico le ofreció trabajo en su club y la llevó a San Luis, donde semanas después fue arrestada por ejercer la prostitución. A Chuck lo acusaron de infringir una ley federal y tras un juicio cargado de tintes racistas lo condenaron a tres años de prisión de los que cumplió poco más de año y medio. Durante ese período corrió el riesgo de desaparecer del panorama musical, que por aquellos años estaba siendo copado por la llamada *British Invasion*, pero afortunadamente para él la admiración que le tenían los Rolling Stones, los Yardbirds y las demás bandas inglesas, que estaban profundamente influidas por su estilo e incluso tocaban unos cuantos de sus temas, le permitió sobrevivir a aquel vendaval musical hasta prácticamente el día de su muerte, el 18 de marzo de 2017. Para entonces el indómito padre del rock 'n' roll había vencido todas las reticencias y había conseguido el reconocimiento universal de un título que se le había negado durante décadas.

Otra figura a la que con el paso de tiempo se le ha ido reconociendo cada vez más su peso histórico en la evolución del rock es Ellas Otha Bates, universalmente conocido como Bo Diddley. No en vano su sobrenombre es «The Originator» (El autor). Nacido en McComb, Misisipi, en 1928, creció en el campo hasta que a los seis años su madre lo mandó al gueto negro del South Side de Chicago, a casa de un primo. Allí estudió música y tocó en la banda de la iglesia hasta que se sintió atraído por el blues que interpretaba

John Lee Hooker. Comenzó tocando en la calle y en 1954, junto a su amigo Billy Boy Arnold, grabó una maqueta con una versión bastante escabrosa de una canción de cuna, «Hush Little Baby», que llegó a manos de Leonard Chess, quien eliminó las partes más obscenas y la rebautizó «Bo Diddley». La canción se convirtió en un éxito inmediato. Este primer *single* llevaba en la cara B, «I Am a Man», inspirado en un blues de Willie Dixon. Ambos temas iban más allá del rhythm & blues y alumbraban un nuevo estilo que influiría decisivamente en los guitarristas del rock. Uno de los grandes logros de Diddley fue la ruptura de barreras raciales, actuando con éxito ante público blanco cuando eso no era habitual en un músico afroamericano. Y además lo logró sin renunciar a la reivindicación de su propia negritud, tal y como demostró en 1955 al convertirse en el primer músico afroamericano que participa en el programa de televisión *The Ted Sullivan Show*, con una actitud desafiante que sacó de sus casillas a su todopoderoso presentador, que volcó su rabia en un intento de humillación al artista, tal y como él mismo recuerda en su biografía: «Interpreté dos canciones y consiguió enojarme. Ed Sullivan dijo que era uno de esos prometedores jóvenes de color que siempre le engañaban. Dijo que no duraría más seis meses». Afortunadamente Sullivan se equivocó y Diddley se convirtió en una figura que seguiría inspirando a los músicos de rock de las siguientes generaciones, de los Rolling Stones a The Clash, pasando por The Yardbirds, Little Richard, The Animals, The Who, The Doors, George Thorogood o el propio Elvis Presley.

«BROWN EYED HANDSOME MAN»
La osadía de Chuck Berry

Arrested on charges of unemployment
He was sitting in the witness stand
The judge's wife called up the district attorney
Said free that brown eyed man
You want your job you better free that brown eyed man
(...)
Way back in history three thousand years
Back ever since the world began
There's been a whole lot of good women shedding tears
For a brown eyed handsome man
A lot of trouble, was a brown eyed handsome man

Well the beautiful daughter couldn't make up her mind
Between a doctor and a lawyer man
Her mother told her darling go out and find yourself
A brown eyed handsome man
That's what your daddy is a brown eyed handsome man

Arrestado por cargos de vagancia,
él estaba sentado en el estrado.
La esposa del juez llamó al fiscal del distrito
y le dijo: libere a ese hombre de ojos pardos.
Si quiere su trabajo es mejor que libere a ese hombre de ojos pardos.
(...)
Contando tres mil años de historia,
desde que el mundo comenzó,
ha habido muchas buenas mujeres derramando lágrimas
por un hombre guapo de ojos pardos.
Un montón de problemas, eso era un hombre guapo de ojos pardos.

La hermosa hija no podía decidirse
entre un médico y un abogado.
Su madre le dijo, cariño, sal y búscate
un hombre guapo de ojos pardos.
Al igual que tu papá, un hombre guapo de ojos pardos.

CON ELLOS LLEGÓ EL ESCÁNDALO

Un artista afroamericano que pagó muy cara su osadía al desafiar las normas establecidas y transgredir la moral convencional fue Eskew Reeder Jr., más conocido como Esquerita. Nacido en 1935, comenzó cantando y tocando el órgano en el coro de la iglesia de su pueblo, Greenville, Carolina del Sur, donde a principios de los años cuarenta la vida era bastante complicada para un chaval negro con tendencias homosexuales, así que se marchó a Nueva York. Su estrafalario aspecto y su provocadora actitud encajaban mejor en los clubs nocturnos de la ciudad, donde causó un fuerte impacto con su peculiar estilo de tocar al piano un rhythm & blues que preconizaba el inminente rock 'n' roll. En 1959 grabó su primer álbum,

Esquerita, en el que participaron nada más y nada menos que un joven Jimmy Hendrix, Doctor John y Allen Toussaint. Pero el ambiente artístico de aquellos años no estaba preparado para un artista que hacía gala abiertamente de su homosexualidad y tras unos éxitos moderados Reeder fue relegado a un circuito de garitos de mala muerte del que trató de resurgir en 1968 reconvertido en El Magnífico Malochi. Pero nuevamente su estilo escandaloso y desafiante chocó frontalmente con quienes manejaban el negocio musical, de modo que el artista acabó actuando en clubs gay afroamericanos con

Esquerita, un provocador nato.

el nombre de Fabulash. A principios de los años ochenta había entrado en una fase terminal, convertido prácticamente en un *homeless*. Acabó falleciendo olvidado por todos en 1985 a causa del sida y de una vida de excesos.

> «Yo llamo a mi música la música curativa. Hace que los ciegos sientan que pueden ver, los cojos que pueden caminar, y los sordos y tontos que puedan oír y hablar.»
>
> Little Richard

Little Richard reconoció en numerosas ocasiones no sólo que Esquerita había sido una influencia decisiva en su provocadora y salvaje puesta en escena, sino que también le había marcado en su forma de tocar el piano. Richard Wayne Penniman, como fue bautizado, nació en Macon, Georgia, el 5 de diciembre de 1932, en el seno de una familia pobre y desestructurada con doce hijos de los que él era el tercero. Su padre era un hombre intransigente y violento que se dedicaba a destilar whisky ilegal. Durante su infancia, Richard se refugió en la protección de su madre, gracias a cuyos desvelos pudo aprender a tocar el piano. También aprendió a cantar góspel en la iglesia, su otro hábitat natural además de los garitos en los que se empapó de blues, rhythm & blues y vida licenciosa. A lo trece años su padre, escandalizado por sus tendencias homosexuales, lo echa de casa

Little Richard, uno de los artistas más carismáticos del primer rock 'n' roll.

y él se entrega con frenesí al abanico de placeres prohibidos que le ofrece la calle, donde se dedica a cantar, tocar y ligar con hombres —en un buen número de casos, blancos de edad madura— para ganarse la vida, hasta que Ann y Johnny Johnson, una pareja de blancos que regentaba un local nocturno, el Tick Tock, le acogen en su casa y le ponen en contacto con el ambiente musical de la ciudad. A los diecinueve años gana un concurso para jóvenes talentos y graba sus primeros temas, en los que interpreta una mezcla de góspel y rhythm & blues en los que ya se adivina el excitante rock 'n' roll, género en el que llegará a ser uno de los artistas más grandes. Por fin, en 1955 graba «Tutti Frutti», una canción cuyo título es el término usado en los ambientes homosexuales para referirse a los gays y cuya letra resulta tan obscena que la compañía de discos, Speciality Records le obliga a cambiar las estrofas iniciales en las que decía «Tutti Frutti, buen culito, / si no entra, no lo fuerces, / puedes engrasarlo, para hacerlo más fácil», por otra cargada de onomatopeyas que no significan absolutamente nada: «Tutti frutti, all rooty, a-wop-bop-a-loon-bop-a-boom-bam-boom». Durante los siguientes años se convierte en la

Pat Boone, pionero del apropiacionismo cultural

El rockero más conservador de la primera oleada, Pat Boone, descendiente del mítico pionero Daniel Boone, el explorador que luchó contra los indios y abrió la frontera de Kentucky al Oeste, es también un pionero, pero en su caso de apropiarse de los temas creados por otros músicos, fundamentalmente afroamericanos, para despojarlos de toda su fuerza salvaje y su negritud original para acomodarlos a los gustos de la parte más puritana y reaccionaria de la Norteamérica blanca y convertirlos en éxitos comerciales que afianzaron su carrera como una de las figuras más importantes de la segunda mitad de los cincuenta y principios de los sesenta. Eso fue lo que hizo con «Tutti Frutti» y «Long Tall Sally» de Little Richard, «Ain't That a Shame» de Fats Domino, «Don't Forbid Me» de Charlie «Hoss» Singleton, «I Almost Lost My Mind» de Ivory Joe Hunter o «Tra La La-a», interpretado inicialmente por LaVern Baker.

Pat Boone.

figura más excéntrica y escandalosa del rock 'n' roll, engalanado con ostentosos brillantes, maquillado como una loca y haciendo gala de un exagerado amaneramiento que le granjea las amenazas de los supremacistas blancos, que lo ven como una encarnación del mismísimo diablo. Temas como «Long Tall Sally», «Good Golly, Miss Molly» o «Lucille» se convierten en número uno y comienzan a sonar a todas horas en las emisoras de radio, en muchos casos en versiones de cantantes blancos, incluido, sorprendentemente, el conservador y moralista Pat Boone. Pero en 1957, mientras realizaba una gira por Australia, su avión sufre un percance sin mayores consecuencias pero con el suficiente susto para que el indomable Richard decida abandonar su pecaminosa vida, deje el rock 'n' roll y regrese al seno de la Iglesia. Desde entonces ha estado oscilando entre el púlpito y el escenario, haciendo siempre gala de su espíritu libre y codeándose con las más grandes estrellas del rock como Beatles, Rolling Stones, Janis Joplin, Canned Heat o Michael Jackson. Ha participado en películas, ha recibido todos los premios posibles –entre ellos, en 2015, el del Museo Nacional de Música Afroamericana, por su decisiva influencia en la eliminación de barreras raciales y su influencia en la cultura estadounidense–, y ha seguido provocando y escandalizando a todo el mundo con sus entrevistas y sus biografías, en las que ha confesado su adicción a todas las drogas habidas y por haber y ha jugado a desconcertar a todo el mundo reconociendo o alardeando de su homosexualidad, arrepintiéndose de ella, declarándose bisexual y confesando todo tipo de prácticas sexuales.

Pero la fama de escandaloso de Richard llega a palidecer al lado de la de su alumno más aventajado, Larry Williams, un cantante y pianista de rhythm and blues nacido en Nueva Orleans en 1935, cuyos primeros discos fueron editados en 1957 por Specialty Record, justo cuando la estrella principal de la discográfica, Little Richard, abandonó la música para convertirse en predicador. Había sido precisamente Richard quien había llevado a Williams a la compañía después de que ambos se hiciesen amigos en 1955. Sin embargo, a pesar de su éxito inicial con temas como «Short Fat Fannie», que llegó al número 5 en la lista del Billboard, el que había sido señalado como sucesor del alocado predicador del rock no logró afianzarse en el mercado discográfico, en buena medida debido a su pésima reputación personal que ahuyentaba a las cadenas de radio y televisión. Williams tenía un largo historial como delincuente juvenil, matón, proxeneta y traficante. En 1960 fue arrestado por narcotráfico y pasó tres años en prisión. Regresó a los escenarios a mitad de los sesenta con una banda que incluía a Johnny «Guitar» Watson, pero sin mucha fortuna, algo que sí logró cuando produjo dos discos de éxito para Little Richard en uno de sus regresos al mundo de la música. En los años setenta intentó reconvertirse en cantante de música disco y participó en un par de películas, pero el éxito siguió dándole la espalda y él siguió buceando en el lado oscuro protagonizando un incidente con su mentor que el propio Richard narraba horrorizado en su autobiografía: «Le compré un poco de cocaína, acordamos que le pagaría más tarde y no aparecí porque estaba colocado. Había estado conmigo en Specialty Records en los cincuenta, yo le llevé a la fama... pero ¡vino a mi casa a dispararme! Fue probablemente el momento en que más asustado he estado en toda mi vida». Aquel episodio llevó a Little a abandonar los escenarios y regresar una vez más al seno de la iglesia. Williams acabó muriendo en 1980 a causa de un balazo. Su cuerpo fue hallado en el garaje de su casa con una pipa de crack en una mano y una pistola en la otra. Aunque la policía declaró oficialmente que había sido un suicidio, desde entonces no han parado las cábalas con la causa de su muerte. Además de por su historial delictivo, Williams ha pasado a la historia de la música fundamentalmente por su tema «Bony Maronie», del que harían versiones desde John Lennon hasta el propio Little Richard, pasando por Ritchie Valens, The Shadows, The Who, Johnny Winter, Dr. Feelgood, Freddy Fender o Flying Burrito Brothers. En el ámbito del rock hispano, la canción se conoce como «Popotitos» y entre la pléyade de músicos que la han grabado figuran Mike Ríos con Los Relámpagos, el Dúo Dinámico y Ricky Martin, por citar sólo a algunos de los más populares.

EL ELVIS ROJO

De toda la amplia camada de rockeros juveniles surgidos a finales de los cincuenta, sólo hubo uno que se convirtió abiertamente en un disidente político: Dean Cyril Reed, conocido artísticamente como Dean Reed y apodado, habitualmente con intención denigratoria, El Elvis Rojo. Nacido en 1938 en Lakewood, una localidad cercana a Denver, Colorado, en el seno de una familia acomodada. Su padre era un fanático anticomunista y pretendía que Dean siguiese la carrera militar, cosa que el joven logró esquivar convirtiéndose en una estrella del deporte universitario. A los diecinueve años se fue a California en busca de ese sueño tan norteamericano de convertirse en actor. Su físico de atleta apuesto le proporcionó pequeños papeles en la televisión que le permitieron sobrevivir mientras estudiaba con Paton Price, un director de cine y series de televisión

Dean Cyril Reed, además de rockero era comunista, lo que le valió el apodo de "El Elvis Rojo".

con ideas pacifistas que hicieron mella en su alumno, sobre cuya vida dirigiría en 1985 un documental: *American Rebel: The Dean Reed Story*. Como muchos jóvenes de la época, Reed se dejó arrastrar por el espíritu de aquel vendaval llamado rock 'n' roll y, dado que la fama le era esquiva en el mundo de la interpretación, decidió probar suerte en el de la música. Grabó un primer *single*, «Once Again», para Imperial Records, pero la cosa no cuajó y volvió a intentarlo con Capitol Records que buscaba afanosamente jóvenes y guapos talentos con los que hacer la competencia a la RCA y su megaestrella Elvis Presley. Con sólo veinte años grabó una serie de *singles* como «Annabelle», «I Kissed a Queen», «The Search» o «Our Summer Romance», temas que hablaban de muchachas soñadores, fugaces amores de verano y lo maravilloso que es el mundo cuando estás cerca de tu amor, o todo lo contrario. En definitiva, rock 'n' roll suave tirando a empalagoso con el que la discográfica trataba de convertirlo en una réplica almibarada del Rey del Rock para consumo adolescente. Algo que no lograron, al menos en Estados Unidos, porque en Latinoamérica sí consiguieron situarse bien en las listas de éxitos – sobre todo «Our Summer Romance» – y Capitol decidió enviar a Reed a realizar una gira de promoción por Chile, Perú y Brasil.

Esa gira cambiaría decisivamente la vida de Dean Reed. En Chile, un país en plena convulsión política, sumergido en una conflictiva reforma agraria y con una izquierda pujante, el joven cantante fue recibido por fans histéricas como si se tratase de una estrella de primera fila y pronto se vio llenando conciertos, participando en programas de televisión e incluso protagonizando películas como «Mi primera novia», con Evangelina Salazar y Palito Ortega. Pero las enseñanzas de su antiguo maestro Paton Price le llevaron a tratar de conocer el país que no salía en las revistas y los noticieros: los barrios de chabolas donde se hacinaban los emigrados del campo, los miserables campamentos mineros y los pueblos andinos donde malvivían los indios. Conoció a personajes destacados de la izquierda como Salvador Allende y Víctor Jara y poco a poco se fue involucrando en actividades políticas, actuando gratis en barrios populares y en actos sindicales.

También cosechó un gran éxito en Argentina, donde en 1962 un golpe de Estado militar había aupado a la presidencia a un civil, José María Guido, y el país se encontraba atrapado en un fuego cruzado de enfrentamientos: el ejército dividido en dos facciones, azules y colorados, el peronismo ilegalizado y también con tensiones internas y la ultraizquierda y la ultraderecha atacándose mutuamente. El compromiso político de Reed fue en aumento, aprendió español y se instaló en el país durante casi cuatro años. Además de convertirse en ídolo del pop y realizar giras y conciertos acompañado por el grupo local Los Dominantes, participó en programas de televisión como «Los años jóvenes» y «Sábados Continuados», entablando amistad con el célebre presentador Antonio Carrizo y convirtiéndose en un personaje popular en la sociedad porteña al tiempo que establecía

El polémico lavado de bandera

Una de las protestas más sonadas de Dean Reed fue la que protagonizó en 1970 al lavar la bandera de su país frente al consulado de Estados Unidos en Chile, lo que le puso definitivamente en el punto de mira de la CIA y los servicios de inteligencia del bloque occidental. Mientras sumergía la bandera de las barras y estrellas en un cubo con agua y jabón, pronunció unas palabras que marcarían su vida posterior: «Esta bandera está sucia con la sangre de miles de mujeres y niños vietnamitas [...], hombres de la raza negra de Estados Unidos, de los millones de gentes de Sudamérica, África y Asia [...]. Como buen estadounidense que ama a su país, hoy, en Santiago de Chile, lavo la bandera de mi patria». Este gesto, además de granjearle las simpatías del movimiento izquierdista y antiimperialista internacional, fue el origen de una leyenda negra creada que le acusaría de haber quemado la bandera, algo que ha sido desmentido por activa y por pasiva.

relación con dirigentes socialistas, comunistas y sindicalistas como José Ignacio Rucci. Empujado por su creciente compromiso político, en 1965 viajó al Congreso por la Paz en Helsinki, donde se hizo notar al subir al escenario y animar a los asistentes a cantar a la solidaridad y fraternidad internacional. Aquello de que un estadounidense exhibiese ideas pacifistas y socialistas en público no era nada habitual y las autoridades soviéticas tomaron buena nota de ello. En 1966 un nuevo golpe militar triunfó en Argentina y Reed fue deportado. Se asentó en Roma y allí continuó su carrera como cantante y actor, sobre todo en películas de *spaghetti western*, lo que le dio la oportunidad de conocer España. A finales de los sesenta y principios de los setenta es invitado reiteradamente a visitar los países del bloque soviético y realiza frecuentes visitas a Bulgaria, Rumanía, China, Cuba y, sobre todo a la Unión Soviética y la República Democrática Alemana, donde se hizo enormemente popular. En 1973, estableció su residencia en la Alemania comunista, convertido en una estrella cinematográfica y musical que interpretaba sobre todo versiones de los grandes mitos del rock como Elvis Presley, Carl Perkins, Chuck Berry o los propios Beatles. En 1986 concedió una polémica entrevista la cadena de televisión CBS en la que justificó la invasión soviética de Afganistán y la construcción del Muro de Berlín, lo que le valió una nueva oleada de acusaciones de traición. A pesar de criticar durante toda su vida la política exterior de Estados Unidos y defender los sistemas comunistas de la URSS y China, nunca perdió la ciudadanía norteamericana ni dejó de pagar impuestos en su país. Pero al final la presión de las críticas lo llevó a la depresión y probablemente a un final trágico, ya que seis semanas después de su famosa entrevista en la CBS fue hallado muerto en el lago Zeuthener de Berlín, en un caso de aparente suicidio, aunque la versión oficial decretó que se había tratado de un accidente. La polémica le siguió más allá de la muerte y su familia y su círculo de amigos estadounidenses siempre alentaron la teoría del asesinato.

EL FIN DEL PRINCIPIO

El día 3 de febrero de 1959 en un campo de maíz de la pequeña localidad rural de Clear Lake, en Iowa se estrellaba una avioneta que acababa de salir de su pequeño aeródromo y fallecieron todos sus ocupantes en un accidente que marcaría para siempre la historia del rock 'n' roll. Además del piloto del aparato, Roger Peterson, aquel día murieron tres estrellas del rock que estaban en el cenit de su fama: Buddy Holly, de 22 años, Ritchie Valens, de 17 y The Big Bopper, de 28. Su muerte no sólo truncó sus brillantes y fulgurantes carreras, sino que causó un enorme impacto en el mundo del rock 'n' roll. Desde Elvis, que mostró su consternación desde Alemania, donde cumplía el servicio militar, a Eddie Cochran que compuso «Three Stars», la primera canción en honor a los tres músicos, las jóvenes estrellas del rock, los promotores y los aficionados sufrieron una conmoción que supondría un antes y un después en la historia de un género que en menos de cinco años había revolucionado toda la cultura juvenil.

Otros desaparecerán a lo largo del siguiente lustro, o bien porque las discográficas y el público dejan de interesarse por ellos, como Carl Perkins que en 1958 abandona Sun Records decepcionado y deprimido, o simplemente porque pierden la vida en la flor de la

Buddy Holly, una prometedora estrella del rock cuya trayectoria fue truncada por un fatal accidente aéreo.

Big Booper falleció la noche del 3 de febrero de 1959 cuando la avioneta en la que viajaba junto a Buddy Holly y Ritchie Valens se estrelló en Mason City, Iowa.

juventud, como Eddie Cochran, que muere con sólo veintiún años el 16 de abril de 1960 en un accidente en el que Gene Vincent resulta herido y desaparece de escena durante varias décadas. Ese mismo año, Chuck Berry está en la cárcel y Little Richard predicando en la iglesia. Johnny Burnette muere ahogado en un accidente mientras pescaba en California el 14 de agosto de 1964 y con él desaparecía la penúltima leyenda viva del rockabilly original. A ese final de época contribuye también decisivamente el llamado Escándalo Payola, también conocido como «Pay to play» (pague para emitir), que estalla en octubre de 1959 y en el que varios *disc jockeys*, con el mítico Alan Freed, el hombre que había bautizado el rock 'n' roll, a la cabeza, se dejaban sobornar para que programaran machaconamente unos discos en detrimento de otros. Un mes después Freed era despedido de sus programas de radio y televisión y acabó muriendo en la miseria seis años después, pero el escándalo fue generalizado, salpicó también a Dick Clark, el famoso conductor del programa televisivo «American Bandstand», a las cuatro compañías discográficas más importantes del mundo. La práctica de pagar por ser promocionado en la radio ni era nueva ni se acabó ahí, ya que ha llegado a nuestros días, pero lo cierto es que el caso Payola se llevó por delante las carreras de los primeros *disc jockeys* y presentadores que fueron en buena medida responsables del estallido del rock 'n' roll.

En el ámbito político y sociológico, el año 1959 también es testigo de una serie de hechos que marcarán la segunda mitad del siglo XX con profundos cambios para la humanidad. Fidel Castro toma el poder en Cuba

Eddie Cochran.

El día que murió la música

Doce años después del accidente aéreo que causó la muerte de Buddy Holly, Ritchie Valens y The Big Bopper, aquella trágica jornada sería bautizada como «El día que murió la música», en la canción «American Pie», que Don McLean publicó en 1971 y que se convirtió en un éxito de ventas al año siguiente. Aunque quizá la calificación sea un poco exagerada, lo cierto es que la desaparición de los tres rockeros en pleno auge coincidió con la decadencia del espíritu fresco y transgresor del primer rock 'n' roll que en poco más de cinco años fue fagocitado por la industria, que lo convirtió en una moda lucrativa, y fue sustituido por una nueva generación de músicos que llegaron desde el otro lado del Atlántico en la llamada *British Invasion* y abrieron una nueva etapa en el género.

creando un nuevo punto de tensión en el panorama de la Guerra Fría, la Unión Soviética lanza la Mechta, la primera sonda espacial en alcanzar las inmediaciones de la Luna, uno de los primeros pistoletazos de salida de la carrera espacial entre EE.UU. y la URSS, y el Vietcong inicia las hostilidades contra la República de Vietnam Sur, lo que significa de hecho el comienzo de la Guerra del Vietnam, en la que los norteamericanos empezarán a intervenir directamente en 1960 y que supondrá una de las épocas más convulsas social y políticamente en Estados Unidos. Mientras tanto, la industria del ocio que caracteriza el *American Way of Life* sigue funcionando a toda máquina y creando productos que se convertirán en moda universal: sale a la venta la primera muñeca Barbie, se estrena la serie del oeste «Bonanza», la película *Ben-Hur* se convierte en un éxito mundial y hasta el líder soviético Nikita Jrushov visita Disneylandia.

A finales de los cincuenta y principios de los sesenta, las listas de éxitos comenzaron a ser copadas por las figuras más blandas y dóciles del rock 'n' roll, como Pat Boone, que al final de su carrera acabó convertido en un ultraconservador religioso, Ricky Nelson, que pasó de joven rebelde a meloso ídolo de adolescentes −y a quien el escritor y crítico musical Bob Stanley hace responsable de que en 1958 se produjese el principio del fin con la llegada al número uno de las listas de su tema «Poor Little Fool»− o Frankie Avalon, el cantante-actor que mejor encaró el modelo de estrella *pretty face* (cara bonita) junto al romántico Paul Anka y el almibarado Neil Sedaka, que pronto serían desplazados por los músicos ingleses de la *British Invasion* encabezada por abiertos admiradores del primitivo rhythm & blues y rock 'n' roll como The Beatles, The Rolling Stones, The Animals, The Yardbirds, The Who o The Kinks. En definitiva, en un ejercicio de purismo riguroso, se podría afirmar que el rock 'n' roll, el genuino y verdadero rock 'n' roll que irrumpió como un juvenil elefante en la cacharrería de la sociedad de la segunda mitad del siglo XX, duró sólo seis años, los que van de 1954 a 1960. A partir de ahí comenzó la era del rock, que pudiendo parecer prácticamente lo mismo, es absolutamente diferente. Desde entonces todo ha sido una permanente contienda entre el espíritu rebelde inherente a la cultura del rock y la gestión del negocio que la industria del ocio y la moda tratan de hacer con ella.

LA REBELIÓN DE LOS GREASERS

A finales de los cincuenta y principios de los sesenta, mientras la industria musical trataba de amaestrar y edulcorar a los jóvenes rockeros convirtiéndolos en estrellas blandas para adolescentes al estilo Neil Sedaka, los jóvenes *greasers* de los barrios obreros periféricos imponen su estilo duro y rebelde con sus cazadoras de cuero y sus peinados llenos de brillantina, en una actitud abiertamente radical que cuestiona la autoridad a bordo de sus motocicletas y que andando el tiempo los llevará incluso a aliarse bajo el nombre de Young Patriots con los jóvenes negros de los Black Panthers o los latinos de los Young Lords, todo con banda sonora de Gene Vincent, Vince Taylor, Eddie Cochran, Chuck Berry o Johnny Cash. Arraigaron especialmente en algunos estados del Sur y sobre todo en las ciudades de las zonas costeras. Las «gentes de orden» los estigmatizaron desde el primer momento como un movimiento delictivo, unos pandilleros antisociales y peligrosos. La prensa exageró sus gamberradas convirtiéndolas habitualmente en hechos delictivos mucho más graves de lo que en realidad eran, lo que creó una alarma social que los convirtió en una especie de parias del rock. Cierto que sus fiestas no dejaban títere con cabeza y que su extracción social los hacía más proclives a las actitudes rebeldes, provocadoras y finalmente delictivas pero en muchas ocasiones fue ese rechazo social y una persecución policial muy marcada lo que los acabó convirtiendo en verdaderos fuera de la ley.

Su nombre, «grasientos», ya tenía una connotación sucia negativa, y en muchos casos se correspondía con el aspecto de su indumentaria, dada su afición a los motores, algo que muchos convertían en profesión como mecánicos, empleados de gasolinera o trabajadores de cadenas de montaje. Sin embargo el término *greaser* provenía en realidad de los productos grasosos –fijador, gomina, aceite e incluso betún– que utilizaban para moldear su cabello y peinarse con exagerados tupés, flequillos en difícil equilibrio sobre la frente o la llamada «cola de pato», con el pelo un poco más largo dividido simétricamente en la nuca. Las cazadoras de cuero, los pantalones y chaquetas tejanos, las camisetas negras, las botas claveteadas de motorista o de obrero, las zapatillas deportivas de lona, las boinas y gorras negras y los sombreros vaqueros, eran parte inconfundible de su atavío, con el que querían marcar su propia personalidad mediante una estética dura, incluso agresiva.

Pero más allá de la estética y de la rebeldía innata y el cabreo sin objetivos, el movimiento *greaser* también tuvo una parte importante de activismo social e incluso político, organizado sobre todo a finales de los sesenta en torno al movimiento Rising Up Angry, que editaba un periódico mensual con el mismo título, que durante siete años fue la voz de los *greasers* más duros y militantes. Su nombre provenía de la canción «Shape of Things to Come», escrita por Cynthia Weil y Barry Mann, un matrimonio de compositores del Brill Building de Nueva York, el centro neurálgico de los escritores, editores y productores del pop y el rock durante los años cincuenta y sesenta. El tema había sido compuesto para la película *Wild in the Streets* (titulada en España *El presidente*), dirigida por Barry Shear en 1968, que narraba la historia un tanto surrealista de una joven estrella del rock, de pasado turbulento y rebelde, que se convierte en presidente de unos Estados Unidos en los que la mitad de la población es menor de veinticinco años, las drogas están legalizadas, el FBI disuelto, el ejército retirado de las zonas de combate y los excedentes alimentarios distribuidos gratuitamente a los países más pobres. Esta utopía escondía una crítica a la situación de la desencantada juventud estadounidense, un ataque a la Guerra de Vietnam y una defensa de los derechos y libertades de todo tipo. El film fue un éxito de taquilla pero la mayoría de los medios de comunicación lo acogieron con críticas negativas por considerarlo un ataque al estilo de vida estadounidense.

«SHAPE OF THINGS TO COME»
La inspiración de la rebelión *greaser*

There's a new sun rising up angry in the sky
There's a new voice crying but not afraid to die
Let the old world make believe it's blind and deaf and dumb
But nothing can change the shape of things to come
(...)
The future's coming on sweet and strong
And no-one's gonna hold it back for long
There are new dreams crowding out old realities
There's revolution sweeping in like a fresh new breeze

Hay un nuevo sol saliendo enojado en el cielo,
hay una nueva voz llorando pero sin miedo a morir,
deja que el viejo mundo haga creer que es ciego, sordo y tonto
pero nada puede cambiar la forma de lo que vendrá.
(...)
El futuro se acerca dulce y fuerte
y nadie lo va a retener por mucho tiempo,
hay nuevos sueños desplazando viejas realidades,
hay una revolución deslizándose como una nueva brisa fresca.

JÓVENES, DESCLASADOS Y EMPOBRECIDOS

A inicios de los años sesenta los *greasers* ya se habían extendido por todo el mundo y en cada sitio recibían una denominación distinta. En Inglaterra, donde el movimiento fue el más numeroso fuera de Estados Unidos, se conoció como *teddy boys*, *blousons noirs* en Francia, *nozems* en los Países Bajos, *raggare* en Suecia y demás países nórdicos, *halbstarken* en Austria y Alemania, *vitelloni* o *teppisti* en Italia, *bodgies* en Australia, *tsotsies* en Sudáfrica, *stiliagui* en Rusia, «pototeros» en Argentina o *taiyo zoku* en Japón. En España, en una simplificación muy propia de la época franquista, se los llamó simple y llanamente *gamberros*. Aunque en un principio fue un universo netamente masculino, esta subcultura tuvo sus versiones femeninas como las *teddy girls* británicas, las *widgies* australianas o el resto de chicas que formaron parte de esta cultura *underground* y que tuvieron que soportar en muchos casos un doble estigma: el de la sociedad moralista que las tildaba de golfas y prostitutas y el de muchos compañeros, que hacían gala de un machismo rampante, muy propio de la época, por otra parte.

Teddy Girls

A pesar de las diferencias puntuales generadas por cada tipo de sociedad –no era los mismo ser un joven rebelde en Boston, Moscú o Tokio– todos comparten, además de una estética y una pasión desenfrenada por el rock, el baile, las motos y los coches, un sentimiento de rebeldía generacional contra la sociedad conservadora que habían creado sus progenitores, generalmente supervivientes de la Segunda Guerra Mundial. Contra el futuro formal que les habían preparado, estos jóvenes esgrimían una osadía y una desobediencia mezcladas con insatisfacción, que se traducía en una incansable búsqueda de liberación, tanto en los aspectos sociales, como en los ideológicos e incluso en los sexuales. Otra coincidencia fue la animadversión de los medios oficiales de comunicación que vieron en ellos un peligroso ejemplo para las nuevas generaciones. En Francia, por ejemplo, fueron tildados de racistas e intolerantes sin ningún tipo de ideología ni expectativa en la vida, algo que choca frontalmente con la actitud de los *blousons noirs* durante las protestas de mayo de 1968, cuando se colocaron en las barricadas al lado de los estudiantes y formaron la vanguardia más beligerante de las manifestaciones.

En su país de origen, Estados Unidos, el núcleo duro de este movimiento se localizó en el Uptown de Chicago, un barrio obrero del norte de la ciudad, donde el paro, la droga y la marginación se cebaban con la juventud nacida en el llamado *baby boom*, producido en los años posteriores a la Segunda Guerra Mundial. El origen de todo fue la organización Students for a Democratic Society (Estudiantes por una Sociedad Democrática), más conocida por sus siglas SDS y fundada en 1960 en Ann Arbor, Michigan, una entidad universitaria que tenía como objetivo mejorar la situación de las clases sociales más afectadas por los recortes en materia de educación y sanidad que había llevado a cabo el gobierno del país durante los años posteriores a la Segunda Guerra Mundial. El SDS de Chicago puso en marcha un proyecto denominado Jobs Or Income Now (Trabajo o Ingresos Ahora), cuyas siglas, JOIN, significaban también Únete, y cuyo objetivo fundamental era ayudar los trabajadores en paro y a los jóvenes emigrantes blancos llegados a la capital de Illinois desde las zonas rurales, especialmente de la región de los Apalaches, al Sur del país, donde la crisis del carbón los dejó sin trabajo. Esos jóvenes eran conocidos como *hillbillies* (paletos) y la zona donde se instalaron pronto fue bautizada como Hillbilly Harlem, en referencia al deterioro y peligrosidad de sus calles. Uno de los principales líderes del JOIN era Doug «Youngblood» Blakey y se dedicó a establecer contactos con los *greasers* y los *hillbillies* para realizar acciones coordinadas contra le presión de la policía y los especuladores. A partir de la violenta represión de una protesta vecinal ante la comisaría de la zona en 1966 y la muerte poco después de un pandillero a manos de la policía, los jóvenes comenzaron a pensar que necesitaban una organización más fuerte y más expeditiva que el SDS y su proyecto JOIN. Así comenzó a germinar la creación de los Young Patriots, una especie de brazo armado de las otras entidades ciudadanas que seguía el modelo creado por los panteras negras afroamericanos. Pero al contrario que estos, el recurso a las armas no era su principal consigna inicial y se dedicaron a organizar protestas y manifestaciones pacíficas contra los desahucios, la Guerra del Vietnam y los abusos policiales. Además, organizaban conciertos de rock y fiestas para recaudar fondos para las familias más necesitadas y pusieron en marcha su propio órgano de opinión y difusión.

Aparte del propio «Youngblood» Blakey, los principales dirigentes fueron William «Preacherman» Fesperman, Hy Thurman y Jack «Junebug» Boykin, que dieron un impulso inusitado a la organización y cuyo ejemplo se extendió a otras ciudades del país. La indumentaria habitual de los Youngs Patriots era prácticamente igual a la de los jóvenes *greasers*, con profusión de indumentaria vaquera, una boina similar a la de los *black panthers* y la bandera confederada cosida en su pecho o su espalda, una seña de identidad que no casaba muy bien con su espíritu antirracista y que eliminaron paulatinamente de sus uniformes cuando se coaligaron con los panteras negras en la Coalición Arco Iris. Esta coalición tenía un objetivo claro, tal y como señala, Servando Rocha, especialista en cultura *underground* estadounidense y editor del libro *Sucios, grasientos y rebeldes* en una entrevista concedida a la publicación digital *Vice*: «Detener la violencia entre bandas, controlar a la policía, destruir el capitalismo, sentir que la ciudad les pertenecía de verdad». Sin embargo la alianza aceleró el final de los Young Patriots y de las demás organizaciones que componían el grupo, ya que aquella unión de pandilleros con ideología y de todas las razas y colores, era una auténtica amenaza para el sistema. Para acabar de cimentar esa alarma, la respuesta a la represión policial produjo incidentes como el ocurrido durante su primer acto de masas con un concierto de Sly and the Family Stone, una banda interracial pionera del funk, en el que el público se enfrentó a la policía con un balance de 150 heridos, comercios asaltados, policías agredidos y coches patrulla incendiados.

La huella de los rockeros izquierdistas de los sesenta y setenta no se ha borrado como demuestran la fundación en 2009 de la Redneck Revolt, una organización de carácter radicalmente anticapitalista, antirracista y antifascista, que defiende el uso de las armas de fuego como elemento de defensa para hacer valer sus derechos, al igual que hacían en su día los *black panthers*. Surgieron en Lawrence, Kansas, como reacción al ascenso de los grupos ultraconservadores y para reivindicar la tradición de rebelión de los trabajadores blancos estadounidenses contra la opresión y la tiranía. Entre sus influencias directas incluyen a los Young Patriots y al antirracista radical John Brown, que abogaba por la liberación de los esclavos mediante el uso de la violencia, si era necesario, y que en 1859, poco antes de la guerra, fue ahorcado por traición y rebelión armada contra el Estado. El movimiento se mantiene activo, no tiene líderes, rehúye identificarse con ninguna ideología política al uso –más allá de unos genéricos planteamientos próximos al socialismo libertario– y reivindica la acción directa armada, la puesta en marcha de programas de entrenamiento bélico y de iniciativas de reparto de ropa y alimentos. Aunque sus miembros son en su mayoría blancos pobres, se calcula que un 30 por ciento de sus militantes pertenecen a minorías étnicas y están extendidos por una treintena de estados.

La Coalición Arco Iris, un experimento de rebeldía interracial

El movimiento político radical intercultural de más amplio espectro creado en Estados Unidos nació el 4 de abril de 1969 en Chicago y fue conocido como la Rainbow Coalition. El acto de coalición fue sellado por William 'Preacherman' Fesperman como representantes de los blancos de la Young Patriots Organization, Fred Hampton del afroamericano Black Panther Party y José 'Cha Cha' Jiménez líder de la organización latina boricua Young Lords. En los meses inmediatamente posteriores se fueron uniendo a esta variopinta organización movimientos de izquierda radical de todo tipo de origen y tendencia, como los universitarios del Students for a Democratic Society, los indios del American Indian Movement, los chinoamericanos del Red Guard Party, los chicanos de los Brown Berets, o la organización feminista Mothers and Others, entre otros muchos grupos locales y estatales. Además de una intensa actividad insurreccional, la coalición también llevó a cabo programas sociales de alimentación y alfabetización en los barrios más desfavorecidos e intentó poner fin a las cruentas guerras de bandas y pandillas juveniles que por aquellos años se cobraron cientos de vidas en los guetos de las grandes ciudades. La coalición se disolvió en 1973 con un balance positivo en cuanto a su acción social, a pesar de la tenaz persecución política y policial a la que fue sometida, que incluyó todas las estratagemas de la guerra sucia, desde las imputaciones falsas por narcotráfico hasta el asesinato encubierto de sus dirigentes.

EL PROVOTARIADO COMO RÉPLICA EUROPEA

En el viejo continente lo más parecido que hubo al fenómeno de los *greasers* encuadrados en organizaciones como los Young Patriots fueron los *provos* neerlandeses, herederos de los *nozems* creados por la cultura del rock & roll a imagen y semejanza de sus homólogos norteamericanos y británicos. Con sus tupés, sus chaquetas de cuero, sus carreras en moto y sus frenéticos bailes irrumpieron como un huracán en la sosegada y conservadora sociedad holandesa de posguerra a mitad de los años cincuenta. Entre sus referencias musicales, además de los consabidos rockers estadounidenses, había bandas locales como los Sandy Coast Rockers, surgidos en 1961, o The Cats, una banda nacida en 1966 en los Países Bajos. No duraron demasiado, pero a principios de los sesenta muchos se pasaron a un nuevo movimiento juvenil y contestatario: el provotariado que arremetía contra todo, tal y como dejaron patente en sus primeros manifiestos: «El Provotariado es el último elemento de la rebelión en nuestros países "desarrollados". El Proletariado es esclavo de los políticos. Mira la tele. Se ha unido a su viejo enemigo, la burguesía; ahora, junto a ella, conforma una enorme masa gris».

El entorno del que salieron los *provos* fue el ambiente universitario, del que salió uno de sus primeros teóricos, el estudiante de filosofía Roel van Duijn, que fue el primero en declarar abiertamente la intención de convertir la agresividad de los *nozems* en un movimiento revolucionario, y que junto al limpiacristales Robert Jasper Grootveld, se convirtieron en los primeros difusores del movimiento. Su ideología tenía un sustrato libertario y dadaísta y se erigieron en la primera contracultura europea propia a principios de los sesenta. Grootveld fue quien conectó con los desclasados y desencantados rockeros callejeros neerlandeses, sobre todo gracias a sus números de payaso ambulante irreverente cuyo objetivo principal era mofarse de la policía. Sus *happenings* reunían a verdaderas multitudes y la mayoría de sus diatribas iban dirigidas a mostrar la alienación de la clase media, lograr la legalización de la marihuana y criticar tanto al capitalismo como al comunismo. Él ponía la burla y Duijn los postulados teóricos de su llamada ideología blanca que se concretaba en pintar de banco las bicicletas en protesta por los accidentes de tráfico, o las chimeneas como denuncia de la contaminación. Eso dio lugar a los Planes Blancos para reclamar guarderías gratuitas, el fin de la especulación inmobiliaria o la atención sanitaria gratuita para las mujeres.

«Los que están en el poder sólo pueden jugar su juego porque nosotros lo toleramos.»

Roel Van Duijn, ideólogo del provotariado.

A mediados de los años sesenta los medios de comunicación aparcaron el tono desdeñoso y burlón con el que informaban sobre sus acciones y comenzaron a tacharlos de peligro social. El sensacionalismo extendió el recelo entre la población, el recelo engendró el miedo y el miedo la violencia. Pronto los *provos* fueron reprimidos con una dureza inusitada, sobre todo cuando la protesta contra la Guerra de Vietnam se convirtió en el motivo principal de sus manifestaciones. Todo llegó a su punto álgido en marzo de 1966 cuando la princesa Beatriz se casó con un antiguo miembro de las Juventudes Hitlerianas y los *provos* trataron de boicotear los homenajes callejeros con botes de humo. La respuesta de la policía fue violenta e indiscriminada y en la civilizada sociedad neerlandesa se instaló un progresivo rechazo a quienes hasta entonces eran poco más que unos divertidos e ingeniosos rebeldes. Las detenciones de *provos* se convirtieron en algo cotidiano y el movimiento comenzó a languidecer en 1968, justo cuando el espíritu de la revuelta de los estudiantes franceses se extendía por toda Europa, mientras los tanques soviéticos aplastaban las ilusiones democráticas de la Primavera de Praga.

TEDDY BOYS, LA ELEGANCIA DEL LUMPEN

En el Londres en ruinas posterior a la Segunda Guerra Mundial, arrasado por las bombas nazis, surgió la cultura rockera más importante y numerosa después de la de Estados Unidos: los *teddy boys* o *teds*, como también eran conocidos. La fluidez de los contactos entre ambos países y la presencia de numerosos soldados estadounidenses todavía en suelo británico, propició que el rock 'n' roll, sus códigos y sus modas llegasen a Inglaterra casi al mismo tiempo que a cualquier lugar de su país de origen. Los *teds* surgieron en Londres en 1954, el mismo año de la grabación de los primeros discos de Elvis y Bill Haley y vivieron su etapa de esplendor hasta principios de los años sesenta. Por aquellos años, el número de jóvenes doblaba al de población adulta, las expectativas de trabajo eran escasas y el desencanto se extendió entre los adolescentes de las clases bajas, que buscaron la forma de romper con la generación de sus padres. El rock del otro lado del Atlántico les proporcionó la banda sonora y la excusa perfecta y ellos eligieron una indumentaria desafiante siguiendo sus propios cánones estéticos. La mayoría de ellos pertenecían a las clases trabajadoras cuya vestimenta se limitaba tradicionalmente a ropa de trabajo y excepcionalmente a un traje para ocasiones especiales. No había ningún afán estético en ello y por eso los adolescentes de los barrios proletarios decidieron desafiar a sus mayores en ese terreno y añadieron a la estética rockera detalles propios de la

clase alta de principios del siglo XIX, como las levitas, los relojes de cadena, los corbatines o los zapatos de colores vistosos con anchas hebillas. Era una forma de decirles a las generaciones anteriores que aunque fuesen hijos de la clase obrera, su objetivo no era seguir los pasos de sus padres y resignarse a ser piezas del aparato de producción, sino que tenían aspiraciones más altas, o como afirma Helena Fernández-Nóvoa Vicente en su estudio *Dandys proletarios: los teddy boys*, publicado por la revista *ARSI* de la Universidad de Málaga: «Los *teds* luchan contra esta vida gris al poner en juego sus disposiciones estéticas para la construcción de un mundo propio de indumentaria, música y baile». Aunque el movimiento era mayoritariamente masculino, en él también había chicas, que han sido reiteradamente ninguneadas por la historia. Las *teddy girls* eran igual de rebeldes y salvajes que su compañeros y se vestían con cazadoras y chaquetas muy

Un nombre de origen aristocrático

Los *teds* eran herederos directos de los *cosh boys*, que era la denominación que recibían los delincuentes juveniles que proliferaron en los años inmediatamente posteriores a la Segunda Guerra Mundial. Fueron ellos los que comenzaron a usar como signo de distinción trajes decimonónicos, concretamente de la época del rey Eduardo VII, un monarca con fama de vividor y playboy al que las clases populares de Londres apodaron Teddy, que fue la denominación que acabaron adoptando los primeros seguidores británicos del rock 'n' roll. De hecho, lo que estaban haciendo era perpetuar una tradición estética del lumpen londinense, donde ya a finales del siglo XIX había pandillas de rateros y vendedores callejeros ilegales que usaban una llamativa vestimenta, con chisteras ostentosas, chalecos de colores llamativos y chaquetas de terciopelo. Su eterno tira y afloja con la policía también fue algo que heredaron los *teddy boys*.

holgadas, pañuelos anudados al cuello, faldas amplias muy ceñidas en la cintura y pantalones arremangados por encima de los tobillos. Su dureza no iba a la zaga de la de los chicos y, según los relatos de la prensa sensacionalista, tiraban de navaja con la misma facilidad que ellos.

En la Inglaterra de los años cincuenta existía un amplio sustrato social por debajo de la clase trabajadora: lo que Marx denominó el lumpemproletariado, y muchos jóvenes rockeros provenían de ese sector, lo que los abocaba desde la adolescencia a convertirse en pequeños delincuentes para poder sobrevivir. Además, dado que uno de sus objetivos fundamentales era escandalizar, la prensa sensacionalista se cebó con ellos desde el primer momento y los describió como individuos agresivos: sociópatas inadaptados con impulsos naturales violentos. Eso provocó una enorme alarma social y un rechazo casi generalizado. Uno de sus escándalos más sonados se produjo en 1956 en un cine de la zona de Elephant & Castle, al sur de Londres, en el que proyectaban *Blackboard Jungle*, la película en cuyos créditos suena «Rock Around the Clock», de Bill Haley, y que con-

Bill Haley & His Comets

tribuyó a popularizar el rock 'n' roll en todo el mundo. Los *teddy boys* comenzaron a bailar en los pasillos del cine y cuando los acomodadores trataron de impedirlo comenzó un disturbio en el que los jóvenes llegaron a usar sus navajas para rasgar las butacas de la sala de proyección. Por hechos como éste, se les prohibió la entrada en los cines y la mayoría de los locales públicos de diversión y la policía endureció la represión contra ellos con redadas habituales, lo que hizo que el movimiento masivo de los *teds* comenzase a diluirse a mediados de los años sesenta, aunque desde entonces siguen quedando grupos residuales tanto en Inglaterra como fuera de ella.

Un año después de aquellos incidentes de Elephant & Castle, en 1957, desembarcaba en el puerto de Southampton el propio Bill Haley al frente de su banda The Comets, entre el entusiasmo desenfrenado de miles de aficionados que aclamaban al primer representante del rock que pisaba Inglaterra. Dos años después llegaría Gene Vincent y tras él su amigo Eddie Cochran, que fallecería el 16 de abril de 1960 en un accidente de tráfico en Chippenham, al suroeste de Inglaterra, convirtiéndose en una leyenda para los rockeros británicos, entre ellos dos muchachos llamados John Lennon y Paul McCartney, que coincidieron en una banda llamada The Quarrymen formada por el primero en Liverpool en 1956 y a la que se uniría poco después George Harrison para acabar convirtiéndose en The Beatles. Son los años de explosión del rock autóctono con músicos como Tommy Steele, considerado el primer ídolo adolescente del rock británico que en 1957 llegó al número uno con su tema «Singing the Blues», Cliff Richard & the Drifters, que en 1958 grabaron su primer sencillo, «Move It», en los estudios Abbey Road, o Johnny Kidd and The Pirates que lanzaron su primer *single* «Please Don't Touch» en 1959. Ellos fueron la primera hornada de jóvenes músicos ingleses que a principios de los años sesenta le darían una vuelta de tuerca al rock 'n' roll para devolverlo renovado a su país de origen en lo que se conoció como la *British Invasion*.

Cliff Richard

Motos, rockeros, mods y la leyenda de *Quadrophenia*

A finales de los cincuenta comenzaron a circular por las carreteras británicas unos primos hermanos de los *greasers* norteamericanos, jóvenes moteros con el rock 'n' roll por divisa, amantes de las
carreras y ataviados de un forma característica: botas de cuero, pantalones vaqueros o de cuero,
cazadora de tipo piloto y un casco con gafas de aviador. Eran mayoritariamente miembros de la clase
trabajadora y solían ser mecánicos, obreros, transportistas o trabajadores manuales en general. A caballo de sus motos Norton, Triumph y BSA, estos jóvenes conocidos también como *ton-up boys*, se
convirtieron en una leyenda, sobre todo por sus míticos enfrentamientos con sus eternos enemigos,
los *mods*, otra subcultura *underground* surgida a finales de los cincuenta que se caracterizaba por su
elegancia en el vestir, con trajes a medida y parkas con parches de la bandera británica y sus grupos
musicales favoritos. Inicialmente era jóvenes de clase media, con trabajos mal pagados, que vivían
para las fiestas de fin de semana, aderezadas con anfetaminas, y las excursiones en sus motos, unos
scooters, que cuidaban y tuneaban con esmero. Su música era prima hermana de la de sus enemigos:
el ryhthm & blues, el soul y el ska, inicialmente, y más tarde grupos como The Who o The Kinks. Los
enfrentamientos de ambos grupos llegaron a su momento cumbre en 1964 en las playas de Brighton,
Hastings y Margate, que inspiraron la película *Quadrophenia*, dirigida en 1979 por Franc Roddam.

EL ESTALLIDO DEL BEAT BRITÁNICO

En 1963 se licenció la última quinta del servicio militar obligatorio en el Reino Unido, una decisión política que supuso el impulso definitivo para la aparición de un movimiento juvenil inexistente hasta entonces. Libres de la amenazante traba que los meses de reclusión en un cuartel suponía, los jóvenes británicos se convirtieron en un nuevo y apetecido sector de consumidores que se gastaban el dinero de sus primeros trabajos eventuales en ocio. La publicidad bombardea a los adolescentes con anuncios de ropa, cine, motos y otros productos similares. Pero, siguiendo la estela de lo que había sucedido en Estados Unidos con la aparición del rock a mediados de los cincuenta, el producto estrella de este consumo juvenil es la música. Las guitarras, los amplificadores, las entradas para los conciertos y sobre todo los discos son devorados por una nueva generación hambrienta de nuevos ídolos que se materializan en cantantes o grupos como The Beatles, que en mayo de 1963 logran su primer número uno en las listas con «From Me to You» una canción de amor entregado, optimista y adolescente que refleja una generación nacida en las estrecheces de una posguerra que está dispuesta a olvidar a toda costa.

Musicalmente esta generación estaba poniendo en marcha la locomotora del *mersey-beat*, el estilo de rock y pop que tenía sus raíces en el ryhthm & blues y el rock 'n' roll clásico que comenzó a desarrollarse originalmente en la zona de Liverpool y que se caracterizó por la estructura de sus bandas, con dos guitarras eléctricas, un bajo eléctrico y una batería. Comenzó más o menos a partir de 1958 con bandas como Rory Storm and the Hurricanes, donde Ringo Starr tocaba la batería, The Searchers, Gerry and the Pacemakers, The Hollies, The Dave Clark Five o los Herman's Hermits. Uno de sus cuarteles generales era el mítico local The Cavern Club, donde comenzaron a foguearse The Beatles, indudablemente la banda más destacada del *merseybeat*, que se convertiría en la punta de lanza de la *British Invasion* que desembarcaría en Estados Unidos en la primera mitad de los años sesenta y revolucionaria el rock & roll justo cuando su espíritu transgresor estaba comenzando a decaer en su país de origen. La aparición de aquellos jóvenes melenudos y desvergonzados que bebían de las fuentes del blues, el rhythm & blues y el rock 'n' roll primitivo fue una nueva revolución musical que, al coincidir en el tiempo con el folk rock de la protesta civil, la psicodelia del movimiento hippie, el soul y el funk del black power y el rock de los años finales de la Guerra del Vietnam, la dotó de contenido social y político.

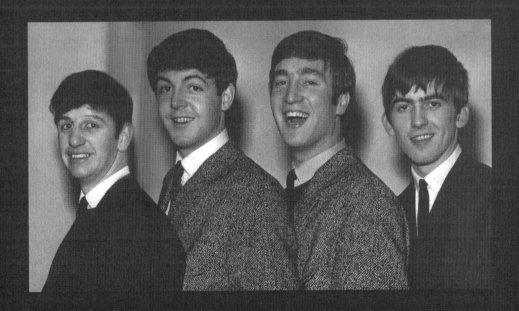

COMIENZA EL BALANCEO

E l 18 de abril de 1963, la todopoderosa cadena pública BBC, que prácticamente detentaba el monopolio de la emisión de música popular en el Reino Unido, emitió por primera vez el programa Swinging Sound 63, con actuaciones musicales grabadas en el Royal Albert Hall. Entre los intérpretes que actuaron en esa ocasión estaban The Beatles, The Springfields, Del Shannon, Matt Monro o The Vernons Girls, lo que equivale a una estudiada selección de los grupos musicales más populares del Swinging London, el término con el que a principios de los sesenta se empezó a denominar al ambiente artístico y de la moda de la capital británica. Con el termino *swinging*, que hace alusión a un movimiento de balanceo o vaivén, se definía desde la minifalda de Mary Quant a la película *Blow-Up* de Michelangelo Antonioni, pasando por el pop-art de Richard Hamilton, el ambiente de Carnaby Street, la serie de televisión *The Avengers*, y evidentemente la música de Beatles, Rolling Stones, Who, Kinks, Cream o Pink Floyd. Con la emisión del programa Swinging Sound 63 la BBC estaba reconociendo la importancia social del nuevo rock británico que en muy pocos años se había extendido entre la juventud hasta arrinconar al resto de los géneros musicales, y eso a pesar del nulo apoyo recibido, que más bien consistía en trabas y censuras en los medios oficiales de comunicación. Revistas

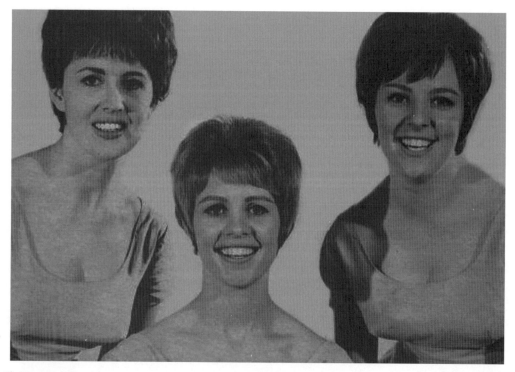

The Vernons Girls.

underground como *International Times* (*IT*), *OZ* o *New Musical Express* (*NME*) cubrieron ese hueco, al igual que el de la radio lo cubrieron decenas de emisoras piratas. El domingo 28 de marzo de 1964 comienza a emitir Radio Caroline, una emisora de radio pirata que tiene sus estudios en un barco anclado en aguas internacionales cerca de la costa del condado de Suffolk, al sureste de Inglaterra. Fue la pionera de una importante cantidad de emisoras de radio sin licencia comercial que transmitían mayoritariamente desde barcos anclados en aguas internacionales, como Radio Atlantis, Radio Seagull, Radio Mi Amigo, Wonderful Radio London o Swinging Radio England, que a lo largo de los años sesenta y setenta fueron fundamentales para el desarrollo del rock británico.

Radio Caroline North

emitiendo rock desde el mar del Norte

El *MV Frederica* era un antiguo ferry que compró Ronan O'Rahilly, un irlandés instalado en el Soho londinense que ejercía de promotor de grupos de rock, entre ellos unos primerizos Rolling Stones y The Animals, pero no tenía forma de promocionarlos más allá de los conciertos en directo. Montó su propio sello discográfico pero se encontró con el lobby de las grandes compañías de discos, las únicas que tenían un acuerdo de emisión con la BBC, que tenía el monopolio de emisión de música popular. Imitando el sistema de la emisora la Voz de America, que emitía desde un barco para los países comunistas europeos, O'Rahilly convirtió el viejo ferry en una emisora de radio ubicada en aguas internacionales, donde no le afectaba la legislación británica. La emisora fue bautizada como Radio Caroline, por la hija del presidente Kennedy que O'Rahilly había visto en una foto jugando de su padre y decidió que ese era el espíritu transgresor que quería para su emisora. El 28 de marzo de 1964, desde el *MV Frederica* se emitió una grabación de Chris Moore, uno de los fundadores de la emisora, y el actor Simon Dee, que anunciaron: «Esta es Radio Caroline en 199, su emisora de música durante todo el día». A continuación sonó «Not Fade Away», de los Rolling Stones, dando inicio a una aventura de casi treinta años de rock & roll pirata. En 1968 el gobierno requisó el barco, que fue sustituido primero por el *MV Mebo II* y luego por el *MV Mi Amigo*. En 1991 Radio Caroline pisó tierra firme por primera vez.

EL DESEMBARCO BRITÁNICO EN EE.UU.

El 1 de febrero de 1964 los Beatles hacen historia al permanecer durante siete semanas en el número uno de la lista de éxitos más importante de Estados Unidos, la del *Billboard*, con su tema «I Want to Hold Your Hand». Acaba de sonar la señal para el desembarco del rock británico en territorio norteamericano y pasará a la historia de la música como la *Bristh Invasion*. Seis días después la banda de Liverpool pisa suelo estadounidense por primera vez y se convierte en la avanzadilla de la música británica cose-

The Beatles en el programa «The Ed Sullivan Show».

chando un éxito arrasador al lograr una audiencia de más de 73 millones de espectadores durante su participación en «The Ed Sullivan Show», quien parece convertirse en el anfitrión de esta hornada de jóvenes y un tanto irreverentes músicos que no dejan de llegar desde el otro lado del Atlántico. En junio de ese mismo año visitan su programa The Rolling Stones y en noviembre The Animals, también en «The Ed Sullivan Show». Un año después es el turno de The Kinks y Gerry and the Pacemakers a los que seguirían The Dave Clark Five, The Yardbird y The Who, entre otras muchas bandas que para su propio asombro, eran recibidas con verdadera euforia por el público estadounidense. La única excepción a este favorable panorama fueron The Kinks, uno de los grupos más salvajes de la *British Invasion*, cuya primera gira en 1965 se vio salpicada de numerosos incidentes y desencuentros entre los miembros de la banda que pasaba por un momento de grandes presiones internas. Para acabar de complicar las cosas el cantante, Ray Davies, le pegó un puñetazo a un dirigente sindical durante una discusión, lo que unido a sus incumplimientos de la legislación laboral norteamericana hizo que la Federación Estadounidense de Músicos les prohibiese tocar en el país durante cuatro años, lo que limitó notablemente su influencia fuera de Gran Bretaña y el continente europeo y además llevó a Davies a renegar en parte de la influencia estadou nidense que había tenido en sus primeros discos y se apartase un poco de la corriente mayoritaria en la época.

Precisamente ese año de 1965 fue el momento álgido del estallido del beat, el rock y el pop hechos en las Islas británicas, que coincide además con el desarrollo del folk rock en Estados Unidos, tal y como sostiene Andrew Grant Jackson, en su libro *1965: The Most Revolutionary Year in Music*: «Hace cincuenta años, la amistosa rivalidad entre músicos convirtió a 1965 en el año más innovador de la historia de la música. Fue el año en que el rock and roll se convirtió en la mejor forma de arte de su tiempo y aceleró el impulso hacia la libertad personal en todo el mundo occidental. El circuito de retroalimentación entre los artistas y su época provocó una explosión de creatividad sin precedentes. Los Beatles hicieron su primera declaración artística con *Rubber Soul* y actuaron en el Shea Stadium, el primer concierto de rock que se celebrará en un importante estadio estadounidense. Bob Dylan lanzó "Like a Rolling Stone", el himno por excelencia del año, y se fue al Newport Folk Festival. La exitosa canción de los Rolling Stones, "Satisfaction", catapultó a la banda al éxito mundial». Efectivamente, la canción del desencanto stoniano, «(I can't get no) Satisfaction», se publicó en junio de 1965, cuando Mick Jagger y Keith Richards tenían solamente veintiún años y eran dos estrellas ascendentes rebosantes de osadía y desparpajo que se metían en la piel de unos jóvenes frustrados que denuncian el voraz consumismo, que apelan a enterrar las ideas de la generación de sus padres, que cuestionan la sociedad capitalista sin que eso les impida disfrutar de todos los beneficios que

MY GENERATION. THE WHO

People try to put us d-down (talkin' 'bout my generation)
Just because we get around (talkin' 'bout my generation)
Things they do look awful c-c-cold (talkin' 'bout my generation)
I hope I die before I get old (talkin' 'bout my generation)
(...)
Don't try to dig what we all s-s-s-say (talkin' 'bout my generation)
I'm not trying to 'cause a big s-s-sensation (talkin' 'bout my generation)
I'm just talkin' 'bout my g-g-g-generation (talkin' 'bout my generation)
(...)
People try to put us d-down (talkin' 'bout my generation)
Just because we g-g-get around (talkin' 'bout my generation)
Things they do look awful c-c-cold (talkin' 'bout my generation)
Yeah, I hope I die before I get old (talkin' 'bout my generation)
This is my generation

La gente trata de humillarnos (hablando de mi generación).
sólo porque nos movemos (hablando de mi generación).
Las cosas que hacen parecen muy frías (hablando de mi generación).
Espero morir antes de envejecer (hablando de mi generación).
(...)
No traten de entender lo que decimos (hablando de mi generación).
No estoy tratando de causar una gran sensación (hablando
de mi generación).
Sólo estoy hablando de mi generación (hablando de mi generación).
(...)
La gente trata de humillarnos (hablando de mi generación).
Sólo porque nos movemos (hablando de mi generación).
Las cosas que hacen parecen muy frías (hablando de mi generación).
Sí, espero morir antes de envejecer (hablando de mi generación).

Esta es mi generación

El vocalista Roger Daltrey y el guitarrista Pete Townshend lideraron The Who, autores de algunos de los clásicos impe-
recederos más recordados de la historia del rock.

proporciona a unos triunfadores como ellos: «No puedo conseguir ninguna satisfacción, / no puedo conseguir ninguna satisfacción./ Y lo intento, lo intento, lo intento. / No lo puedo conseguir, no lo puedo conseguir. / Cuando estoy conduciendo mi coche y el hombre de la radio / me está contando una y otra vez alguna información inútil [...]. Cuando estoy viendo mi televisión y llega un hombre que me cuenta lo blancas que pueden quedar mis camisas. / No lo puedo conseguir, oh no no no. / Eso es lo que digo».

A punto de acabar el año, el 5 de noviembre de 1965, el grupo británico The Who, con tres años de vida, lanza su primer LP, *My Generation*, que contiene una canción homónima que se convierte inmediatamente en un himno para buena parte de la juventud inglesa. Pete Townshend compuso el tema cuando tenía veinte años con un espíritu de ruptura generacional que fue asumido inmediatamente por los seguidores de la subcultura mod, que hacía gala de un irreverente hedonismo en el que encajaba como un guante la estrofa «I hope I die before I get old» («Espero morir antes de envejecer»), que Roger Daltrey cantaba en el tema. Tanto la música como la forma de cantar la letras son eminentemente agresivas, algo que se agudiza con la repetición reivindicativa y machacona de la frase «hablando de mi generación» tras cada estrofa. Uno de los aspectos más comentados es el tartamudeo con que Daltrey acaba los versos del tema, para el que existen las explicaciones más dispares, desde imitar a un mod drogado a la dificultad de encajar la letra, pero que en cualquier caso provocó el veto inicial de la BBC que consideraba que era una burla a los sordomudos, una prohibición que levantó ante el enorme éxito de la canción. Seis años después, cuando publicaron en 1971 «Won't Get Fooled Again», los elogios por este canto de descontento juvenil se volvieron críticas más o menos abiertas por quienes veían en una letra de desencanto político una crítica a la política de izquierda y un ataque a la idea de revolución: «Haz una reverencia por la nueva revolución. / Sonríe y sonríe al cambio por todas partes [...]. No quiero que me engañen otra vez. / ¡No, no! / Conoce al nuevo jefe. / Es lo mismo que el antiguo jefe». Townshend matizaría tres décadas después que no era una crítica a la revolución como tal, sino un toque de atención hacia los problemas que todo proceso revolucionario puede entrañar y las decepciones que puede provocar.

LA VOZ CRÍTICA DE
LAS CLASES BAJAS

En 1966, con el país sumergiéndose en una etapa de depresión económica, The Kinks publican «Dead End Street», una canción en la que se gritan las verdades de la situación real de pobreza en la que se está precipitando la clase obrera, que durante los años de reconstrucción tras la guerra había llegado a imaginar que era clase media y en cierto modo se había creído a salvo de futuras penurias. La canción fue acompañada de una grabación, a modo de videoclip adelantado a su tiempo, rodado en blanco y negro, con los miembros de la banda disfrazados de empleados de una funeraria. El grupo volvería a la carga de la crítica política y social como cronistas de las clases trabajadoras británicas en 1969 con su séptimo álbum, *Arthur (Or the Decline and Fall of the British Empire)*, un disco conceptual que narra una historia inspirada en la propia familia de los hermanos Ray y Dave Davies, cantante y guitarrista de la banda, cuya hermana mayor tuvo que emigrar a Australia debido a su precaria situación económica. En el disco se habla de las penurias de la posguerra, la esperanza de una nueva vida en la emigración, el tesón mostrado por el pueblo británico durante la guerra que se llevó a muchos familiares, y de fondo el declive del otrora grandioso Imperio británico, todo contado por Arthur, un desencantado individuo de clase media.

El tono crítico del disco se observa claramente en temas como «Yes Sir, No Sir», una censura al militarismo imperialista, «Brainwashed» («Lavado de cerebro»), que es una advertencia sobre el riesgo del pensamiento único que crea una falsa apariencia de libertad, «Mr. Churchill Says» es un osado cuestionamiento de la mítica figura del primer ministro y una loa al pueblo que sufrió los bombardeos nazis, «Some Mother's Son» es el lamento de las madres cuyos hijos desaparecieron en la guerra y no les queda ni una tumba en la que llorarlos, y «She's Bought a Hat Like Princess Marina» es un ataque frontal a la hipocresía

The Kinks, el grupo de los hermanos Davies, puso voz al desencanto de la clase media.

«DEAD END STREET»,
el callejón sin salida de la clase media.

There's a crack up in the ceiling,
And the kitchen sink is leaking.
Out of work and got no money,
A Sunday joint of bread and honey.
(...)
People are living on dead end street.
(Dead end!)
Gonna die on dead end street.
(...)
On a cold and frosty morning,
Wipe my eyes and stop me yawning.
And my feet are nearly frozen,
Boil the tea and put some toast on.
What are we living for?
Two-roomed apartment on the second floor.
No chance to emigrate,
I'm deep in debt and now it's much too late.
We both want to work so hard,
We can't get the chance,
(Dead end!)
People live on dead end street.

Hay una grieta en el techo,
y el fregadero de la cocina está goteando.
Sin trabajo y sin dinero,
un domingo de pan y miel.
(...)
La gente vive en una calle sin salida.
(¡Un callejón sin salida!)
Vamos a morir en una calle sin salida.
(...)
En una mañana fría y helada.
Límpia mis ojos y haz que deje de bostezar.
Y mis pies están casi congelados.
Hierve el té y ponle unas tostadas.
¿Para qué vivimos?
Un apartamento de dos habitaciones en el
segundo piso.
No hay posibilidad de emigrar.
Estoy muy endeudado y ahora es demasiado
tarde.
Ambos queremos trabajar muy duro.
No tenemos nigna oportunidad.
(¡Un callejón sin salida!)
La gente vive en una calle sin salida.

y las falsas apariencias. En la letra de «Victoria» juegan con el doble sentido de la reina del mismo nombre, bajo cuyo mandato el Imperio británico vivió su mayor esplendor, y el concepto de victoria militar, lo que les acarreó algunas críticas por antimonárquicos, algo que su autor, Ray Davies, ha matizado en numerosas entrevistas, como la de Alex Fernández de Castro en la revista *Ruta 66* de noviembre de 2019 en la que afirmaba: «Mi familia pertenecía a la clase trabajadora, que en Inglaterra suele apreciar mucho a la familia real. Es verdad que yo en aquellos años era muy rebelde, pero con el tiempo he comprendido hasta qué extremo es la monarquía un elemento fundamental de la sociedad británica».

A mediados de la década de los sesenta la música pop es tratada con el respeto que se le dedica a una verdadera expresión artística e influye decisivamente en casi todas las demás, del cine a la escultura, pasando por todas las bellas artes, la literatura y la moda. La música popular en general, y el rock en particular, se convierten en la vanguardia de la expresión cultural de toda una generación que dejará una profunda huella en la cultura universal del siglo xx. En 1967 David Oppenheim estrena el documental *Inside Pop: The Rock Revolution*, escrito por Leonard Bernstein, en el que la música pop era presentada por primera vez como una forma artística plenamente reconocida. En el film Bernstein reconocía su admiración por la parte generacional y contestataria del movimiento: «El fenómeno provoca varios interrogantes, pero por ahora me ceñiré a los dos que más me interesan. Primero: ¿por qué molesta tanto a los adultos?; y segundo: ¿por qué me gusta?». Su prestigio como compositor de música clásica y director de la Filarmónica de Nueva York le permitió situarse por encima de los prejuicios y analizar minuciosamente las composiciones de los Beatles, los Rolling Stones, Bob Dylan, Frank Zappa, los Monkees, los Byrds o los Beach Boys entre otros. En el documental, además de las reflexiones de Bernstein, las entrevistas a músicos y las grabaciones de conciertos, se incluyen imágenes de distintas acciones de protesta juvenil y disturbios provocados por la segregación racial, llevándole a afirmar que la naturaleza poética del pop contemporáneo es «una de las armas más fuertes de nuestros jóvenes».

Algunos de los miembros de los Stones fueron detenidos por posesión y consumo de drogas.

Pero esa fuerza también tiene un lado oscuro y no es precisamente desdeñable. La fama, el dinero y la acelerada vida de las estrellas de rock comienzan a proporcionar titulares en la prensa sensacionalista que, más que de unos rebeldes e inconformistas, habla de unos artistas caprichosos, alejados de los problemas de la calle y adictos a todos los vicios. La policía no les quita ojo de encima a las grandes figuras del rock, ellos no se ocultan y los resultados son inevitables. El 12 de febrero de 1967 Keith Richards y Mick Jagger son detenidos por posesión de drogas en la mansión del primero, aunque la cosa no pasa a mayores. Tres meses después el que cae es su compañero Brian Jones cuyo historial de arrestos acabará por impedirle salir de Inglaterra. Otras veces fueron las declaraciones irreflexivas las que crearon problemas a los músicos, como cuando Paul McCartney admitió ante la prensa haber consumido LSD o cuando Lennon contó que toda la banda había fumado cannabis en los baños del Palacio de Buckingham cuando les fue impuesta la medalla de la Orden del Imperio Británico.

INCONFORMISTAS DE LUJO

En 1968, el año revolucionario por excelencia de la generación sesentera, The Beatles publicaban «Revolution», una canción de John Lennon y Paul McCartney, en la que optaban por seguir una vía rebelde personal, intimista y pacifista, distanciándose de los radicalismos políticos más en boga en aquel momento. Esto les granjeó unas cuantas críticas en los sectores más izquierdistas de sus seguidores: «Dices que quieres una revolución. / Bueno, ya sabes, / todos queremos cambiar el mundo. / Tú me dices que es evolución. / Bueno, ya sabes, / todos queremos cambiar el mundo. / Pero cuando hablas de destrucción, / ¿no sabes que no puedes contar conmigo? [...] Pero si quieres dinero para gente con mentes que odian, / todo lo que puedo decir es que tienes que esperar [...]. Dices que cambiarás la constitución, / mejor libera tu mente. / Pero si vas con fotos del presidente Mao, / no vas a lograrlo con nadie de todos modos». Grabada en dos versiones, la primera en una línea bluesera y la segunda –que fue la cara B del *single Hey Jude*– en una versión rock más dura, el tema fue la primera referencia explícita del grupo a la política como respuesta de Lennon, responsable de la letra, a la presión de su público más politizado para que se comprometiesen más con la causa revolucionaria. La idea del pacifismo y la rebelión personal frente a los movimientos de masas de carácter más violento se materializaría en la obra de Lennon, ya en solitario, un año después con la canción «Give Peace a Chance», un himno del movimiento *hippie*, y se consolidaría definitivamente en 1971 con «Imagine», la canción por excelencia de los movimientos

John Lennon aportó a The Beatles sus inquietudes creativas y su radical inconformismo.

no violentos en las siguientes décadas. Tras la separación de The Beatles, John Lennon, ya sumergido en su proyecto artístico y personal con Yoko Ono, publica en 1970 «Working Class Hero», incluida en el álbum *John Lennon/ Plastic Ono Band*. La canción habla de la lucha de clases en los años de la posguerra y supone la expresión de una toma de conciencia como hijo de la clase obrera frente al capitalismo que engulle a la clase trabajadora convirtiéndola en una adocenada clase media, tal y como manifestó en diversas entrevistas el propio Lennon. La canción fue censurada en muchas emisoras de radio de Estados Unidos y Australia, pero no por su contenido ideológico, sino por el uso de palabras mal sonantes y términos sexuales explícitos.

Desde el momento de su aparición en escena los Rolling Stones encarnaron todos los males de los que la conservadora sociedad británica de posguerra temía que se contagiasen sus hijos: la falta de respeto por la autoridad, las normas morales y las reglas religiosas, además de una pronunciada inclinación hacia todos los vicios. Sus alardes de rebeldía inconformista y su coqueteo con las drogas los colocaron desde el principio en el punto de mira de las llamadas fuerzas del orden. Por si fuera poco, desde el primer momento incluyeron en sus discos temas que se posicionaban abiertamente contra el sistema social imperante y su doble moral. Aunque se caracterizaron más por su explícita incorrección que por su compromiso político, tampoco renunciaron a hacer temas de denuncia cuando así les pareció oportuno.

«WORKING CLASS HERO»
El grito insumiso de John Lennon

As soon as you're born they make you feel small
By giving you no time instead of it all
Till the pain is so big you feel nothing at all
(...)
Keep you doped with religion and sex and TV
And you think you're so clever and classless and free
But you're still fucking peasants as far as I can see
A working class hero is something to be
A working class hero is something to be
There's room at the top they're telling you still
But first you must learn how to smile as you kill
If you want to be like the folks on the hill
A working class hero is something to be
A working class hero is something to be
If you want to be a hero well just follow me

Tan pronto como naces te hacen sentir pequeño,
sin darte tiempo en vez de dártelo todo,
hasta que el dolor es tan grande que no sientes nada.
(...)
Te mantienen dopado con la religión, el sexo y la televisión, y te crees tan listo, sin clases y libre.
Pero no eres más que un jodido ignorante, por lo que veo.
Un héroe de la clase obrera es lo que hay que ser
Hay un sitio en la cumbre, te dicen, todavía,
pero primero debes aprender a sonreír mientras matas.
Si quieres ser como la gente que vive en las colinas,
un héroe de la clase obrera es lo que hay que ser.
Si quieres ser un héroe, sígueme.

«No tengo problemas con las drogas, tengo problemas con la policía.»
Keith Richards

En mayo de 1968, mientras en París los estudiantes se enfrentaban a la policía y levantaban los adoquines en busca de la playa de la libertad y en Berkeley se disparaba la protesta contra la Guerra de Vietnam, Mick Jagger y Keith Richards crean «Street Fighting Man», una de sus canciones con mayor trasfondo político. Para escribirla, Jagger se inspiró en todos aquellos sucesos de actualidad, pero también en el discurso del activista político izquierdista de origen paquistaní Tariq Ali durante la multitudinaria manifestación de protesta que celebró a principios de ese año ante la embajada norteamericana en Londres. La canción comenzaba con un mensaje alto y claro: «Por todas partes escucho el sonido de pies marchando y que van a la carga, muchacho / porque llegó el verano y es el momento ideal para pelear en las calles, muchacho», y la coincidencia de su publicación con la extensión de

la protesta juvenil por todos los rincones del mundo por influencia del mayo francés, hizo que la censura cayese sobre la canción. La BBC se negó a programarla calificándola de subversiva, y lo mismo sucedió en Chicago y otras ciudades de Estados Unidos sumidas

Mayo de 1968 en París.

en la protesta racial y antibélica. Incluso la portada original del disco, que contenía imágenes de la represión policial contra una manifestación, fue retirada y sustituida.

Hubo otras canciones de los Rolling Stones que se asomaron a la conflictividad social o política, como «Gimme Shelter», de 1969, un tema antibelicista al igual que «Indian Girl», de 1980, «Undercover Of The Night», de 1983 contra las dictaduras latinoamericanas, o

Los Stones, un grupo de prematura rebeldía y extraordinaria longevidad.

«Highwire», de 1991, el año de la Primera Guerra del Golfo y cuyo contenido no deja lugar a dudas: «Les vendemos misiles, / les vendemos tanques, / les concedemos créditos. / Puedes llamar al banco, / es sólo negocio, / me puedes pagar con petróleo». A pesar del inevitable aburguesamiento al que los han conducido sus carreras, los componentes de las dos bandas más importantes del rock británico –y casi del rock mundial– han tratado de mantener un nivel de compromiso que les impidiese olvidar del todo los orígenes de clase baja trabajadora que compartían tanto los Beatles como los Stones cuando comenzaron a recorrer su larga trayectoria musical.

BOHEMIOS, HIPPIES E INCONFORMISTAS

En paralelo a la revolución musical que supuso la irrupción del rock británico, en Estados Unidos fue evolucionando una amalgama de música popular, del folk al pop, pasando por los más variados estilos de rock, que producirían una de las mejores épocas para la música en un tiempo de gran agitación social. Producto de la generación que alumbró el folk estadounidense y de la fusión con el rock de la generación de escritores y artistas beat, surgieron en los primeros años sesenta, sobre todo en los barrios bohemios de Nueva York, cantantes como Bob Dylan, Joan Baez, Odetta, Phil Ochs o Van Ronk, que iniciaron el movimiento de canción protesta a nivel mundial y crearon el folk rock que alimentaría musicalmente las protestas de finales de los años sesenta en torno a los derechos civiles y la Guerra de Vietnam. Los artistas de la nueva generación de *folkies*, con Dylan a la cabeza, recuperaron para la música pop el impulso rebelde que había desatado el primer rock 'n' roll y que se había apagado a partir de 1960 con su sometimiento comercial. En Nueva York el *revival* folk se envolvió en la bandera roja del progresismo izquierdista, en un ejercicio de autoconvencimiento no exento de su parte de altanería e incluso de vanidad, que los convirtió en una especie de guardianes de las esencias del pensamiento liberal, bastante alejados del sentir de una buena parte del país, que en los dos primeros años de la década de los sesenta estaba presidido por el republicano Dwight D. Eisenhower. A decir del músico y periodista Bob Stanley en su libro *Yeah! Yeah! Yeah! La historia de la música moderna*: «Poco tenía que ver el Greenwich Village de entonces con el Estados Unidos de Guy Mitchell, ni siquiera con el de Buddy Holly –en el barrio menudeaban las reyertas entre trotskistas y estalinistas–, pero sus residentes lo consideraban el alma del país».

A ese ambiente de bohemia revolucionaria y contracultural contribuían decisivamente publicaciones como *The Village Voice*, que había sido fundado en 1955 por Ed Fancher, Norman Mailer, Dan Wolf y John Wilcock, y que fue el primer periódico semanal alternativo editado en Estados Unidos. Por sus páginas pasaron el novelista Henry Miller, el poeta y músico Ezra Pound, el historiador y crítico musical Nat Hentoff o el escritor y activista afroamericano James Baldwin. Fue una publicación esencial para el arte de vanguardia y en su redacción se foguearon la mayoría de los críticos musicales más importantes del siglo XX en Estados Unidos. Otra publicación relevante en el ámbito alternativo es *Broadside*, una revista fundada en 1962 por Agnes 'Sus' Cunningham y su marido, Gordon Friesen, antiguos miembros del grupo de música popular e ideología antifascista, The Almanac Singers, del que también había formado parte grandes figuras del folk contestatario como Woody Guthrie, Pete Seeger, Lee Hays o Cisco Houston, entre otros. En sus páginas se debatió ampliamente sobre el nuevo folk y el folk rock y se publicaron poemas y canciones tanto de figuras consolidadas como novatos de la contracultura, como Phil Ochs, Pete Seeger, Nina Simone, Bob Dylan, Arlo Guthrie, Peter La Farge o Vanessa Redgrave. La trilogía de publicaciones que sustentaron el renacimiento del folk insumiso la cierra *Sing Out!*, una revista creada por Pete Seeger e Irwin Silber, dedicada en exclusiva a la música de raíces y que sirvió de trampolín a muchos de los nuevos talentos que pululaban a principios de los sesenta por los cafés del Village neoyorquino.

El Club 47
El vivero del folk contestatario

En enero de 1958 Paula Kelley y Joyce Kalina, dos licenciadas universitarias, abrieron en Cambridge, Massachusetts, el Club Mt. Auburn 47, que será más conocido como Club 47. Aunque al principio nació como un café para universitarios amantes del jazz progresivo, en línea con los locales que acogieron a los beatniks de los años cincuenta, pronto se convertirá en un centro neurálgico del auge de la música folk rock y un centro de reunión de artistas con conciencia social e ideas progresistas. Entre sus paredes el club acogió a artistas como el cantante de folk blues Tom Rush, la canadiense Joni Mitchell, el bluesman Muddy Waters, sus aventajados émulos blancos Paul Butterfield y Elvin Bishop, o un joven Bob Dylan, de quien se cuenta que en 1961 tocó gratis, por el mero hecho de hacerse un currículum en su incipiente carrera musical. Pero la verdadera estrella del local fue Joan Baez que en 1958, con sólo diecisiete años, actuó allí por primera ante poco más de una docena de personas, entre las que figuraban sus padres y su hermana. Aquella noche Joan se llevó el aplauso del público, diez dólares y la promesa de las propietarias de que volvería a actuar en el Club 47, algo que comenzó a hacer a partir de 1959 y que marcaría el principio de su camino hacia la fama.

DYLAN, EL REBELDE DEL ROCK QUE VINO DEL FOLK

En enero de 1961 llega a Nueva York Bob Dylan, un joven de diecinueve años que había comenzado a tocar después de descubrir el rock de Elvis Presley, que había sufrido el impacto de la desaparición de Buddy Holly, Ritchie Valens y Bob Bopper, a quienes había visto en concierto en su localidad de Duluth pocos días antes del accidente aéreo que les costó la vida, y que poco a poco se había ido dejando seducir por al blues y el folk. Es un invierno especialmente duro y sobrevive de forma precaria en el Greenwich Village, donde por entonces está surgiendo una nueva generación de artistas comprometidos ideológicamente que tratan de recuperar las esencias del movimiento folk tradicional. Dylan se refugia en los locales del barrio como el Gerde's, el Cafe Wha?, donde actúa por primera vez, el Common's o The Gaslight, que son un hervidero de poetas, músicos y escritores con ansias de cambiar el mundo. Pero su obsesión es conocer a Woody Guthrie, el cantante folk que dos décadas antes se había convertido en la voz de los oprimidos de Estados Unidos y en un icono del antifascismo internacional. Guthrie está en el hospital, víctima de una enfermedad degenerativa, y Bob comienza a visitarlo con cierta regularidad junto a otros jóvenes admiradores del veterano cantante como Peter La Farge, Phil Ochs o John Coen. De esta forma Dylan entró en contacto con los bohemios del Village, de los que acabaría siendo su miembro más famoso, con permiso de Joan Baez, con la que

Dylan en el Greenwich Village.

durante un tiempo compartió el trono del folk moderno.

Con el tiempo, Bob Dylan, aquel chaval desaliñado y engreído que había llegado de las zonas mineras del norte, se convirtió en el revulsivo que despertó al folk para acercarlo al rock y esa traición nunca se la perdonaron. Comenzó a distanciarse del folk comprometido y militante en 1964 con su disco *Another Side Bob Dylan*. Un año después se produjo el terremoto del Festival de Newport, donde

Bob Dylan añadió unas letras cargadas de simbolismo y reivindicaciones a la música folk.

salió a escena con una guitarra eléctrica y acompañado por la banda de blues rock Paul Butterfield Blues Band, para escándalo e indignación de los puristas encabezados por Pete Seeger, que veía peligrar el futuro del movimiento del folk protesta por la deserción del joven gurú. Los temores de Seeger se confirmaron sólo a medidas, ya que a partir de entonces el cantautor de Minnesota se convirtió en una estrella del rock pero sus canciones siguieron conservando intacto su mensaje.

«La democracia no gobierna el mundo, mejor métete eso en la cabeza; este mundo está gobernado por la violencia, pero creo que es mejor no decirlo.»

Bob Dylan

Bob Dylan fue el primer músico de rock en erigirse en portavoz de una generación, aunque luego se pasaría media vida tratando de quitarse de encima esa etiqueta que él consideraba más bien un sambenito, aunque hay que reconocer que se lo ganó a pulso, primero tratando de convertirse en un acólito tardío de Woody Guthrie, enredándose luego hasta las cejas en el ambiente del folk radical del Greenwich Village, burlándose de la tendencia oficial melódica que marcaba el todopoderoso Tin Pan Alley con canciones de sonoridad desapacible y letras prácticamente incomprensibles, para acabar componiendo auténticos himnos contra la guerra y el racismo. Tal como recoge Peter Doggett en su libro *Historia de la música pop. El auge. De Bob Dylan y el folk al Spotify*: «Dylan, como personalidad, ha creado un culto y, sin darse cuenta, se ha vuelto su líder. Miles de personas copian su ropa, envidian su estilo de vida errante. Pero, lo que es más importante, una generación que a menudo es acusada de indiferencia por sus padres ha tomado al pie de la letra el mensaje de sus canciones (contra la injusticia y en favor de la dignidad del hombre)». Pero él siempre trató de desmarcarse de ese liderazgo. Fiel a su carácter huraño e inconformista, en una entrevista concedida en el año 2004 a la cadena de televisión CBS afirmó taxativamente: «Lo que hacía eran canciones, no eran sermones. Si examinas las letras no creo que vayas a encontrar nada en ellas que diga que yo soy el portavoz de nadie ni de nada».

En sus días de bohemia en el Greenwich Village neoyorquino, Dylan estuvo rodeado por lo más granado del *folk revival*, un irrepetible grupo de creadores de canciones con contenido social y político. Uno de los músicos más influyentes de aquella generación fue Phil Ochs, que en 1964 publica su primer álbum, *All the News That's Fit to Sing*, en el que

se revela como un autor comprometido con las causas populares, tan enraizado en la actualidad que sacaba sus letras de los diarios y las revistas. Era un activista político dotado de un sarcástico sentido del humor, un obrerista convencido pero también era un patriota militante, lo que le convertía en un tipo difícil de clasificar incluso para sus propios compañeros del Village. En 1965 publicó *I Ain't Marching Anymore*, un disco de contenido político que contenía canciones contra la guerra, el racismo, los falsos patriotas y los sindicatos segregacionistas. El álbum incluía también «That Was the President», una canción de homenaje a John F. Kennedy tras su asesinato. En los años setenta, su progresivo deterioro mental, agudizado por sus problemas con el alcohol, le llevaron al suicidio en 1976.

Phil Ochs, un revolucionario cantante activista.

Dave Van Ronk era el rostro amable del Village, un alegre camarada y un bohemio de alma errante. Su militancia política le llevó a convertirse en miembro del partido obrero Industrial Workers of the World (IWW), la Liga Libertaria y del Comité Americano Trotskista. Fue uno de los 13 detenidos el 28 junio de 1969 en los disturbios de Stonewall, cuando trató de ayudar a quienes eran golpeados por la policía en lo que se considera el comienzo de la lucha por los derechos de los homosexuales en Estados Unidos. Otro miembro de la pandilla del Village era Tom Paxton, uno de los mejores compositores del renacimiento del folk con temas relacionados con los derechos humanos y laborales, contra la segregación racial e incluso himnos ecologistas como «Whose Garden Was

Van Ronk fue un activo militante de la escena folk de Nueva York.

This», compuesto para la celebración del primer Día Internacional de la Tierra.

Uno de los personajes más curiosos del ambiente del Village era Peter La Farge, un joven criado en Nuevo México con muy buena relación con los indios. Sirvió en el ejército como agente de inteligencia especializado en narcóticos, se licenció con honores y numerosas heridas, trabajó como vaquero de rodeos, se convirtió en actor de teatro y acabó instalándose en Nueva York para convertirse en cantante y compositor de soberbias canciones, muchas de las cuales se convirtieron en éxito interpretadas por Johnny Cash, como «The Ballad of Ira Hayes», un tema que hablaba de un indio que se convirtió en un héroe como uno de los cinco infantes de marina que izaron la bandera de Estados Unidos en Iwo Jima y que tras su regreso a casa acabó alcohólico. El grupo bohemio lo componían también Arlo Guthrie, hijo de Woody, que al igual que su padre recita además de cantar sus temas de protesta social, Peggy Seeger, sobrina de Pete Seeger, que tras un viaje a la China comunista fue tenazmente perseguida por el FBI y acabó instalándose en Inglaterra durante treinta años, Ramblin' Jack Elliott, un cantautor legendario que comenzó como aprendiz de Woody Guthrie y acabó actuando en la gira Rolling Thunder Revue de Bob Dylan a mediados de los setenta, Bob Neuwirth, juerguista y compañero de correrías de Dylan que acabaría coescribiendo el famoso tema «Mercedes Benz» de Janis Joplin, además de David Blue, Tim Hardin o Eric Andersen, que marcaron una época fundamental para el desarrollo del folk rock y la música contestataria del siglo xx.

«WHOSE GARDEN WAS THIS»
de Tom Paxton

El lamento de la tierra moribunda

Whose garden was this?
It must have been lovely.
Did it have flowers?
I've seen pictures of flowers,
And I'd love to have smelled one !

Whose river was this?
You say it ran freely?
Blue was its color?
I've seen blue in some pictures
And I'd love to have been there!
(...)
Ah, tell me again I need to know
The forest had trees
The meadows were green
The oceans were blue
And birds really flew
Can you swear that was true

¿De quién era este jardín?
Debe de haber sido encantador.
¿Tenía flores?
He visto fotos de flores,
¡y me encantaría haber olido una!

¿De quién era este río?
¿Dices que corría libremente?
¿Era azul su color?
He visto azul en algunas fotos,
¡y me encantaría haber estado allí!
(...)
Ah, dime otra vez que necesito saber
el bosque tenía árboles,
los prados eran verdes,
los océanos eran azules
y los pájaros realmente volaban.
¿Puedes jurar que era verdad?

EL POP CON SENSIBILIDAD SOCIAL

ncluso dentro del movimiento pop que dominó comercialmente la industria musical la década de los sesenta se produjeron casos de evidente contagio de la sensibilidad social y política que alimentaron el espíritu rebelde de toda una generación. Quizá el caso más peculiar sea el de la escritora de canciones Cynthia Weil, una mujer de una enorme sensibilidad cuyas letras, a pesar de ser concebidas para una música de entretenimiento, reflejaron los problemas de la gente común, de los ciudadanos de la calle, de quienes sufrían las consecuencias del racismo, la miseria, la violencia y la frustración, y todo ello sin renunciar a un lirismo emocionante que produjo canciones de amor inolvidables, lo que la hizo merecedora del galardón Johnny Mercer, el mayor premio que otorga el Salón de la Fama de los Compositores.

En 1961 Cynthia contrajo matrimonio con Barry Imberman, más conocido como Barry Mann, cantante, pianista y compositor que trabajaba en el famoso Brill Building, el edificio de Manhattan que albergaba las oficinas donde se compusieron la mayoría de los éxitos del pop norteamericano en la primera mitad de los sesenta. El matrimonio se convirtió en una prolífica pareja de creadores que se especializaron en canciones que retrataban con gran sensibilidad la miseria de los barrios marginales y la dura lucha por la supervivencia de las clases bajas, con temas como «Uptown», un tema de denuncia racial interpretado por The Crystals en 1962, o «Magic Town», compuesta en 1966 para The Vogues y que expresaba el desencanto por las falsas promesas que ofrecían las luces de la gran ciudad:

«Dijeron que en esta ciudad te haces rico en poco tiempo, / pero aquí estoy y me quedo con mi último centavo. / Simplemente, no sé por qué me molesto en intentarlo / cuando a nadie le importa un bledo / si vivo o muero». Pero cuando llegaron a la cúspide fue en 1965 con «We Gotta Get out of This Place», una elegía a la clase obrera del Bronx neoyorquino que Eric Burdon y The Animals trasladaron a su ciudad de origen, Newcastle-Upon-Tyne, manteniendo el espíritu proletario.

La canción se convirtió en un rotundo éxito, especialmente entre las tropas enviadas al matadero de Vietnam, y fue elogiada por artistas como The Beatles, The Rolling Stones y Bob Dylan, que vieron en ella la esencia del rock con contenido social, mucho más allá de la banalidad comercial impuesta por la industria discográfica. Pero a pesar de su éxito, Cynthia y Barry pudieron comprobar en carne propia el poder de esa industria, capaz de desvirtuar las mejores intenciones, cuando su tema «Only In America», compuesto junto a Jerry Leiber y Mike Stoller en 1963 para los afroamericanos The Drifters con una letra evidentemente antisegregacionista en la que se podía escuchar: «Sólo en Estados Unidos, tierra de oportunidades, pueden guardar un asiento en la parte trasera del autobús sólo para mí. Sólo en América, donde predican la Regla de Oro, comenzarán a marchar cuando mis hijos vayan a la escuela» —en clara referencia a las protestas contra el fin de la segregación en la escuela y el transporte público— fue modificado por órdenes de la compañía discográfica Atlantic con la connivencia de Leiber y Stoller, para convertirla en un himno patriótico interpretado por el grupo blanco de pop Jay & the Americans.

«WE GOTTA GET OUT OF THIS PLACE»
Un canto a la esperanza de la clase obrera

In this dirty old part of the city
Where the sun refused to shine
People tell me there ain't no use in tryin'
(...)
Watch my daddy in bed a-dyin'
Watched his hair been turnin' grey
He's been workin' and slavin' his life away
Oh yes I know it
(...)
We gotta get out of this place
If it's the last thing we ever do
We gotta get out of this place
cause girl, there's a better life for me and you

En esta sucia parte de la vieja ciudad
donde el sol se niega a brillar
la gente me dice que no tiene sentido intentarlo.
(...)
Mira a mi papá en la cama, muriéndose,
vio cómo su pelo se ponía gris,
ha estado trabajando esclavizado toda su vida.
Oh, sí, lo sé.
(...)
Tenemos que salir de este lugar
aunque sea lo último que hagamos.
Tenemos que salir de este lugar
Porque, chica, hay una vida mejor para ti y para mí.

LA OBSESIÓN VIGILANTE DEL SISTEMA

En los Estados Unidos de los años sesenta surgieron una serie de movimientos que cuestionaban el tradicional conservadurismo del *American Way of Life*. Los jóvenes norteamericanos demostraron que el aire fresco que había entrado por la puerta que el rock 'n' roll había abierto a mitad de los cincuenta estaba demasiado contaminado por el mercantilismo y la obsesión anticomunista de la Guerra Fría que se cebaba con cualquier iniciativa que reivindicase derechos y libertades. Es lo que el periodista de *Look Magazine*, George Leonard, definió como «La generación explosiva». Ese estado de ánimo generalizado propició la aparición en todos los estamentos sociales, y especialmente en el universitario, de estructuras más o menos organizadas en favor de la libertad de expresión, los derechos civiles, la libertad sexual, la protección del medio ambiente, los derechos de las mujeres, el uso de las drogas y el antiautoritarismo en general. Una de las formas fundamentales de expresión de estos movimientos era la música, especialmente el rock y el folk rock, que se convirtieron en objetivo prioritario del Cointelpro, el programa de contrainteligencia creado por el FBI en 1954, que estaría en activo hasta 1971. La CIA también arrimó el hombro creando en 1967, la Operación Chaos un programa de espionaje interior que duró hasta 1973, cuando el Escándalo Watergate obligó a cerrarlo. Para el mundo del rock creó la unidad llamada Hermandad del Amor, a cargo del agente Ronald Stark, que entre otras cosas se debía encargar de suministrar LSD gratuitamente a todo aquel que lo pidiera, para desestabilizar el movimiento *hippie*. Según la leyenda, una de sus víctimas habría sido Mama Cass Elliot, líder de The Mamas & The Papas, fallecida oficialmente por un paro cardíaco pero asesinada por la central de inteligencia según su amigo Paul Kasser.

La paranoia anticontestataria del gobierno llegó a extremos ridículos, como cuando en 1963 –el año en el que el Senado debatía sobre si el folk rock era una música infiltrada por el comunismo– el FBI decidió investigar a la banda de garage rock The Kingsmen por su incomprensible versión del tema «Louie Louie», compuesto originalmente en 1955 por Richard Berry, cuya letra la banda de Portland distorsionó hasta hacerla prácticamente indescifrable, lo que levantó las suspicacias de los defensores de la moral tradicional.

La banda The Kingsmen llamó la atención del FBI, que alegaba supuestos mensajes indecentes en la letra de su canción «Louie Louie».

Dos años después, en 1965, mientras The Mamas & the Papas triunfan con «California Dreamin», uno de los himnos *hippies* por excelencia, un joven e inclasificable artista llamado Frank Vincent Zappa, era detenido por los agentes de la brigada antivicio de Ontario, California, bajo la acusación del delito de «conspiración para producir pornografía». Zappa era por entonces un muchacho excéntrico con grandes aspiraciones que trataba de abrirse paso en el agitado panorama musical californiano y tocaba la guitarra en un trío llamado The Munsters, que actuaba en bares y pequeños locales y además experimentaba con fórmulas y técnicas de grabación de sonido para películas en los estudios Pal Recording Studio, ubicados en Rancho Cucamonga, en el condado de San Bernardino. La brigada de antivicio de la policía sospechaba que se dedicaba a rodar películas pornográficas, algo que había deducido de la forma más peregrina al ver como la prensa local titulaba un artículo sobre él como «The Movie King of Cucamonga» («El rey de las películas de Cucamonga»). Como cebo, un policía secreto le encargó una cinta de audio erótica y cuando Zappa iba a entregársela lo detuvieron en un montaje que incluyó la presencia de la prensa. Lo sentenciaron a seis meses de cárcel que se quedaron en seis días, pero que supusieron la pérdida del estudio.

A raíz de aquel incidente, Zappa se convirtió definitivamente en un contestatario militante, un insumiso contra el sistema al que criticó durante toda su carrera como líder de la banda The Mothers of Invention. Su primer disco, el doble álbum *Freak Out!*, era una amalgama de versiones de varios estilos musicales con letras que hacían referencia a la vida de los *hippies* vagabundos, las drogas y el sexo, además de todo tipo de extravagancias. En todos sus discos se mostraba muy crítico con la sociedad norteamericana, aunque no ahorraba dardos mordaces contar el propio ambiente de la contracultura. Sus armas eran la provocación y la irreverencia, y las usó con enorme destreza para atacar todo tipo de autoritarismo y fundamentalismo, del político al religioso, pasando por el sexual y el artístico. En 1985 fue llamado para comparecer ante el Senado a petición del Parents Music Resource Center, cuya misión era controlar el contenido sexual o satánico de las letras de las canciones y que exigía que los discos de Zappa fuesen etiquetados con el logotipo Parental Advisory por su contenido explícito y ofensivo. En su defensa el artista calificó la etiqueta como «disparate malintencionado» y llegó a afirmar que su utilización era «equivalente a tratar la caspa decapitando». Fiel a su espíritu polemista y reivindicativo usó en muchos de sus discos una etiqueta alternativa en la que, entre otras cosas, decía: «¡Cuidado! Este álbum contiene material que una sociedad verdaderamente libre nunca temería ni suprimiría». Murió en 1993 y dos años después era incluido en el Salón de la Fama del Rock con una inscripción que comenzaba con una definición perfecta de toda su trayectoria artística y personal: «Frank Zappa fue la más aguda mente musical y el más perspicaz crítico social».

«La política es el departamento de espectáculos de la industria.»

Frank Zappa

A mediados de los sesenta los hombres de John Edgar Hoover, el todopoderoso y paranoico director del FBI pusieron el foco en California, especialmente en el entorno de la Universidad de California en Berkeley, que por aquellos días se convirtió en un semillero de intelectuales izquierdistas y antisistema de todo pelaje. Ese era el entorno en el que se movía Country Joe McDonald, un activista de izquierdas y cantante folk que se ganaba la vida actuando en locales de la zona de San Francisco y colaborando en publicaciones como *Rag Baby*, uno de los primeros periódicos *underground*. En 1965 Country Joe se unió a Barry 'The Fish' Melton , con el que, además de la ideología izquierdista, compartía devoción por el rey del folk, Woody Guthrie, y formaron un dúo que acabaría convirtiéndose en la banda Country Joe and the Fish, tras la incorporación de Carl Schrager, Bill Steele y Mike Beardslee. Además de unir los apodos de sus fundadores, el nombre del grupo hacía referencia a la frase del líder comunista chino Mao Zedong que definía a los revolucionarios como «los peces que nadan en el mar del pueblo». El grupo fue cambiando de componentes a medida que se electrificaba e iba abandonando el folk para adentrarse cada vez más en el rock camino de la psicodelia. Se convirtieron en una de las bandas más populares de la contracultura *hippie* y a partir de 1967 alcanzaron sus mayores momentos de gloria con sus participación en los festivales de Monterey y Woodstock. Incluso llegaron a ser un grupo de éxito de masas gracias a su canción «The Fish Cheer», una satírica protesta contra la guerra de Vietnam, y los invitaron a participar en el famoso *show* de Ed Sullivan. Pero ese éxito masivo se vio truncado cuando participaron en el Festival de Schaefer, celebrado en Nueva York en el verano de 1968, y cambiaron la letra del estribillo por Fuck Cheer. Sullivan vetó su presencia, al igual que hicieron la mayoría de las cadenas de radio y televisión, a pesar de lo cual siguieron triunfando en el circuito de la cultura *underground*, que por aquellos días abarcaba a millones de jóvenes de todo el país.

Buena parte del éxito inicial de los Country Joe and the Fish se debió al talento de Ed Benson, el coeditor junto a Country Joe McDonald de la publicación *underground Rag Baby*, que fue la encargada de editar su primer EP −que contenía la versión original himno sesentero «I Feel Like I'm Fixin' To Die Rag» y una canción satírica sobre el presidente Lyndon Johnson titulada «Superbird»− y de difundir la peculiar ideología progresista de la banda, que unía la sátira y el humor a la denuncia política y social. De hecho, el periódico *Rag Baby* fue un puntal muy importante en el florecimiento del movimiento *hippie* californiano y se ganó el dudoso privilegio de ser objetivo de la inquina

Country Joe and the Fish.

de las autoridades estatales y federales, igual que las demás publicaciones similares que surgieron por aquellos años. En 1964 aparece *Faire Free Press*, uno de los primeros periódicos clandestinos en la era de la contracultura, que en su momento de apogeo llegó a tirar más de 100.000 ejemplares y que, además de artículos de destacadas figuras de la literatura y la política como el anarquista Abbie Hoffman, el promotor de experimentos con LSD Timothy Leary o el poeta Allen Ginsberg, también publicó textos de estrellas del rock como Bob Dylan y Jim Morrison.

El FBI contra Jimi Hendrix

En 1969 la Universidad de California en Berkeley organizó una jornada de protesta contra los bombardeos norteamericanos en Camboya, coincidiendo con el Memorial Day. El acto central era un concierto de la Jimi Hendrix Experience en el que estaba prevista la asistencia de parte de la dirección del Partido de las Panteras Negras, lo que parece ser que produjo algunos momentos de tensión en el *backstage* que el relaciones publicas del evento trató de disipar presentando Jimi Hendrix a Arie Seal y Pat Hilliard, las esposas de uno de los fundadores del Black Panther, Bobby Seal, y del jefe de su estado mayor, David Hilliard. En ese encuentro se pactó que Hendrix realizaría un concierto a beneficio de los Panteras Negras y de su organización hermana, los Panteras Blancas, fundado en 1968 por Pun Plamondon, Leni Sinclair y John Sinclair para fomentar el apoyo de la población blanca a los afroamericanos. El concierto de hermanamiento debía celebrarse en el Coliseo de Oakland en septiembre de 1970, pero cuando el proyecto llegó a oídos del Cointelpro del FBI se encendieron todas las alarmas y todo el entorno de Hendrix fue presionado para evitar la fusión musical de ambos movimientos radicales y el concierto nunca se llegó a celebrar. A pesar de que tras la desaparición del guitarrista corrieron todo tipo de teorías conspiranoicas sobre la intervención de los servicios secretos norteamericanos en su muerte, esta es la única intervención conocida de la seguridad del Estado contra Jimi Hendrix.

EL VERANO DEL AMOR Y EL DECLIVE DEL MOVIMIENTO *HIPPIE*

E l 10 y el 11 de junio de 1967 más de 36.000 personas asisten en Mount Tamalpais, en el condado californiano de Marin, California, al Fantasy Fair and Magic Mountain Music Festival, en el que actúan The Doors, Canned Heat, Dionne Warwick, Captain Beefheart, The Byrds with Hugh Masekela, Jefferson Airplane, Country Joe & the Fish y The Mojo Men, entre otros. Sería el primer festival masivo de rock de este tipo y el pistoletazo de salida para el llamado Verano del Amor que había comenzado a gestarse el 14 de enero de 1967, con la celebración en el Golden Gate Park de San Francisco del Human Be-In, un evento organizado por el artista y activista contracultural Michael Bowen. En aquella *performan-*

Fantasy Fair and Magic Mountain Music Festival.

ce artística, a la que asistieron más de 25.000 personas, participaron, entre otros, los poetas Allen Ginsberg, Lenore Kandel, Gary Snyder y Michael McClure, que personalizaron el relevo de la cultura *beatnik* al movimiento *hippie*, los gurús del LSD Ram Dass y Timothy Leary, el activista libertario Jerry Rubin y el comediante y activista de los derechos civiles Dick Gregory. Entre las bandas que actuaron aquel día se encontraban Jefferson Airplane, The Grateful Dead, Janis Joplin con Big Brother and the Holding Company, Quicksilver Messenger Service, Blue Cheer y John Phillips de The Mamas & the Papas que interpretó su famoso tema «San Francisco (Be Sure to Wear Flowers in Your Hair)», que en los años siguientes se convertiría en el himno oficioso del movimiento *hippie* en la voz de Scott McKenzie.

La reacción de la prensa y la opinión pública ante el multitudinario éxito del Human Be-In primero y el Fantasy Fair después fue una mezcla de estupor y desconfianza. Aquellos jóvenes desgreñados, disfrazados como mendigos de aspecto indio, que consumían drogas, predicaban y practicaban el amor libre y no tenían ningún apego a las propiedades materiales eran un torpedo directo a la línea de flotación del sistema capitalista y el modelo de vida de Estados Unidos. Del desprecio inicial, los sectores más conservadores pasaron al rechazo y la animadversión. Pero la existencia del movimiento *hippie* y su impulso de revolución pacífica era un hecho incuestionable, tal como se demostró cuando el 7 de julio de 1967 la prestigiosa revista *Time* le dedica su foto de portada y las televisiones comienzan a emitir reportajes sobre el verano del amor y entrevistas con sus protagonistas. La actitud alternativa y la consigna antisistema de los *hippies*, «paz y amor», nacida a finales de los sesenta, tuvieron una rápida e influyente extensión mundial gracias a las canciones de grupos como Peter, Paul & Mary, The Byrds, The Mamas & the Papas, Crosby, Stills and Nash o Simon & Garfunkel.

Los *hippies* fueron los protagonistas del mayor, y probablemente más breve, rechazo a la sociedad burguesa tras la Segunda Guerra Mundial. Juan Pedro Cartier y Mitsu Naslednikov plasmaron ese rechazo con una prosa proletarizante en su libro *El mundo de los hippies* publicado originalmente en 1970, en los albores del propio declive del movimiento: «El rock es la única puerta de salida que nos queda, el único medio de vivir y de ganarnos el pan para los que no se untan con el sistema, los que están ya tan alejados de sus estructuras de pensamiento, de sus leyes. [...] Sólo nos queda el rock. Esto es también lo que hace el rock peligrosamente subversivo: es la única forma rentable de éxtasis dentro del sistema». Por las grietas de ese sistema se iban colando cada vez más mensajes desestabilizadores como el The Ace of Cups, una banda femenina con una fuerte personalidad, y su tema «Glue», una canción con tintes feministas que clama

«SAN FRANCISCO (BE SURE TO WEAR FLOWERS IN YOUR HAIR)»
La rebelión con flores en el pelo

All across the nation
Such a strange vibration
People in motion

There's a whole generation
With a new explanation
People in motion

For those who come to San Francisco
Be sure to wear some flowers in your hair
If you come to San Francisco
Summertime will be a love-in there

(...)
En todo el país,
una vibración tan extraña,
gente en movimiento.

Hay toda una generación
con una nueva explicación,
gente en movimiento,

Los que venís a San Francisco
aseguraos de llevar flores en el pelo.
Si venís a San Francisco
aquí el verano será un amor.

contra la situación de alienación de la mujer en la sociedad de consumo: «Hola, señoras, ¿se sienten tristes, rechazadas y poco queridas? ¿Si comprasen nuestro producto, todo el mundo las amaría». El tema se hizo muy popular en 1968, en plena resaca del verano del amor.

A finales de los años sesenta se llegó al punto álgido de la militancia y la influencia política de las estrellas del rock, tal y como sostiene Peter Doggett en su obra *Historia de la música pop. El auge. De Bob Dylan y el folk al Spotify*: «En 1968 y 1969, las estrellas de rock se hacían pasar por activistas políticos (y viceversa), tragándose y regurgitando entera la retórica de la revolución global que proponía la breve unión de *hippies*, *yippies*, activistas antibelicistas, Panteras Negras y el resto de compañeros de viaje». Pero fue precisamente esa diversidad de intereses particulares de cada grupo o movimiento social lo que dio al traste con aquella pretendida revolución de paz, amor y regeneración universal. Los más de 400.000 asistentes al Festival de Woodstock en agosto de 1969 fueron los últimos protagonistas de un espejismo que se evaporó cuatro meses después en Altamont, cuando los asistentes al Speedway Free Festival vieron cómo el sueño de amor y paz saltaba por los aires cuando los Hells Angels apuñalaron mortalmente a Meredith Hunter, un joven afroamericano de dieciocho años. Las señales del final de la inocencia *hippie* se sucedieron una tras otra al final de la década: en julio de 1969 muere Brian Jones menos de un mes después de ser expulsado de los Rolling Stones,

Janis Joplin fue una de las primeras figuras femeninas del rock, todo un símbolo de rebeldía e independencia.

dos meses más tarde fallece Jimi Hendrix asfixiado en su propio vómito tras una intoxicación de barbitúricos y en octubre de 1970 muere Janis Joplin a causa de una sobredosis de heroína a la edad de veintisiete años. Todos ellos desaparecieron a esa edad, cimentando la leyenda nacida con la muerte a la misma edad del mítico bluesman Robert Johnson. En el otro extremo de la balanza, en 1972 moriría John Edgar Hoover, que había dirigido el FBI durante treinta y siete años, en los que persiguió con saña todo movimiento social, político y cultural que le resultase sospechoso de subversión, una lista en la que el rock & roll ocupaba un lugar prioritario.

Trippy Dick,

cuando la cantante de Jefferson Airplane quiso drogar a Nixon

En 1970 el presidente de Estados Unidos, Richard Nixon, vivía sus peores momentos desde que había llegado a la Casa Blanca dos años antes. Se sentía acorralado por la prensa que criticaba su gestión política y económica, rechazado por una parte cada vez mayor de la ciudadanía que se oponía frontalmente a la Guerra de Vietnam y despreciado por parte de la cúpula militar, su comportamiento rozaba la paranoia. Lo último que faltaba era que alguien tratase de drogarlo con LSD. Y eso fue lo que intentó Grace Slick, la cantante de Jefferson Airplane, que se coló en una fiesta de la hija del presidente, Tricia Nixon, usando su nombre original, Grace Wing, con la intención de echar 600 microgramos de ácido lisérgico en la bebida del primer mandatario para desacreditarle completamente. Se trataba de convertir a Tricky Dick (Dick el difícil), sobrenombre irónico de Nixon, en Trippy Dick, en alusión al nombre que recibían los ácidos. El intento de Grace Slick se frustró cuando fue detectada por el equipo de seguridad y expulsada del evento, aunque de todas formas tampoco lo hubiese logrado ya que finalmente el presidente no asistió a la fiesta.

EL *BLACK POWER* Y LOS DERECHOS CIVILES

La de los sesenta fue también la década del avance definitivo en la lucha de los afroamericanos por su plena libertad, lo que históricamente se conoce como la lucha del Movimiento por los Derechos Civiles. Comenzó en 1 de febrero de 1961 con la protesta de Greensboro, Carolina del Norte, cuando cuatro estudiantes se negaron a abandonar un restaurante sólo para blancos de la cadena Woolworth y fueron imitados inmediatamente con sentadas pacíficas en otros puntos del país. Terminó el 29 de octubre de 1969 con la sentencia de la Corte Suprema de Estados Unidos en el caso Alexander *versus* Holmes County Board of Education, que decretaba la desegregación inmediata de las escuelas públicas en el sur del país. Durante esos años los descendientes de los esclavos protagonizaron una enconada lucha en la que las protestas pacíficas se alternaron con los sucesos violentos, los principales líderes, como Martin Luther King Jr. o Malcolm X, fueron asesinados, el Ku Klux Klan y los supremacistas blancos se embarcaron en una sangrienta oleada de linchamientos y atentados contra iglesias, escuelas y centros de reunión de los negros, y el odio racial creció parejo al inevitable final de las viejas leyes Jim Crown de segregación racial, mientras la comunidad blanca se iba sumando paulatinamente a esta lucha contra una injusticia histórica que amenazaba con desestabilizar el país.

Durante los años posteriores a la Segunda Guerra Mundial, en la que se decretó la desegregación en el ejército y miles de soldados negros combatieron codo a codo con sus compatriotas blancos, surgió un nuevo tipo de negro muy alejado de sus antepasados sureños, más urbano y reivindicativo y menos lastrado por el temor ancestral al amo blanco. De finales de los cincuenta a principios de los setenta, la comunidad afroamericana llevó la lucha contra la segregación racial a su máximo nivel, con protestas masivas y acciones de desobediencia civil que tenían una banda sonora nacida en el soul con cantantes como Mahalia Jackson, James Brown, Nina Simone o Marvin Gaye, que ayudaron a llevar la lucha de los negros al seno de la sociedad blanca. Pero la protesta musical no se limitó sólo al blues, el soul y el funk de los músicos negros, sino que alcanzó también al rock, el jazz, el folk y el pop interpretado por artistas blancos tan distintos como Bobby Darin, Lena Horne, Peter Paul & Mary, Bob Dylan, Joan Baez o Janis Joplin, entre otros. También hubo bandas mixtas que dieron su apoyo al movimiento, como Joey Dee & The Starliters o Booker T & the MG's.

EL SUEÑO DE LUTHER KING

E l 28 de agosto de 1963 Martin Luther King Jr. se dirigió a las más de 300.000 personas que llenaban el National Mall de Washington D. C. en la manifestación conocida como Marcha sobre Washington por el trabajo y la libertad, para pronunciar su famoso discurso «I Have a Dream» (Yo tengo un sueño), que supuso el pistoletazo de salida para el final definitivo de las leyes de segregación racial en el país. Entre los que tomaban parte en ese momento decisivo en el Movimiento por

Martin Luther King.

los Derechos Civiles en Estados Unidos se encontraban numerosas estrellas del mundo del espectáculo, negras y blancas, como Marlon Brando, Joanne Woodward, James Garner, Sammy Davis Jr., Harry Belafonte, Burt Lancaster, Paul Newman, Sidney Poitier, Diahann Carroll, Kirk Douglas y Bobby Darin, entre otros. Las actuaciones musicales corrieron a cargo de la estrella del góspel Mahalia Jackson, la cantante de ópera Marian Anderson, la reina del folk blues Odetta, el bluesman Josh White, Joan Baez, que cantó «We Shall Overcome» y «Oh Freedom», Bob Dylan, que interpretó «When the Ship Comes In» junto a Baez, «Only a Pawn in Their Game» en solitario y «Blowin' in the Wind» con Peter, Paul & Mary, que también cantaron «If I Had a Hammer». Estos tres últimos, junto a Baez y Dylan fueron los que marcaron con sus canciones el imaginario musical de la jornada y la futura banda sonora de la lucha contra la segregación, sobre todo en-

Mahalia Jackson conoció a Martin Luther King y se unió a él en su lucha por el fin de la esclavitud y la segregación racial.

tre la comunidad blanca, especialmente «We Shall Overcome», una canción inspirada en un góspel compuesto en 1901 por el reverendo Charles Tindley en Filadelfia y convertida por Pete Seeger en un himno folk y en el tema más emblemático de la lucha por los derechos de los afroamericanos, y «Blowin' In The Wind» de Dylan, que no tardó en convertirse en un tema habitual en los mítines. Curiosamente, fue notoria la ausencia de las grandes estrellas del rhythm and blues y el soul, la música que mejor se identificaba en ese momento con el sentir popular de los afroamericanos en la lucha por la igualdad.

Pero si el público negro apreciaba la postura solidaria de los artistas blancos, no sucedía los mismo con su música, tal y como recoge Brian Ward en su libro *Just My Soul Responding*: «Para los activistas negros su atractivo no residía tanto en su música como en sus ideas políticas y el dinero y la aceptación pública que generaban para el movimiento. Este orden de preferencias era aún más evidente fuera de los círculos próximos al movimiento, en los que a pocos negros les importaba un comino el folk [...]. Cuando Joan Baez tocó en el Morehouse College, exclusivamente negro, para el SNCC en Atlanta en mayo del 63, el 70 por ciento del público era blanco, tal como había sucedido en un concierto anterior en el Miles College de Birmingham, y como también sucedería cuando tocó en la capilla del Toogaloo College de Misisipí en abril de 1964». Pero la realidad es que muchos de los músicos que levantaron su voz contra el racismo fueron blancos como Paul Simon, que en 1964 publicó «He Was My Brother», una canción de homenaje a Andrew

«WE SHALL OVERCOME»
El himno de la lucha por los derechos civiles

We shall overcome
We shall overcome
Oh, deep in my heart
I do believe
(...)
Oh, deep in my heart
I do believe
We shall overcome, some day
(...)
Oh, deep in my heart.
We are not afraid,
we are not afraid,
we're not afraid, TODAY.
(...)
Oh, deep in my heart
I do believe
We shall overcome, some day

Venceremos,
venceremos,
lo superaremos algún día.
Oh, en lo profundo de mi corazón
yo lo creo,
(...)
En lo profundo de mi corazón.
Yo creo que
algún día venceremos.
(...)
Oh, en lo profundo de mi corazón.
No tenemos miedo,
no tenemos miedo,
no tenemos miedo, HOY.
(...)
Oh, en lo profundo de mi corazón
yo creo que
algún día venceremos.

«ONLY A PAWN IN THEIR GAME»

La denuncia antirracista de Bob Dylan

A bullet from the back of a bush
Took Medgar Evers' blood
A finger fired the trigger to his name
A handle hid out in the dark
A hand set the spark
Two eyes took the aim
Behind a man's brain
But he can't be blamed
He's only a pawn in their game
(....)
The deputy sheriffs, the soldiers, the governors get paid
And the marshals and cops get the same
But the poor white man's used in the hands of them all like a tool
He's taught in his school
From the start by the rule
That the laws are with him
To protect his white skin
To keep up his hate
So he never thinks straight
'Bout the shape that he's in
But it ain't him to blame
He's only a pawn in their game
(...)
Today, Medgar Evers was buried from the bullet he caught
They lowered him down as a king
But when the shadowy sun sets on the one
That fired the gun
He'll see by his grave
On the stone that remains
Carved next to his name
His epitaph plain
Only a pawn in their game

Una bala disparada tras un arbusto
derramó la sangre de Medgar Evers,
un dedo apretó el gatillo con su nombre,
una empuñadura oculta en la oscuridad,
una mano encendió la chispa,
dos ojos apuntaron,
detrás del cerebro de un hombre,
pero no se le puede culpar,
es sólo un peón en el juego.

Goodman, un antiguo compañero de sus días de estudiante de arte dramático en el Queen's College de Nueva York, que se convirtió en uno de los miembros blancos más activos del Movimiento por los Derechos Civiles y que ese mismo año fue asesinado por el Ku Klux Klan. También el cantante folk Phil Ochs inmortalizó a Medgar Evers al que dedicó «Ballad of Medgar Evers», al líder afroamericano asesinado por Byron de la Beckwith, miembro del supremacista Consejo de Ciudadanos Blancos sólo dos meses y medio antes del discurso de Luther King, a quien también estaba dedicado el tema «Only a Pawn in Their Game», de Bob Dylan, mientras que Barry McGuire, grabó en 1965 «Eve of Destruction», un tema en el que criticaba la presunta superioridad moral de Estados Unidos como potencia mundial y garante de la democracia mientras el racismo anidaba en su propia casa con sucesos como los de Selma, Alabama, donde cientos de personas fueron apaleadas por la policía cuando protestaban por el asesinato del diácono negro Jimmie Lee Jackson.

Casi tres meses después de la concentración de Washington y el famoso discurso del Dr. King, Estados Unidos sufrió una de las mayores tragedias de su historia: el asesinato del presidente John Fitzgerald Kennedy, una figura en la que la comunidad afroamericana había puesto grandes esperanzas y cuya pérdida provocó un sentimiento de desolación. Kennedy había pronunciado en junio del 63 un discurso en el que afirmó: «Debe ser posible, a corto plazo, que todo estadounidense pueda disfrutar de los privilegios de serlo sin importar su raza o color. Todo estadounidense debe tener el derecho de ser tratado como le gustaría ser tratado, como a uno le gustaría que trataran a sus hijos». Su violenta muerte produjo también un aumento de la tensión social en torno al tema de la segregación, que la cantante Lena Horne vivió directamente a través de su tema «Now», una canción que exigía el pleno e inmediato cumplimiento de los derechos civiles de los afroamericanos, comenzó a destacar en las listas de música negra en las semanas previas al asesinato de Kennedy, pero a partir del atentado comenzó a caer en picado mientras era acusada de tener una letra demasiado agresiva y de ir más allá de los límites del entretenimiento, o sea, de tener un contenido de crítica social.

También pusieron su talento al servicio de la lucha contra la segregación racial numerosos músicos de jazz como John Coltrane, Thelonious Monk, Archie Shepp, Cannonball Adderley, Miles Davis, Charles Mingus, Billie Holiday, Louis Armstrong y especialmente Nina Simone, que se caracterizaría por su activismo radical y que en 1963 compuso «Mississipi Goddam», su respuesta tanto al asesinato de Medgar Evers como a otro suceso que conmocionó profundamente a la opinión pública norteamericana y estremeció a su comunidad negra: el asesinato de cuatro niñas en una iglesia en Birmingham, Alabama, en un atentado con bomba perpetrado por miembros del Ku Kux Klan. En 1964 Nina presentó la canción en el auditorio del Carnegie Hall ante un público mayoritariamente blanco, presentándola con un semblante sonriente como «una melodía de un programa que aún

(...)

Los ayudantes del sheriff, los soldados, los gobernadores cobran su salario,
y los alguaciles y los policías también,
pero utilizan al hombre pobre blanco como herramienta,
desde pequeño le enseñan en el colegio
que la ley estará siempre de su lado
para proteger su piel blanca,
para mantener vivo su odio
y que no pueda pensar con claridad
sobre su propia condición.

Pero no se le puede culpar
es sólo un peón en el juego.

Hoy han enterrado a Medgar Evers por la bala que lo mató.
Lo sepultaron como a un rey
pero cuando el sol oscuro se ponga para aquel que disparó
tendrá su propia tumba.
En la lápida
tallada junto a su nombre,
con un simple epitafio:
sólo un peón en el juego.

En una época de segregación, Nina Simone soñaba con ser la primera concertista negra de piano.

«ALABAMA BLUES»

El lamento de J. B. Lenoir

I never will go back to Alabama, that is not
the place for me
You know they killed my sister and my
brother
And the whole world let them peoples go
down there free
(...)
My brother was taken up for my mother,
and a police officer shot him down
My brother was taken up for my mother,
and a police officer shot him down
I can't help but to sit down and cry
sometime
(...)
Alabama, Alabama, why you wanna be so
mean?
You got my people behind a barb wire
fence
Now you tryin' to take my freedom away
from me

Nunca volveré a Alabama, ese no es lugar
para mí.
Sabes que mataron a mi hermana y a mi
hermano.
Y todo el mundo dejó que esa gente
siguiera en libertad.
(...)
Mi hermano fue arrebatado de mi madre y
un oficial de policía lo mató a tiros.
Mi hermano fue arrebatado de mi madre y
un oficial de policía lo mató a tiros.
No puedo evitar sentarme y llorar a veces.
(...)
Alabama, Alabama, ¿por qué quieres ser
tan mezquina?
Tienes a mi gente detrás de una cerca de
alambre de púas.
Ahora intentas quitarme la libertad.

no ha comenzado». La canción cayó como un bombazo entre el público que no estaba en absoluto acostumbrado a los mensajes políticos en la música y menos si venían de una artista negra que usaba un lenguaje descarado para gritarles a la cara: «No tienes que vivir a mi lado, / sólo dame mi igualdad, / todo el mundo sabe lo de Misisipi, / todo el mundo sabe lo de Alabama, / todo el mundo sabe lo Misisipi, maldita sea, eso es todo.»

«Elijo reflejar los tiempos y las situaciones en las que me encuentro. Ése es mi deber.»

Nina Simone

Sin embargo, en muchos casos la visibilidad de las estrellas del jazz en los actos reivindicativos fue más escasa de lo que los líderes del movimiento hubiesen deseado, y se podría decir que fue el propio movimiento y sus circunstancias el que las arrastró hacia una mayor visibilidad, tal y como recoge en su libro Brian Ward: «En cualquier caso, en el decenio siguiente a los sucesos de Montgomery surgieron indicios claros de una creciente identificación más formal del jazz con el movimiento y sus objetivos [...]. Este sentimiento de compromiso político se vio promovido además por las anotaciones de muchos discos de jazz, especialmente por la crepitante prosa con la que Imamu Amiri Baraka contribuyó a los discos de Coltrane». Amiri Baraka nacido como Everett LeRoi Jones, fue un intelectual radical afroamericano, autor del libro *Blues People,* que abogaba por la acción radical y revolucionaria como vía para la liberación de su pueblo.

Algo similar sucedió con el blues, el cordón umbilical musical de la comunidad afroamericana con su pasado rural y segregado, que en los días de auge del movimiento por los derechos civiles no pasaba por su mejor momento de popularidad y, sobre todo en las ciudades, era más apreciado por un público blanco universitario e ilustrado que por los propios negros, que se habían echado en brazos del soul. Sin embargo hubo casos muy significativos de implicación militante, como el del bluesman J. B. Lenoir, que en 1965 publica en Europa «Alabama Blues», a la vez una protesta contra la segregación y un homenaje al boicot a los autobuses de Montgomery, producido tras la detención de la costurera Rosa Parks por negarse a ceder su asiento en el autobús a un blanco. En Estados Unidos el tema no se publicará hasta después de su muerte, acaecida en 1967 a causa de un accidente de tráfico. Otros de sus temas más relevantes por el contenido antisegregacionista son «Down in Mississippi», publicado en 1966 y «Born Dead», una canción de la misma época que relata con una crudeza absoluta la situación de los niños negros en el Sur segregacionista: «Señor, ¿por qué nací en Misisipi / donde es tan difícil salir adelante? / Cada niño negro que nace en Misisipi, / sabes que el pobre niño nació muerto».

J. B. Lenoir es el bluesman más comprometido de esta época, mediados de los sesenta, cuando las grandes figuras del Chicago Blues reviven viejos esplendores gracias a sus giras por Europa con el American Folk Blues Festival que, entre 1962 y 1972, paseó por las principales ciudades europeas a la *troupe* más selecta del blues del momento, lo que, como es sabido, acabó contribuyendo al nacimiento de un nuevo blues y un nuevo rock en Gran Bretaña. Mamó el blues desde la cuna, ya que era hijo de Dewitt Lenoir, un bluesman popular al sur de Misisipi y siendo niño conoció a mitos del blues como Blind Lemon Jefferson, Lightnin' Hopkins o 'Big Boy' Cudrup, que influyeron decisiva-

J.B. Lenoir, el bluesman de aspecto elegante y canciones políticamente comprometidas.

mente en su estilo. En 1954 se convirtió en una figura del blues de Chicago con su tema «Mamma Talk Your Daughter» y su aspecto elegante con un esmoquin de manchas de cebra. Pero a pesar del éxito siempre mantuvo intacta su conciencia social y lo demostró en varias ocasiones con temas como «Korea Blues», una canción de 1951 crítica con la guerra, o «Eisenhower Blues», de 1954, que lanzaba sus dardos contra el presidente y que en Estados Unidos fue publicada con cambio de letra y título como «Tax Paying Blues». También publicó temas críticos con la Guerra de Vietnam, como veremos en el capítulo dedicado a este tema.

EL SOUL QUE DERRIBÓ BARRERAS

A pesar de que muchos de los temas más famosos contra de la segregación que han pasado a la historia fueron habitualmente compuestos por artistas blancos, la esencia de los sentimientos que anidaban en el alma del pueblo afroamericano tras cientos de años de esclavitud y segregación los reflejaron esencialmente las estrellas

Sam Cooke, en su momento, la máxima estrella de la música negra.

de la música soul, que sufrieron la segregación en carne propia, algunos, como Sam Cooke, hasta en el momento de su muerte. El 11 de diciembre de 1964, Cooke muere en un suceso nunca bien resuelto de inevitables tintes raciales. Según la versión oficial fue abatido a balazos por la encargada del Motel La Hacienda, en Los Ángeles, cuando, según su declaración, el cantante se presentó desnudo en la recepción con intención de atacarla. Cooke se había registrado media hora antes acompañado de una joven blanca que huyó de la habitación y llamó a la policía asegurando que Sam había tratado de violarla. Cuando la policía llegó el cantante ya estaba muerto. Al tratarse de un negro no hubo una investigación a fondo y el juicio duró menos de media hora, en la que la encargada del motel –que murió asesinada año y medio después también en extrañas circunstancias– incurrió en varias contradicciones. Además, en un principio la policía dijo que Sam Cooke había muerto a causa de varios disparos, pero el informe final demostró que sólo tenía un balazo en el cuerpo, que presentaba diversos golpes y contusiones. Con su muerte no sólo desparecía una estrella del soul en pleno esplendor, sino una figura pública representativa del nuevo tipo de negro que estaba naciendo en los años sesenta, capaz de mostrar el desgarro que le suponía la segregación racial en temas como «That's Where It's At» («Tu mundo se puso patas arriba. / No haces ni un solo sonido. / No hay nadie más alrededor. / Ahí es donde está. / Sí, déjame decirte: / tu corazón late rápido. / Sabes que el tiempo pasará»), al mismo tiempo que llevaba la vida hedonista y despreocupada de una estrella del pop, con amoríos, juergas alcohólicas, lujos y despilfarros económicos. Su abrupta muerte le elevó a los altares de la música negra y la admiración de la sociedad afroamericana, que siempre tuvo dudas sobre su muerte y se aferró a su herencia musical, convirtió en un himno el profético «A Change Is Gonna Come» que meses después de su muerte gritaba desde las máquinas de discos norteamericanas la realidad de una sociedad injusta que muchos se negaban a ver.

En 1965, poco después del asesinato de Malcolm X y del llamado Domingo Sangriento de Selma, Alabama, con decenas de afroamericanos heridos en enfrentamientos con la policía, el cantante Curtis Mayfield, conocido como «el Profeta del Soul», edita «People Get Ready» (Prepárate pueblo), una auténtica declaración de principios respecto a su actitud militante a la hora de componer que se convirtió en pocas semanas en un éxito absoluto llegando al número tres de la lista de éxitos del *Billboard*. Esa militancia se reflejó desde el principio de su carrera con The Impressions en temas como «Keep On Pushing» (Sigue luchando), un tema de 1964 que cuarenta años después usaría el senador por Illinois Barack Obama, en su discurso a la Convención Nacional Demócrata de 2004, en sus primeros pasos hacia la Casa Blanca, o «It's All Right», de 1963. Pero es al final de la década, durante los años de la imparable explosión del orgullo negro, cuando sus canciones se convierten en verdaderas consignas reivindicativas con temas como «We're a Winner», de 1967, «This Is My Country», de 1968, «Choice of Colors» de 1969 con una letra cargada de reivindicación y esperanza: «Yo digo que ahora la gente / debe demostrarle a la gente / un día mejor viene para ti y para mí. / Sólo un poco más de educación / y amor por nuestra nación / haría una sociedad mejor. / Y si tuvieras una opción de colores / ¿cuál elegi-

«A CHANGE IS GONNA COME»
El testamento de Sam Cooke

I was born by the river in a little tent
Oh, just like a river, I've been running ever since
It's been a long, a long time coming
But I know a change's gonna come, oh, yes, it will

It's been too hard living, but I'm afraid to die
'Cause I don't know what's up there above the sky
It's been a long, a long time coming
But I know a change's gonna come, oh, yes, it will

And I go to the movies, and I go downtown
Somebody keep telling me, don't hang around
It's been a long, a long time coming
But I know a change's gonna come, oh, yes, it will
(...)

Nací junto al río en una pequeña tienda de campaña.
Oh, y al igual que el río he estado corriendo desde entonces,ha pasado mucho, mucho tiempo
pero sé que un cambio vendrá, oh sí, lo hará.

Ha sido muy duro vivir, pero tengo miedo de morir
porque no sé qué hay más allá del cielo.
Ha pasado mucho, mucho tiempo
pero sé que un cambio vendrá, oh sí, lo hará.

Voy al cine y voy al centro.
Siempre hay alguien diciéndome que no me quede por aquí.
Ha pasado mucho, mucho tiempo
pero sé que un cambio vendrá, oh sí, lo hará.

Curtis Mayfield fue uno de los artífices del llamado «Chicago soul».

rías para mis hermanos?». Otro de sus temas, «Keep On Pushing», fue una de los lemas de los manifestantes de las marchas por la libertad, mientras que «People Get Ready» era una de las canciones favoritas de Luther King.

Mayfield, nacido en 1942, se crio en el seno de una familia de escasos recursos en los barrios más pobres de Chicago y fue un músico autodidacta que creció escuchando blues y admirando a Muddy Waters. Montó su primer grupo a los catorce años y a los veinticuatro entró a formar parte de los Roosters, que pronto se convertirían en The Impressions, una de las bandas de soul más importantes de todos los tiempos. Era un compositor de un enorme talento y sus letras iban más allá de la consigna evidente para convertirse en auténticos poemas que reflejaban de forma delicada el sufrimiento que vivía su pueblo. A pesar de toda la fama y el éxito que alcanzó, jamás olvidó sus orígenes populares y por eso fue reconocido como «el Profeta del Soul», que puso su voz al servicio de los marginados, un poeta del pueblo que siempre luchó por una sociedad más justa e igualitaria.

«Recuerda que tu sueño es tu único plan, así que sigue presionando.»

Curtis Mayfield

Otra de las grandes figuras con un enorme peso en la historia reivindicativa del pueblo negro norteamericano fue Aretha Franklin, que a la protesta contra la segregación racial sumó la reclamación de los derechos de las mujeres afroamericanas, víctimas de una doble discriminación. Esa doble aportación se vertebra sobre todo alrededor de una canción, «Respect», un tema original de Otis Redding que Aretha versionó en 1967 cambiando su letra y convirtiéndolo en un canto a favor de los derechos de las mujeres y en contra del maltrato. El original de Otis hablaba de un hombre que trabaja todo el día para mantener a su familia y que al regresar a casa reclamaba a su esposa el «respeto» debido, dándole a la petición una connotación sexual. Aretha le dio la vuelta, con la colaboración de su hermana Carolyn, y la convirtió en el alegato de una mujer que no sólo exigía respeto para sí misma sino también para todas las personas negras en general y las mujeres en particular. Además, le dio un tono sarcástico al añadir al coro «Sock It To Me» («dámelo», con connotación sexual) de la canción original, el repetitivo «Just A Little Bit»

Aretha Franklin, dio voz al orgullo de las mujeres afroamericanas.

(«sólo un poco»). La canción no sólo se convirtió en un éxito inmediato, con dos premios Grammy en 1968, sino que marcó además un hito en el movimiento feminista, algo a lo que contribuyó en gran medida la interpretación que hicieron del tema The Supremes y The Temptations, las dos bandas de soul más famosas de finales de los años sesenta tanto entre el público negro como entre el blanco.

Aretha también hizo versiones de «A Change Gonna Come», la canción de Sam Cooke adoptada como emblema por el movimiento de derechos civiles, y «People Get Ready», el tema de los Impressions de Curtis Mayfield, que se inspiraba en el «undergroud railroad» (el ferrocarril subterráneo), la organización que durante los años de la esclavitud permitió la evasión de miles de esclavos desde los estados del Sur hasta los del Norte de Estados Unidos. Pero la vinculación de Aretha Franklin con la causa de los derechos civiles era anterior a su etapa como cantante consolidada y le venía por vía hereditaria ya que su padre, el reverendo C. L. Franklin, utilizaba el púlpito de su Iglesia baptista Nueva Betel, en Detroit, para predicar sobre la justicia social y contra la segregación racial, y además gracias a su labor religiosa conocía personalmente a Martin Luther King. Gracias a esa relación, cuando era una adolescente Aretha tuvo la oportunidad de viajar con el líder de los derechos civiles durante alguno de sus recorridos por el sur del país. Más tarde se convertiría en una de las cantantes favoritas del Dr. King, colaboraría activamente en la organización de la famosa Marcha por la Libertad y sería una de las artistas invitadas a cantar durante su funeral en Atlanta, en el que interpretó la canción «Precious Lord».

Jackie Day,

una luchadora incansable que creó el desgarrador himno «Free At Last»

Las grandes estrellas del soul no fueron las únicas en ponerse al servicio de los derechos civiles. También hubo talentos hoy ignorados, como Jackie Day, la compositora de una de las canciones más bellas del movimiento, «Free At Last», de 1967, inspirada en las palabras finales de Luther King en su discurso «I Have a Dream». Nacida en 1938 en Arkansas como Jacquelene Mary Baldain, a los diecisiete años tuvo su primer hijo como madre soltera y a los venticinco la segunda con el saxofonista Big Jay McNeely, de quien se separaría poco más tarde. Tras unas grabaciones sin repercusión, para sobrevivir trabajó como guardia de seguridad en el aeropuerto y en el Museo de Arte de Los Ángeles. En 1965 se unió al saxofonista Maxwell Davis, con quien escribió varias canciones de éxito moderado, pero no le dieron la notoriedad anhelada y se centró en la vida familiar, sobre todo tras la muerte de Davis. Murió en 2006 alejada de los escenarios y dejando para la posteridad el tema «Free At Last», que sería famoso en la voz de Al Green y que bebía de la tradición del góspel para componer un soul racial y desgarrador: «Soy negra, soy mujer. / Estaba preocupada, mi historia es larga. / Quiero ir muy, muy atrás en el tiempo / y decirte cómo empezó todo [...]. He sido maldecida, / he sido despreciada. / La gente que me ha escupido. / He visto a mi hombre pateado / pero he escuchado a un buen hombre decir / antes de fallecer: / Eres libre por fin / por fin, libre por fin».

> «Ser una diva no tiene nada que ver con tu música, sino con los servicios que has hecho a tu sociedad y a tu comunidad, con todo lo que has contribuido para hacerla mejor.»
>
> Aretha Franklin

Como hemos apuntado, «Respect», fue una canción que popularizó Aretha Franklin dándole la vuelta a un tema de Otis Redding, el hombre que elevó el soul a su máxima dimensión y lo acercó al público blanco actuando en festivales como el de Monterey junto a estrellas del momento como Jimi Hendrix, Janis Joplin, Ravi Shankar o The Who, ante más de 50.000 jóvenes, en su mayoría blancos, en plena efervescencia *hippie* del verano del amor. No sólo la canción, que fue adoptada desde el principio por la comunidad negra como un grito exigiendo precisamente respeto —a pesar de que su letra no tenía exactamente esa intención racial— sino también el propio Otis, se convirtieron en una referencia del orgullo negro y el cantante era el ejemplo de triunfador social en el que se miraban los miembros de su comunidad, cuya lucha y compromiso nunca eludió, tal y como expuso su esposa Zelma Redding en la entrevista recogida en el libro *From a Whisper to a Scream. Una historia oral del soul* de David Moreu: «Siempre estaba dispuesto a colaborar con el movimiento porque fue una época muy importante para la gente negra. Otis respetaba mucho al Dr. King y me atrevería a decir que era uno de sus grandes héroes. Cuando lo asesinaron tuve que sentarme con mis hijos, que aún eran muy pequeños, y contarles que todos los grandes hombres buenos mueren jóvenes porque siempre hay un lugar mejor para ellos». Estas palabras de Zelma a sus hijos cobran una dimensión especial si tenemos en cuenta que Otis Redding falleció a los veintiséis años en un accidente de aviación sólo cinco meses antes que King.

Otro famoso artista militante contra la segregación fue Ray Charles, quien siempre denunció públicamente la marginación de los músicos negros en los estados del Sur y que se sumó más activamente todavía al Movimiento pro Derechos Civiles después de pasar un año alejado de los escenarios tras ser arrestado en 1965 por posesión de heroína. Charles usó su fama y su fortuna para levantar la voz contra el racismo en unos tiempos en los que eso podía costar muy caro. De hecho, esa militancia le costó ser declarado «persona non grata» en su estado natal, Georgia, después de que en 1961 cancelase un concierto en el Bell Auditorium de Augusta para protestar por la segregación del público negro en el local. Pero la justicia y la razón acabaron imponiéndose en 1979 cuando Ray fue reconocido como hijo predilecto e ingresó en el Salón de la Fama de la Música en Georgia, pero sobre todo cuando su famosa versión de la canción «Georgia On My Mind» fue declarada la canción oficial del estado.

Por su actitud contra el racismo, Ray Charles pasó de "persona non grata" a hijo predilecto de su estado natal de Georgia.

EL ASESINATO DE LA ESPERANZA EN EL LORRAINE MOTEL

1968 será un año tan triste como decisivo en la lucha por la libertad de los afroamericanos. El 4 de abril –sólo siete días antes de que el presidente Johnson firmase la ley que prohibía la discriminación en la venta, alquiler y financiación de viviendas– Martin Luther King es asesinado en el motel Lorraine, de Memphis. El crimen provocó una oleada de violentos disturbios en más de cien ciudades de todo el país con un saldo general de al menos cuarenta muertos, más de 2.500 heridos y 15.000 detenidos. Durante varios días la rabia y el dolor lograron que en los barrios negros la gente olvidase el sentido intrínsecamente pacífico de la lucha del Dr. King y se lanzase a la calle en una oleada de destrucción desde que se conoció la noticia en las últimas horas de ese cuatro de abril. Entre las ciudades que se libraron de los disturbios figura Boston, curiosamente gracias a una casual combinación de la astucia del alcalde de la ciudad, Kevin White, y la fama de la estrella del soul y el funk, James Brown, quien logró apaciguar los ánimos con un concierto celebrado al día siguiente del magnicidio. El llamado Padrino del Soul tenía programado para el día 5 un concierto en el Boston Garden y al conocerse la noticia de los graves incidentes en otras ciudades se planteó su cancelación, pero donde otros veían una ocasión para que saltase la chispa de la violencia, el alcalde vio una ocasión para apaciguar los ánimos. En lugar de anular la actuación del famoso *Mister Dynamite*, decidió que fuese televisado, logrando así que la mayoría de la población afroamericana se quedase en casa para ver y escuchar a su ídolo –en un concierto plagado de emocionados recuerdos al Dr. King y llamamientos a la serenidad– en lugar de lanzarse a la calle. Cinco meses después, a finales de agosto, con las protestas sociales sacudiendo todavía el país de punta a punta, James Brown alzará valientemente la voz con su «Say It Loud (I'm Black and I'm Proud)» (Dilo bien alto. Soy negro y estoy orgulloso de serlo), una canción de ritmo trepidante y agresivo que prometía acción política a raudales: «Algunos dicen que tenemos mucha malicia, otros dicen que son ganas de pelea, / pero yo digo que no dejaremos de movernos hasta conseguir lo que nos merecemos [...]. He trabajado con mis pies y mis manos / pero

Motel Lorraine, de Memphis, donde fue asesinado Luther King.

todo el trabajo que hice fue para otro hombre. / Y ahora exigimos una oportunidad de hacer las cosas por nosotros mismos, / estamos cansados de golpearnos la cabeza contra la pared / trabajando para otros. / ¡Dilo en voz alta! Soy negro y estoy orgulloso de serlo».

James Brown, un niño pobre, abandonado por su madre y criado por una tía que regentaba un prostíbulo, conocía perfectamente la miseria, la violencia y la marginación a la que estaba condenado su pueblo desde tiempo inmemorial. En su infancia y adolescencia hizo todo tipo de trabajos para sobrevivir, de limpiabotas a ratero, pasando por jornalero del campo, artista ambulante o boxeador. Pasó

James Brown conoció la miseria, la violencia y la marginación desde bien joven.

por el reformatorio y la cárcel, hasta que tuvo la fortuna de que se cruzase en su camino Bobby Byrd, un músico que le sacó de la calle para convertirle en cantante y que le acabaría acompañando en el grupo The Famous Flames, en los comienzos de su carrera. Tras el éxito de «Please, Please, Please», en 1965, Brown inició un meteórico camino al estrellato del soul que le auparía a lo más alto de la música negra con la consolidación del funk tras su tema «Cold Sweat», lanzado en 1967. Su vida artística estuvo marcada por un trabajo duro y una frenética actividad que le llevó a realizar en ocasiones más de 300 conciertos al año. Tenía fama de ser muy estricto y mantenía una férrea disciplina en su banda, haciendo gala de un carácter indómito, conflictivo y violento que le supuso varios encontronazos con los tribunales, acusado de malos tratos a sus parejas, tenencia de armas y consumo y posesión de drogas, que acabaron por llevarlo a prisión. Su actitud extravagante, su rebeldía innata y su permanente búsqueda de la independencia y autonomía personal por encima del color de su piel le convirtieron en un referente para los jóvenes afroamericanos y un temido enemigo para los racistas blancos por su osada y continua exhibición de orgullo negro. Murió a los setenta y tres años convertido en una estrella mundial. A su funeral asistieron las figuras más importantes de la comunidad afroamericana, del Rey del Pop, Michael Jackson, al reverendo y dirigente negro Jesse Jackson o el líder de los derechos civiles Al Sharpton.

«La verdadera respuesta a los problemas raciales en este país es la educación. No quemar y matar. Prepararte, estar cualificado, ser dueño de algo, ser alguien. Eso es Poder Negro.»

James Brown

EL RUGIDO DE LOS PANTERAS NEGRAS

E n octubre de 1966 un grupo de estudiantes de Oakland, California, integrado por Huey P. Newton, Bobby Seale, Elbert «Big Man» Howard, Sherwin Forte, Reggie Forte y "Little Bobby" Hutton, fundan el Black Panther Party for Self-Defense, el partido de los Panteras Negras, una organización que propugnaba el nacionalismo negro de corte socialista y revolucionario. Basándose en el derecho constitucional a llevar ar-

Bobby Seale (izquierda) y Huey P. Newton (derecha) , líderes de los Panteras Negras.

mas, esta organización propugnaba la autodefensa del pueblo negro y la respuesta a la violencia con la violencia, lo que la colocó en el objetivo del FBI y su Programa de Contrainteligencia, conocido como Cointelpro, que no dudó en recurrir a todos los medios legales e ilegales, incluido el asesinato de miembros y dirigentes del partido. A principios de los años setenta tuvieron su mayor momento de apogeo con decenas de miles de militantes en casi setenta ciudades, en las que además de sus acciones de protesta pusieron en marcha programas de alfabetización, nutrición infantil, asistencia sanitaria para los sectores más desfavorecidos de la población y una activa lucha contra las drogas, especialmente la heroína, que en esos años arrasó con la juventud de los guetos. La organización acabó disolviéndose en 1982.

Dentro de su compleja organización, el Black Panthers Party tuvo incluso su sección musical, con el grupo The Lumpen y la vocalista Elaine Brown, que fue presidenta de la entidad y autora de su himno, «The Meeting», una canción que hablaba de la lucha ancestral de los afroamericanos: «Y habló con una voz / que tenía siglos de antigüedad. / Y sonreía de una manera extraña. / Y sus labios llenos de noche / hablaron de la difícil situación de nuestra gente / y un sentimiento familiar cobró sentido. / Dije, hombre, / ¿dónde has estado todos estos años. / Hombre, ¿dónde estabas cuando te busqué? / Hombre, ¿me conoces como yo te conozco? / Hombre, voy a ganar».

Elaine Brown, la voz de los Panteras Negras

Elaine Brown fue presidenta del Black Panther Party entre 1974 y 1977, sustituyendo a Huey P. Newton cuando éste tuvo que exiliarse en Cuba. De hecho, fue la única mujer que presidió dicha organización, en la que entró en 1968. Hija de una madre soltera gracias a cuyos desvelos pudo estudiar piano clásico y ballet en un centro de Filadelfia en el que la mayoría de los alumnos eran blancos, por lo que pasó una adolescencia bastante alejada de la comunidad negra. Tras graduarse se marchó a California para convertirse en compositora y cantante. Se matriculó en la universidad, trabajó como camarera en un club de striptease y conoció a su pareja sentimental, el guionista Jay Richard Kennedy, quien la introdujo en el Movimiento de Derechos Civiles. Brown se radicalizó paulatinamente hasta que después del asesinato de Martin Luther King asistió por primera vez a una reunión del capítulo de Los Ángeles del Black Panther Party, una organización que acabaría abandonando decepcionada por el machismo de sus dirigentes. Como cantante grabó dos álbumes, *Seize the Time*, con el sello Vault en 1969, y *Until We're Free*, con Motown Records, en 1973. El primer disco incluye «The Meeting», el himno de los Panteras Negras. En la actualidad es una destacada líder del movimiento feminista internacional.

«EVE OF DESTRUCTION», el apocalíptico vislumbre de Barry McGuire

The eastern world, it is explodin',
Violence flarin', bullets loadin',
You're old enough to kill but not for votin',
You don't believe in war, but what's that gun you're totin',
And even the Jordan river has bodies floatin',
But you tell me over and over and over again my friend,
Ah, you don't believe we're on the eve of destruction.

Don't you understand, what I'm trying to say?
And can't you feel the fears I'm feeling today?
If the button is pushed, there's no running away,
There'll be no one to save with the world in a grave,
Take a look around you, boy, it's bound to scare you, boy,
And you tell me over and over and over again my friend,
Ah, you don't believe we're on the eve of destruction.
(...)

El mundo oriental, está explotando,
la violencia estalla, las balas se cargan.
Eres lo suficientemente mayor para matar pero no para votar,
no crees en la guerra, pero ¿cuál es el arma que estás usando?
E incluso el río Jordán tiene cuerpos flotando,
pero me dices una y otra vez, amigo mío,
que no crees que estemos en vísperas de la destrucción.

¿No entiendes lo que intento decir?
¿Y no puedes sentir los temores que siento hoy?
Si se presiona el botón, no hay escapatoria,

no habrá nadie a quién salvar con el mundo en una tumba.
Echa un vistazo a tu alrededor, muchacho,
seguramente te asustará, muchacho,
y me dices una y otra vez, amigo mío,
que no crees que estemos en vísperas de la destrucción

En 1970 un joven llamado Saturu Ned, nacido James Mott, entró a formar parte del capítulo de los Black Panthers de West Oakland, California. Comenzó realizando tareas de apoyo, como la de repartidor del boletín informativo de la organización, pero al poco tiempo Douglas Emory, el responsable del departamento cultural del movimiento, descubrió sus dotes como cantante y concibió la idea de que una de las mejores herramientas de propaganda entre la juventud afroamericana era la música, así que le propuso a Ned montar un grupo con otros cuatro miembros de la organización: William Calhoun, Clark Bailey y Mark Torrance. Así nació The Lumpen, un grupo vocal al estilo de los que entonces triunfaban con la discográfica Tamla-Motown, como The Temptations o The Four Tops, pero con canciones de corte político radical. El grupo se identificaba con el espíritu del gueto y nació como una muestra del espíritu de clase de la juventud negra. El nombre estaba inspirado en la obra de del psiquiatra de la Martinica francesa Franz Fanon, *The Wretched of the Earth*, un texto de corte anticolonialista y marxista que figuraba entre las bases ideológicas de los Panteras. Eran los tiempos en los que la presión policial y política sobre el Black Panther Party se recrudecía con detenciones de sus miembros, incluido el fundador Bobby Seale. La respuesta de The Lumpen fue el lanzamiento de un *single* con dos canciones: «No More» y «Free Bobby Now», que usaron como base para emprender una gira por la costa este, actuando en Minneapolis, Nueva York, Boston y Washington D. C., que les proporcionó enorme notoriedad. Su momento estelar se produjo cuando actuaron en la penitenciaría de

San Quintín junto a Curtis Mayfield y Muhammad Alí, quien salió a dar la cara por ellos cuando las autoridades trataron de interrumpir su actuación. Además de sus propios temas, como el emblemático «Revolution is the Only Solution», el grupo –que a veces usaba también el nombre de The Freedom Messengers Revolutionary Musicians– también interpretaba temas de conocidas estrellas de la música negra variando sus letras para darles un contenido revolucionario. Así el clásico «Ol 'Man River» de Paul Robeson se convirtió «Ol' Pig Nixon», dedicado al entonces presidente de Estados Unidos, y «People Get Ready», de The Impressions, mutó en «People Get Ready-Revolution's Come». El grupo acabaría disolviéndose a mediados de los años setenta en medio de la creciente campaña de acoso del aparato del Estado, los medios de comunicación y sobre todo del FBI contra los Panteras Negras, a los que había declarado como «la mayor amenaza interna para la seguridad del país.»

A pesar de que la verdadera banda sonora de la lucha contra la segregación está dominada principalmente por el soul y el funk de la población negra, muchos músicos blancos de rock, y en especial los británicos, siempre mostraron su simpatía por este movimiento e hicieron gala de una actitud antirracista actuando con las grandes estrellas negras del blues, el rythm & blues y el rock & roll, por los que sentían una absoluta veneración mu-

La revolución no será televisada

En 1970 Gil Scott-Heron compuso el poema-canción «The Revolution Will Not Be Televised», un recitado sobre base funk que anunciaba ya el advenimiento del rap. Scott-Heron era un militante afroamericano que inició su carrera artística en Inglaterra y el título de la canción hacía referencia a un eslogan muy popular entre los movimientos Black Power de los años sesenta. En la letra se alude de forma crítica a anuncios publicitarios, series de televisión e iconos de la industria del entretenimiento de Estados Unidos. El poema también alude a un amplio abanico de personajes célebres, del presidente Nixon a la actriz Natalie Wood, pasando por el cantante Johnny Cash, la ex primera dama Jackie Onassis o el líder afroamericano Roy Wilkins. Se trata de un clásico de la música negra reivindicativa que sirve de puente entre la banda sonora de la lucha por los derechos civiles y la cultura hip-hop reivindicativa de finales del siglo XX.

Gil Scott-Heron, símbolo de la contracultura y famoso por su poesía relacionada con los activistas afroamericanos.

«Blackbird»,
la aportación de Paul McCartney y los Beatles a la lucha contra la segregación

La convulsión del orgullo negro no se ciñó a Estados Unidos, sino que sus ecos alcanzaron todos los rincones del mundo, incluida la vieja Escocia donde el Beatle Paul McCartney tenía su mansión. Hasta allí llegaron las noticias de los disturbios raciales que estaban ocurriendo en Little Rock, Alabama, Misisipi, en la primavera de 1968 y Paul decidió escribir una canción que aportase algo de esperanza a la comunidad afroamericana, cuya música tanto admiraba. Así nació «Blackbird». En el mes de junio la canción estaba lista y acabó incluida en el álbum doble *The Beatles*, también conocido como *The White Album*, como un canto a la lucha por la libertad: «El mirlo cantando en la oscuridad de la noche / toma tus alas rotas y aprende a volar. / Durante toda tu vida / sólo estabas esperando que surgiera este momento»..

sical. De los Beatles a los Rolling Stones, pasando por The Yardbirds, The Animals, los grupos de la llamada British Invasion siempre mostraron un claro rechazo a las políticas de segregación que padecían los músicos negros. Pero otro tanto hicieron también la mayoría de los grandes intérpretes estadounidenses de rock de los años sesenta como por ejemplo The Mamas & The Papas, Lynyrd Skynyrd, Jefferson Airplane, Buffalo Springfield, Grateful Dead o The Byrds y obviamente los que tenía cantantes y líderes afroamericanos, como The Jimi Hendrix Experience o la banda psicodélica Love y su líder Arthur

Arthur Lee, líder de Love, una de las bandas más influyentes de los años sesenta.

Lee, o la propia Janis Joplin que a lo largo de su vida mostró una abierta devoción por las artistas negras, sobre todo por las grandes *blueswomen* como Bessie Smith o Big Mama Thornton. También los Rolling Stones aportaron su grano de arena a la causa cuando en 1972 publicaron «Sweet Black Angel», una canción dedicada a Angela Davis, líder radical afroamericana, militante del Partido Comunista Norteamericano y destacada feminista internacional, que fue injustamente acusada de asesinato por el FBI y condenada a muerte hasta que, tras una oleada de protestas internacionales, le fue anulada la pena y reconocida su inocencia. La canción ensalza abiertamente su figura en una de las pocas letras explícitamente políticas de sus satánicas majestades: «Bueno, no es cantante, / no es una estrella / pero seguro habla bien / y se mueve tan rápido... está contando los minutos / contando los días / es un dulce ángel negro / no una dulce esclava negra».

Angela Davies, un icono del Movimiento de Liberación Negro.

VIETNAM Y EL PACIFISMO

En marzo de 1965, tras meses de bombardeos aéreos sobre la zona ocupada por el Frente Nacional de Liberación de Vietnam, más conocido como Vietcong, los primeros 3.500 marines norteamericanos desembarcaban en Danang y los Estados Unidos comienzan una aventura bélica de catastróficos resultados que durará diez años, costará la vida a más de 50.000 jóvenes soldados norteamericanos y desatará la mayor oleada de protestas sociales en la historia del país. La primera acción de protesta de gran repercusión pública se produjo casi un año antes, el 12 de mayo de 1964, cuando doce jóvenes quemaron públicamente sus órdenes de reclutamiento en Nueva York. Siete meses después, el 19 de diciembre, se produjeron las primeras manifestaciones en ciudades como Nueva York, Chicago, Washington, Boston, Mineápolis, Filadelfia o Chicago, donde la protesta contó con la presencia de Joan Baez. La protesta contra la guerra también provocó la reacción de intelectuales como el escritor Norman Mailer, el historiador Theodore Roszak y el lingüista Noam Chomsky, quien llegó al extremo de afirmar: «La Guerra de Vietnam ha conducido a la muerte (que esperamos sea por largo tiempo) del consenso debilitante de la Guerra Fría».

La reacción contra la masacre de la Guerra de Vietnam, con virulentas manifestaciones y miles de detenciones, provocó además un aluvión de canciones denunciando la crueldad, inutilidad e injusticia del conflicto, como las de J. B. Lenoir, John Lennon, The Doors, Creedence Clearwater Revival o Norman Whitfield, que contribuyeron a crear una conciencia pacifista universal que influiría poderosamente en la juventud de las siguientes décadas. Después del estallido de la psicodelia y los himnos de paz y amor que desencadenaron el Verano del Amor en 1967 con la celebración de la concentración *hippie* en el parque Golden Gate de San Francisco, en la segunda mitad de los años sesenta y principios de los setenta, el rock se convierte en la banda sonora de una revolución inconformista que protagonizan los jóvenes en todo el mundo y que será el germen del futuro movimiento antisistema.

CANCIONES CONTRA EL NAPALM

E l 7 de febrero de 1965, la aviación de Estados Unidos realiza su primer bombardeo con napalm sobre Vietnam, quemando aldeas enteras y arrasando las zonas de cultivo y la selva con el objetivo de atemorizar a la población civil y privar a las tropas del Vietcong de cualquier ayuda y refugio. Como respuesta, los estudiantes y profesores de las universidades norteamericanas organizan manifestaciones y acciones de protes-

ta por todo el país. El 17 de abril se produce la primera gran marcha contra la guerra en Washington, donde se concentran más de 25.000 personas. Un mes después 30.000 manifestantes se reúnen en la Universidad de California en Berkeley, que se convertirá en uno de los centros más activos de la protesta. Uno de los temas más escuchados en estas primeras protestas era «Masters of War» («Señores de la guerra») grabada por Bob Dylan en 1963, en la que señala directamente a los grandes culpables de la guerra: los intereses económicos, especialmente los de los fabricantes de armas: «Ustedes ajustan todos los gatillos / para que otros disparen, / luego se apartan y esperan. / Cuando las listas de muertos aumentan, / ustedes se esconden en su mansión / mientras la sangre de los jóvenes / se escapa de sus cuerpos / y se hunde en el barro». Desde hace más de sesenta años la canción ha sido utilizada para protestar contra todas las guerras en todas las partes del mundo, lo que demuestra que, desdichadamente, las cosas no han cambiado y sigue siendo perfectamente vigente. Se trata de una adaptación del tema folk tradicional «Nottamun Town» y ha sido interpretada por cantantes y grupos de todos los estilos, desde la estrella afroamericana del folk, Odetta, hasta el grupo grunge Pearl Jam, pasando por Ben Harper, Ozzy Osbourne, los raperos The Roots o la multifacética Cher. El propio Dylan la ha interpretado en multitud de ocasiones a lo largo de su carrera, destacando por su simbolismo, la que hizo en 1994 en Hiroshima, la ciudad que fue arrasada el 6 de agosto de 1945, durante los bombardeos atómicos que pusieron fin a la Segunda Guerra Mundial.

Pero regresemos a 1965 y la Guerra de Vietnam. Por entonces casi la mitad de la población apoyaba todavía la intervención militar en el país asiático, pero cada día aumentaban las voces que se levantaban en contra, incluidas muchas del mundo del arte y la música. Entre las más airadas de esas voces figuraban las de cinco muchachos de Detroit: Fred 'Sonic' Smith, Rob Tyner, Wayne Kramer, Michael Davis y Dennis Thompson, que un año antes, en 1964, habían montado una banda que bautizaron como Motor City Five, en alusión a la industria automovilística de su ciudad, y que abreviarían casi desde el principio como MC5. Con unos orígenes proletarios y una fuerte carga de ideología izquierdista, el grupo practicaba un hard rock en el que numerosos musicólogos han visto uno de los orígenes del movimiento punk rock que se desarrollaría una década más tarde. Sus letras clamaban no sólo contra la derecha reaccionaria, sino también contra una par-

Una guerra con banda sonora

Si hay una guerra con banda sonora, esa es la de Vietnam y si hay una banda sonora que recoja la música en torno a esa guerra, es la de la película *Apocalypse Now*, dirigida por Francis Ford Coppola en 1979, cuatro años después del final del conflicto. Con guion inspirado en la novela de Joseph Conrad *El corazón de las tinieblas*, la película es una referencia cinematográfica indispensable de aquella guerra que marcó un antes y un después para los Estados Unidos. La dirección musical corrió a cargo del propio director y de su padre, el compositor Carmine Coppola, autor de bandas sonoras como las tres partes de *El Padrino*, *Historias de Nueva York* o *The Outsiders*. El film es además un compendio del mejor rock de los sesenta y en él suenan temas como «The End» de The Doors, «Suzie Q» de Flash Cadillac, «I Can't Get No Satisfaction» de The Rolling Stones, «Surfin' Safari» de The Beach Boys, el clásico «Let the Good Times Roll» compuesto por Shirley Goodman y Leonard Lee en 1956, además del clásico «The Ride of the Valkyries» de Richard Wagner.

te importante de la izquierda norteamericana, a la que consideraban demasiado blanda, e incluso contra el movimiento *hippie* al que acusaba de pasividad política. Sus letras eran realmente incendiarias, pero la que creó mayor polémica fue «Kick Out the Jams», que fue recibida como un eslogan revolucionario que llamaba a romper violentamente con todo tipo de restricciones, aunque con el tiempo el guitarrista Wayne Kramer, matizaría que en realidad la usaban como coletilla contra las otras bandas con las que compartían su escenario habitual, el Grande Ballroom de Detroit. Tras numerosas polémicas fueron despedidos por su discográfica, Elektra. También levantaron ampollas con su versión de «Motor City is Burning», de John Lee Hooker, en la que elogiaban el uso de armas de fuego por los Panteras Negras durante los disturbios de Detroit. En su trayectoria ideológica fue fundamental la figura de su representante, John Siclair, un intelectual marxista, fundador del White Panther Party (el Partido de los Panteras Blancas), inspirado en el de los Panteras Negras afroamericanas. Su acción más célebre se produjo en 1968 cuando actuaron como parte de las protestas contra la Guerra de Vietnam en la Convención Nacional Demócrata de Chicago, que acabaron con enfrentamientos policiales. Grabaron tres discos: *Kick Out the Jams* en 1969, *Back in the USA* en 1970 y *High Time* en 1971. Fueron precisamente las desavenencias políticas las que los abocaron a su disolución en 1972.

También en 1965, concretamente en el mes de agosto, mientras los infantes de marina estadounidenses destruían un cuartel del Vietcong en la primera gran batalla terrestre de la guerra, el solista de rock folk Barry McGuire publica «Eve of Destruction», una canción que narraba los temores de los jóvenes ante la guerra y la represión de los derechos civiles y que en un mes llegó al número uno de las listas de ventas a pesar de que los medios de comunicación la acusaron de ser el perfecto ejemplo de lo peor de la juventud de su tiempo logrando que fuese censurada en numerosas radios y televisiones de Estados Unidos y Gran Bretaña. Desde los sectores patrióticos más conservadores

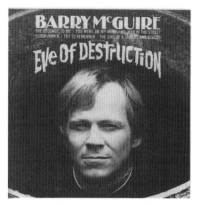

Con «Eve of Destruction», Barry McGuire consiguió el mayor éxito de su carrera musical.

surgieron varias airadas réplicas entre las que destacó el himno «Ballad of the Green Berets» («Balada de los Boinas Verdes»), basado en un poema que el sargento Barri Sadler, miembro de las Fuerzas Especiales, había escrito mientras estaba hospitalizado a causa de las heridas recibidas en Vietnam y que se popularizó gracias a su inclusión en la película *Los boinas verdes*, dirigida e interpretada por John Wayne y Mervyn LeRoy en 1968. «Eve of Destruction» ha sido versionada por artistas tan distintos como Johnny Thunders o Adriano Celentano y se ha utilizado repetidamente en películas y series de televisión.

LA IMPARABLE ESCALADA DE LA OBJECIÓN

En 1966 mientras la cifra de soldados enviados al frente asiático alcanza el millón de hombres y Muhammad Ali se declara objetor de conciencia y se niega a ir a la guerra, dos jóvenes artistas llamados Paul Simon y Art Garfunkel paladean el éxito de «The Sound of Silence», una canción que reflejaba el estado de desánimo que invadió el país tras el asesinato de John F. Kennedy en 1963, y se preparan para grabar su tercer álbum, *Parsley,*

Paul Simon y Art Garfunkel.

Sage, Rosemary and Thyme. El disco incluía una canción tradicional inglesa de origen medieval. Un tema de amor en una feria rural en el que introdujeron una letra paralela que hablaba de la guerra y la muerte. Este añadido era «Canticle», una revisión de la letra de la canción antibelicista «The Side of a Hill», compuesta originalmente en 1963 por Paul Simon, a la que Art Garfunkel añadió una nueva melodía, dándole un aire de evidente denuncia: «Perejil, salvia, romero y tomillo (Lava una tumba con lágrimas de plata). / Entre el agua salada y la línea de mar (Un soldado limpia y pule un fusil). / Entonces ella será mi verdadero amor [...]. Dile que recoja la cosecha en una hoz de cuero (Fuelles de guerra, ardiendo en batallones escarlata) / Perejil, salvia, romero y tomillo (Los generales dan la orden a sus soldados de matar. / Y para reunir a todos en un manojo de brezo (Y de luchar por una causa que habían olvidado hace mucho tiempo), / entonces ella será mi verdadero amor». El tema adquirió una gran popularidad al ser incluido en la banda sonora de la película *The Graduate* (*El graduado*), dirigida en 1967 por Mike Nichols, que se convirtió en un éxito absoluto y en un clásico del cine estadounidense.

El graduado, la película de Mike Nichols, incluía «The Side of Hill», de Simon & Garfunkel.

La protesta contra la guerra fue creciendo a medida que aumentaba el número de jóvenes reclutados, lo que llegó a uno de sus momentos más críticos a lo largo de 1967, cuando cada mes se llamaba a filas a cerca de 40.000. Entre los jóvenes que veían cómo sus amigos eran enviados uno tras otro al matadero de Vietnam estaba Bob Seeger, cantante, guitarrista y compositor que en los años sesenta grabó bajo el nombre de Bob Seeger System. Nacido en Michigan, recaló en la escena musical de Detriot con sólo diecisiete años y se convirtió en un especialista del heartland rock –un estilo practicado también por músicos como Bruce Springsteen, Tom Petty o Steve Earle– que se caracteriza por sus letras sencillas directas que reflejan la vida y las preocupaciones de la clase trabajadora norteamericana. En 1967 tenía veintidós años y compuso «2 + 2», una canción que salió al mercado en enero de 1968 y que refleja perfectamente el estado de ánimo de su generación: «Conocí a un chico en la secundaria, / sólo un chico normal y amable, / él tenía una novia / y les hiciste decirse adiós. / Ahora está enterrado en el barro / en el suelo de una jungla extranjera / y su chica sólo se sienta y llora. / Ella simplemente no lo entiende / entonces dices que murió por la libertad, / pero él murió para salvar tus mentiras».

El año 1967 había comenzado con la participación de miles de jóvenes en el festival Human Be-In, en el parque Golden Gate de San Francisco, y que fue un adelanto lo que se conocería como el Verano del Amor, el momento cumbre del movimiento *hippie* que,

enarbolando su famoso lema «Haz el amor y no la guerra», contribuyó decisivamente a la expansión del rechazo a la intervención en Vietnam. Por primera vez, las encuestas demostraban que la mayoría de la población le había dado la espalda a la postura del gobierno y consideraba que la guerra estaba llevando al país a una situación catastrófica sin que se vislumbrase una salida victoriosa o al menos positiva. Esa opinión era compartida por sectores cada vez más amplios de la sociedad, como se demostró en el mes de abril de 1968, cuando millones de estudiantes universitarios y de enseñanza secundaria apoyaron un boicot masivo en los centros educativos de todo el país. Una de las razones de esta rápida extensión del sentimiento contra la guerra fue el tratamiento que los medios de comunicación, y en especial la televisión, dieron al conflicto bélico. A pesar de que los grandes medios respaldaban oficialmente la participación en la guerra, el trabajo de los periodistas sobre el terreno, acompañando al ejército en misiones de combate, en ocasiones desde primera línea, permitió a la población presenciar el horror de los combates y sus consecuencias como no se había visto nunca. No fue necesario que los periodistas fuesen críticos en sus crónicas, la realidad ya lo era por ellos. Fotografías como la del reportero Nick Ut en la que se veía a la niña Kim Phuc, que corría hacia la cámara desnuda y abrasada por el napalm, sobrecogió no sólo a la población estadounidense, sino a la de todo el mundo y removió conciencias mucho más profundamente que cualquier discurso pacifista. La cara amarga de esta cobertura mediática era que en ocasiones se producía un exceso de imágenes truculentas que rozaban la pornografía mediática.

Fue precisamente ese tratamiento de la guerra como espectáculo sangriento el que movió al líder de The Doors, Jim Morrison, a componer y publicar en marzo de 1968 «Unknown Soldier», un tema en el que denunciaba la impúdica exposición de noticias e imágenes truculentas a todas horas en los medios de comunicación y el absurdo de una guerra que siega vida de jóvenes anónimos: «Desayuno mientras leen las noticias. / Los niños alimentados con televisión. / La vida de los no nacidos, los muertos vivientes. / La bala golpea la cabeza del casco / y todo ha terminado / para el soldado desconocido». La canción sería promocionada con un impactante vídeo en el que se simulaba el fusilamiento de Morrison con el guitarrista Robby Krieger usando su instrumento a modo de fusil, el batería John Densmore haciendo el redoble de tambor de la ejecución y el teclista Ray Manzarek

The Doors son los autores del tema «Unknown Soldier», donde se denuncia el absurdo de la guerra del Vietnam.

como oficial que da la orden de disparar. Eso contribuyó a aumentar la polémica creada por su letra, que motivó que muchas emisoras de radio se negaran a programarla.

Un mes después, en abril de ese año, Dion DiMucci, un cantante italoamericano que había comenzado su carrera con el grupo vocal de rock melódico para adolescentes The Belmonts, integrado por Carlo Mastrangelo, Freddie Milano y Angelo D'Aleo, todos ellos hijos del proletariado del Bronx neoyorquino que se habían hecho famosos gracias a temas como «The Wanderer», alcanza el número uno en solitario con «Abraham, Martin and John» un himno pacifista dedicado a los tres prohombres de la patria más significados en su lucha por los derechos civiles: Abraham Lincoln, Martin Luther King y John F. Kennedy. La canción no sólo supone un éxito comercial sino que lleva aparejada la resurrección artística de Dion tras una desaparición de varios años atrapado en el submundo de la heroína. El tema era un canto a la esperanza de libertad que encarnaban los tres lideres políticos y adalides de los derechos humanos, además de una llamada a los sentimientos pacifistas en unos días en los que los soldados norteamericanos estaban sufriendo miles de bajas en la llamada Ofensiva del Tet, que marcó el inicio de la futura derrota de los estadounidenses en Vietnam.

EL PUNTO SIN RETORNO

El momento álgido de la protesta generalizada contra la guerra llega en el año 1969, coincidiendo con el inicio de las negociaciones de París para intentar llegar a un acuerdo de paz, la muerte del líder norvietnamita Ho Chí Minh, el incremento de los bombardeos sobre bases norvietnamitas en Camboya y el recrudecimiento de acciones bélicas con batallas como la de la famosa Colina de la Hamburguesa, que ese año elevan la cifra de soldados estadounidenses muertos a casi 12.000. El 15 de octubre millones de estadounidenses protagonizan la acción de protesta más masiva de la historia del país al abandonar sus ocupaciones cotidianas para participar en los miles de concentraciones convocadas en la mayoría de las ciudades para exigir la retirada de las tropas de la zona de guerra. Un mes después, el 15 de noviembre más de medio millón de personas participan en una manifestación en Washington D. C., mientras sucede otro tanto en San Francisco. El descontento crece a medida que aumentan las víctimas del reclutamiento forzoso, cada vez más impopular. Haciéndose eco de esta situación, la banda californiana Creedence Clearwater Revival, lanza en septiembre un sencillo que lleva en su cara A la canción «Fortunate Son» que se convierte inmediatamente en número uno y en uno de los temas más emblemáticos de la banda sonora de la guerra, aunque su letra no está específicamente dirigida al conflicto de Vietnam sino a la injusticia que supone la desigual-

Creedence Clearwater Revival se convirtió en una de las bandas representantes del denominado rock sureño.

«FORTUNATE SON»

la indignación contra el reclutamiento

Some folks are born made to wave the flag

Ooh, they're red, white and blue

And when the band plays "Hail to the chief"

Ooh, they point the cannon at you, Lord

It ain't me, it ain't me, I ain't no senator's son, son

It ain't me, it ain't me, I ain't no fortunate one, no

(...)

Some folks inherit star spangled eyes

Ooh, they send you down to war, Lord

And when you ask them, "How much should we give?"

Ooh, they only answer "More! More! More!"

It ain't me, it ain't me, I ain't no fortunate one, one

Algunas personas nacen hechas para ondear la bandera.

Oh, son rojos, blancos y azules.

Y cuando la banda toca «Hail to the chief»

¡oh, te apuntan con el cañón! Señor,

yo no soy, yo no soy, no soy hijo de ningún senador.

Yo no soy, yo no soy, no soy un afortunado, no.

(...)

Algunas personas heredan los ojos de lentejuelas de estrellas.

¡Oh, te envían a la guerra!, señor.

Y cuando les preguntas: «¿Cuánto debemos dar?».

Oh, sólo responden «¡Más! ¡Más! ¡Más!»

Yo no soy, yo no soy, no soy un afortunado, no no...

dad social a la hora de ser enviado al combate. La letra explica el punto de vista de alguien que es reclutado y no se puede librar porque no es hijo de un político, un militar o un millonario, y por tanto no es un «hijo afortunado». El tema se inspira directamente en David Eisenhower, nieto del presidente Dwight Eisenhower, y su novia Julie Nixon, hija del presidente Nixon, en los que su autor, John Fogerty, veía un claro ejemplo de los privilegiados que no estaban directamente implicados en el conflicto ni eran llamados a filas para ir al campo de batalla.

La protesta musical contra la guerra no era exclusiva de los artistas norteamericanos, tal como demostró a principios de 1969 el escocés Donovan con su tema «To Susan On The West Coast Waiting», en el que narraba los sentimientos hacia su novia de un soldado atrapado en el infierno de Vietnam: «Querida Susan, sé que me quieres mucho / pero quiero oírlo en mi oído. / Sabes que estaría allí trabajando en mi oficio / si no hubiera sido por la ley. / Seca tus lágrimas y no sientas miedo. / Estás aquí conmigo como yo estoy allí contigo. / A Susan esperando en la Costa Oeste, / de Andy luchando en Vietnam». La lista de canciones que tenían el rechazo a la guerra como motivo central en ese año álgido del sentimiento pacifista se alarga con «Volunteers», de Jefferson Airplane, en el que participaron como artistas invitados músicos como Stephen Stills y David Crosby o Jerry García, y que estaba incluido en el álbum del mismo nombre, el quinto de la historia de la banda, en el que también había otras canciones antiguerra, como «We Can Be Together» o «Eskimo Blue Day», que incluso provocaron las reticencias de la discográfica RCA, que censuró algunas expresiones en las letras. Otras canciones que engrosaron ese año la lista de pacifismo musical fueron «Gimme Shelter», de los Rolling Stones, un tema compuesto por Mick Jagger y Keith Richards, en el que retrataban el horror de la guerra, incluyendo el asesinato, la violación y un tono apocalíptico implícito en su estribillo «La guerra, chicos, está a sólo un tiro de distancia». También en 1969 se publica «21st Century Schizoid Man», del grupo británico de rock progresivo, King Crimson, y que era el tema de apertura de su primer álbum, *In the Court of the Crimson King*. La canción, escrita por Peter Sinfield, estaba directamente dedicada al político republicano Spiro Agnew, que por aquellos días era el vicepresidente de los Estados Unidos y que era tremendamente impopular a causa de sus beligerantes declaraciones públicas contra los opositores a la Guerra del Vietnam, a los que tachaba habitualmente de *snobs* y niñatos nihilistas. En respuesta los Crimson le otorgaron el título de «El hombre esquizoide del siglo XXI con la codicia del ciego que siembra la muerte». Pero si hay un himno pacifista universal e imperecedero es «Give peace a chance», compuesta por John Lennon en ese mítico año de 1969.

En ocasiones el éxito alcanzado por un tema antibélico sorprendió y amedrentó a sus propios intérpretes, como en el caso de «War», un canción compuesta por Normal Whitfield y Barrett Strong e incluida en el álbum *Psychedelic Shack*, publicado por The Temptations en 1970. El éxito del tema fue inmediato pero tanto la banda como el propietario de la discográfica Motown, Berry Gordon, se asustaron por el impacto que ese rabioso grito contra la guerra pudiese molestar al sector más conservador de su público y se decidió que la versión en *single* la grabase Edwin Starr, quien la convirtió en un éxito universal que desde entonces ha sido versionada por numerosos artistas por su neto contenido pacifista:

«Oh guerra, la desprecio / porque significa la destrucción de vidas inocentes. / La guerra significa lágrimas para los ojos de miles de madres / cuando sus hijos van a pelear / y perder sus vidas [...]. Oh, la guerra, ha destrozado los sueños de muchos hombres jóvenes, / los volvió discapacitados, amargados y malos. / La vida es muy corta y preciosa / para pasar los días peleando en guerras».

El año del éxito de «War», 1970, el presidente Richard Nixon, ante la falta de avances militares, con las conversaciones de paz estancadas y presionado por la opinión pública, anuncia la retirada de 150.000 soldados norteamericanos, más de un tercio de los que había destacados en Vietnam, antes del 1 de mayo de 1971. En ese ambiente de retroceso absoluto del apoyo a la guerra, la banda británica británica de heavy metal, Black Sabbath, lanza «War Pigs», un feroz alegato contra la guerra: «Los políticos se esconden / Sólo empezaron la guerra / ¿Por qué deberían salir a pelear? / Dejan ese papel para los pobres. / El tiempo hablará de sus mentes poderosas. / Hacer la guerra sólo por diversión, / tratar a la gente como peones en el ajedrez». La virulencia de su letra amedrentó

«Give peace a chance»
El himno pacifista universal de John Lennon

El himno pacifista por excelencia es sin duda la canción compuesta por John Lennon en su famosa «encamada por la paz» con Yoko Ono en la Suite 1742 del Hotel Queen Elizabeth de Montreal, en la primavera de 1969. El tema fue escrito en exclusiva por John Lennon, aunque en los momentos iniciales también se acreditó a Paul McCartney. Fue grabada el 1 de junio de 1969 y editada como single con el nombre de la banda Plastic Ono Band. En la grabación participaron numerosas figuras de la cultura *underground* como el escritor y apologista del LSD Timothy Leary, su esposa Rosemary Woodruff Leary, el poeta beatnik Allen Ginsberg, el exjefe de prensa de The Beatles, Derek Taylor, la cantante y actriz Petula Clark, o el humorista Tommy Smothers. Según confesión del propio Lennon, la letra fue prácticamente improvisada en el instante y recoge numerosas referencias a temas y protagonistas de la actualidad cultural y política: «Todo lo que decimos es que le demos una oportunidad a la paz. / Déjame decirte ahora, / todo el mundo está hablando de / revolución, evolución, masturbación, flagelación, regulación, integraciones, / meditaciones, Naciones Unidas [...]. Todo el mundo está hablando de / John y Yoko, Timmy Leary, Rosemary, Tommy Smothers, Bobby Dylan, Tommy Cooper / Derek Taylor, Norman Mailer, Alan Ginsberg, Hare Krishna, Hare, Hare».

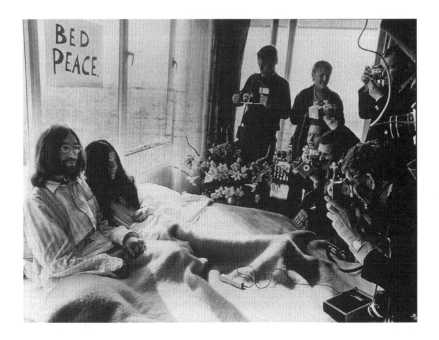

la discográfica Vertigo, que decidió no usar ese título, tal y como estaba previsto, para dar nombre dar nombre al álbum, que se acabó llamando *Paranoid*, que se convirtió en el disco más vendido y más versionado de la banda.

A medida que avanza la guerra y se intuye cada vez más su catastrófico final, aumenta la desilusión entre la población, algo que reflejó perfectamente la canción «The Creat Compromise», en la que su autor John Prine compara a los Estados Unidos, según sus propias palabras, con una novia que él llevase al autocine y acabase haciendo el amor con un desconocido que tuviese un coche de importación más caro que el suyo y lo plasmó en una letra cargada de lirismo: «Solía dormir al pie de la vieja gloria / y despierto en la luz temprana del amanecer. / Pero para mi sorpresa, / cuando abrí los ojos, / fui víctima del gran compromiso». La primera versión de ese tema se compuso en 1971, el mismo año en que Marvin Gaye lanza «What's Going On», una canción que nació a raíz de un acto de brutalidad policial durante una protesta contra la guerra del que fue testigo Renaldo Benson, compositor y cantante de los Four Tops y uno de los autores del tema junto a Al Cleveland y Marvin Gaye, el hombre que la produjo y la cantó después de ser rechazada por el resto de los Four Tops a causa del contenido contestatario de su letra. Por entonces Gaye estaba especialmente sensibilizado con el asunto debido a que su hermano Frankie había sido reclutado y enviado al frente de combate, donde además había muerto un primo suyo, así que añadió algunos cambios a la letra y la acabó convirtiendo en un himno antibélico a pesar de la opinión en contra del dueño de la discográfica Motown, Berry Gordy. La canción muestra claramente el dolor de Gaye por las consecuencias de la guerra y su incomprensión por la represiones de quienes la rechazan: «Madre, madre, / Hay demasiadas como tú llorando. / Hermano, hermano, hermano, / Hay demasiados de vosotros muriendo [...]. Piquetes y pancartas. / No me castigues con brutalidad, / Háblame, para que así pueda ver, / Oh, qué es lo que está pasando».

A partir de 1971 las protestas contra la guerra se convierten en cotidianas y masivas y además empiezan a contar con la presencia habitual de veteranos y excombatientes que arrojan sus medallas al suelo y reniegan del papel que se los obligó a desempeñar en las zonas de combate. A pesar de la presión que tanto la CIA como el FBI ejercen sobre las organizaciones pacifistas, las manifestaciones aumentan y se extienden no sólo por todo el país, sino por la mayoría de las capitales del entonces llamado mundo occidental. El 11 de mayo de 1975 más de 80.000 personas se reunieron en Central Park, Nueva York, para celebrar el final de la guerra de Vietnam.

«Vivimos en un mundo donde nos escondemos para hacer el amor, mientras la violencia se practica a plena luz del día.»

John Lennon

LA CLANDESTINIDAD DEL ROCK TRAS EL TELÓN DE ACERO

Tras el telón de acero, en el bloque soviético el rock & roll se convirtió en la música prohibida, en la expresión de rebeldía de los jóvenes que trataban de escapar de las estrecheces económicas y mentales del régimen soviético. El rock & roll era considerado un invento capitalista alienante para el pueblo y músicos como Vladímir Vysotsky, Boris Grebenshikov o Mashina Vremeni, se vieron forzados a vivir en la semiclandestinidad, siempre vigilados por una policía permanentemente atenta al menor atisbo de rebelión contra el sistema. Pero contra lo que vendieron las propagandas oficiales de los dos bloques durante la Guerra Fría, la tolerancia era mayor de la que nos quisieron hacer creer las autoridades estadounidenses y la persecución menos tibia de lo que pretendían hacer ver los soviéticos con sus festivales de pop rock oficial y amaestrado. Curiosamente ambos lados coincidieron desde el principio en una cosa: el rock era una influencia perniciosa para sus jóvenes y trataba de llevarlos por el camino de la perdición.

Los primeros balbuceos del rock en la Unión Soviética se producen muy poco después de su aparición en los Estados Unidos. En 1954, el año de aparición de «That's All Right (Mama)» y «Rock Around the Clock», la Unión Soviética vive un periodo de convulsión tras la muerte del dictador Iósif Stalin, que será sustituido al frente del país por Nikita Jrushov, quien promete abrir un proceso de desestalinización, denunciando el estilo dictatorial de su predecesor. Una de las consecuencias de esta nueva política es el *óttepel* (deshielo), un relajamiento de la censura que trajo consigo cambios notorios en la vida cultural con una relativa apertura con el mundo no comunista. Músicos, escritores y artistas en general ven cómo se suavizan los controles de su obra que no necesariamente necesita la aprobación previa del régimen, aunque ésta siga siendo muy conveniente, e incluso se abre la puerta a cierta dosis, muy moderada eso sí, de crítica al sistema. De todos modos, hay que tener en cuenta que la mayoría de los artistas eran fieles al partido comunista, en cuyo seno se habían educado. Este nuevo clima político propicia que comiencen a penetrar en la hermética sociedad soviética las novedades culturales de Occidente, con el rock & roll a la cabeza. Pero los discos, al igual que la ropa, las películas, los libros o cualquier otro producto de procedencia occidental eran objetos imposibles de obtener en los exiguos mercados de los países del Este y sólo podían lograrse a precios prohibitivos en el mercado negro.

Como se suele decir, la necesidad agudiza el ingenio y los ciudadanos del bloque soviético improvisaron todas las vías posibles para hacerse con las preciadas novedades musicales. Los empleados de la compañía aérea rusa Aeroflot, los marineros de los buques mercantes que recalaban en puertos occidentales, los empleados de las embajadas en el extranjero e incluso los espías de la KGB ejercieron de transportistas matuteros del rock & roll. Otro punto de entrada eran los programas de Radio Liberty, una emisora fundada por la CIA en 1950 como herramienta de propaganda anticomunista y que emitía desde distintos puntos de Europa, incluida la playa de Pals, en el Mediterráneo español, a través de la que el rock 'n' roll se colaba mezclado con los mensajes políticos. De esa forma fue surgiendo tras el telón de acero un movimiento juvenil que, a pesar de su precariedad de medios –que obligaba incluso a copiar los discos de vinilo en radiografías usadas, un fenómeno conocido como *Kostnaya muzyka* (Música de hueso)– y de verse obligados a moverse en la clandestinidad, logró consolidarse, generar su propia cultura rock y acabar logrando cada vez mayor permisividad de las rígidas y paranoides autoridades policiales soviéticas.

Los rockers nacidos bajo la pétrea y vigilante mirada de Nikita Jrushchov, el hombre fuerte de la URSS tras la muerte de Stalin, vivieron su afición en una precaria semiclandestinidad, siempre bajo la sospecha de ser contrarrevolucionarios, de ser un virus para el sistema, algo en lo que curiosamente coincidían con sus colegas yanquis. La réplica rusa a los *greasers* americanos eran los *stilyagi* y no se diferenciaban demasiado en aspecto y actitud de sus colegas occidentales, si exceptuamos su precariedad de medios, tal y como explica David Muñoz en el reportaje «Back in the U.S.S.R. (Soviet Rock)», publicado por la revista *Ruta 66* en enero de 2018: «eran arrogantes, confeccionaban sus propias ropas, se juntaban para armar quilombo, se pasaban horas tratando de pillar frecuencias extranjeras y los viejos los consideraban un símbolo de la decadencia de la Humanidad. Y el *Pravda*, cómo no, los ridiculizaba en sus viñetas». Desde el comienzo de la Guerra Fría, la URSS se convirtió en el punto de referencia para las juventudes de los distintos países de su órbita política. Estudiantes de distintos puntos del mundo acudían a formarse en las universidades rusas y a participar en encuentros como el Festival Mundial de la Juventud y los Estudiantes, donde muchachos y muchachas de diversas procedencias acudían a intercambiar experiencias y asistir a eventos musicales en los que se fue introduciendo el jazz, el folk y finalmente el rock & roll, que llegó en los equipajes de miembros de las juventudes socialistas de países occidentales, contribuyendo a crear el germen del clandestino rock soviético.

MELODIYA, LA MÚSICA OFICIAL Y LA ILEGAL

Nikita Jrushchov.

En 1964 Jrushchov es sustituido como hombre fuerte de la URSS por Leonid Brézhnev quien adopta una política de reforzamiento militar en lo internacional y acaba con las tímidas medidas sociales liberalizadoras de su predecesor. En el mundo cultural retoma las medidas represivas con encarcelamiento de escritores como Yuli Daniel y Andréi Siniavsk y renueva la presión sobre las influencias occidentales, rock & roll incluido. Ese mismo años de 1964 el Ministerio de Cultura soviético creó el sello Melodiya, una discográfica estatal que prácticamente monopolizó la producción musical en el país, o al menos la producción oficial, consistente sobre todo en música clásica y música étnico-folclórica, ya que hubo otro tipo de música, especialmente el folk contestatario al estilo occidental de cantautores como el georgiano Bulat Okudzhava o el ruso Vladímir Vysotski, que se registró en sellos clandestinos, debido a su contenido crítico con el modelo soviético, mientras la música occidental siguió siendo introducida de contrabando. Los

Aleksandr Gradski
el bardo que preconizó el rock ruso

Nació en 1949 en Koneisk, una ciudad situada al pie de los Urales. Con un padre ingeniero y una madre actriz, aprendió a tocar el violín al tiempo que escuchaba los discos de Elvis Presley o Little Richard que le llevaba un tío suyo que era bailarín y realizaba giras por los países occidentales. A los doce años ya cantaba canciones de Elvis Presley y a los trece asombró al público del Club Internacional de la Universidad Estatal de Moscu cantando con una banda de estudiantes polacos, en lo que muchos consideran como la primera interpretación de un rock & roll a cargo de un grupo ruso. A principios de los sesenta se convirtió en el cantante de Slaviane, un grupo de versiones de los Beatles y los Rolling Stones, y en 1967 formó su propia banda, Skomoroji (Los Bufones), para interpretar música popular rusa mezclada con rock, un estilo que le hizo enormemente popular. En los setenta se dedicó al folk al estilo de los antiguos bardos, pero siempre influido por el rock, convirtiéndose en una celebridad incluso fuera de su país, lo que le llevó a colaborar con la estrella norteamericana del country, John Denver. Actualmente es una de las figuras más importantes de la música popular rusa.

primeros músicos de rock conocidos por el público de la URSS fueron obviamente los más famosos del momento: The Beatles, The Rolling Stones, Led Zepelin o Deep Purple, y fueron introducidos al otro lado del Telón de Acero de contrabando, igual que otros productos de consumo occidentales. Muchos de esos discos llegaban desde los llamados países satélites comunistas, especialmente la República Democrática Alemana o Yugoslavia, donde se realizaban copias de grabaciones de grupos como los Beatles con relativa normalidad. Bajo esa influencia fue surgiendo una escena rusa *underground*.

Pero si importante era la producción y obtención de discos, tan fundamental, o más, para la creación de una escena propia de rock, era la búsqueda de locales donde poder montar conciertos lejos de la vigilancia de la Milítsiya, el nombre con el que se conocía popularmente a la policía soviética. Esa tarea recayó en la mayoría de los casos en entusiastas estudiantes como los del Instituto Moscovita de Relaciones Internacionales y Lenguas Extranjeras Maurice Thorez, que a principios de los años setenta comenzaron a organizar conciertos clandestinos. Esta práctica se extendió también a algunos centros universitarios o residencias privadas, camuflándose bajo fiestas de cumpleaños o de fin de curso. La difusión era básicamente el boca-oreja y el riesgo de ser detenidos y recibir una paliza en comisaría era elevado. En este ambiente surgieron figuras que asumieron el papel de pioneros productores ilegales, como Yuri Aizenshpis, que en 1970 fue condenado a dieciocho años de prisión acusado violar las normas sobre transacciones de divisas, un eufemismo para designar la contratación de grupos y la organización de conciertos clandestinos cobrando

Tsvety, los proscritos del rock soviético

En 1969 el guitarrista y compositor Stas Namin crea Tsvety (Flores), una banda de rock blues y progresivo que obtuvo un éxito clamoroso en 1973 con su primer disco y tras un conflicto por una cuestión de derechos con la Royal Philharmonic Society británica, que los llevó a un enfrentamiento con las propias autoridades soviéticas, fueron forzados a disolverse por el Ministerio de Cultura de la URSS y su nombre fue proscrito, al igual que todos los nombres con los que trataron de resucitar a lo largo de los años hasta la caída del régimen soviético. A finales de los años ochenta la discográfica estatal Melodiya vendió más de sesenta millones de copias de las grabaciones del grupo, pero ni al compositor, Stas Namin, ni a ninguno de los miembros de la banda les pagó un solo rublo por los derechos de estos discos. Actualmente Tsvety siguen en activo como un símbolo del rock ruso.

Tsvety.

entrada. Otra famosa promotora ilegal era Tonia Krilova, una estudiante de Medicina por cuyas manos pasaron casi todas las bandas de rock de Moscú en los años setenta. Para tratar de poner coto a este ambiente de rebeldía *underground*, el aparato del Estado puso en marcha en 1967 la organización estatal de conciertos de la URSS, Souzconcert.

Poyushchiye Gitary, pioneros del rock oficial en la URSS

Los primeros grupos autóctonos de rock aparecieron a finales de los sesenta y principios de los setenta, sobre todo en la capital, Moscú. Entre ellos destacan Poyushchiye Gitary (Las Guitarras Cantantes), fundados en 1966 por Anatoli Nikoláevich Vasiliev, un músico del conservatorio de Leningrado que había formado parte de un grupo pop músico vocal llamado Amistad. Inspirándose en la música de Beatles, Shadows y Ventures, fueron la banda más famosa de los países del Este durante los sesenta y los setenta, lo que les valió el apodo de «Los Beatles Soviéticos». Fueron pioneros del VIA (Vocal Instrumental Ensemble), la etiqueta que engloba a los grupos de rock que fueron reconocidos y respaldados oficialmente por el gobierno soviético para contrarrestar la influencia cada vez mayor del rock clandestino y contestatario. En este grupo también estaban encuadrados los Sinyaya Ptitsa (El Pájaro Azul de la Felicidad), fundados en 1972 en la ciudad de Gomel, Bielorrusia, y que durante los años ochenta tuvieron una importante proyección en el ámbito internacional comunista, actuando en el Festival Por la Paz de Sokolovo en 1986, en la RDA, Polonia, Afganistán. Tras el final de la Guerra Fría, en 1991 llegaron a actuar en Los Estados Unidos.

La música de Mashina Vremeni incorpora elementos del rock clásico, el blues y la música popular rusa.

Entre las leyendas del rock ruso tiene un lugar especialmente destacado Mashina Vremeni (Máquina del Tiempo), que sigue en activo tras más de medio siglo de trayectoria. Fundada en 1969 en Moscú por Andréi Makarévich, han grabado una veinte-

Elton John,

el primer rockero occidental en Rusia

En 1979 el británico Elton John se convirtió en el primer músico de rock en tocar en la URSS, con una gira de ocho conciertos en Leningrado y Moscú, que pudo realizar gracias a ser uno de los pocos artistas occidentales que no figuraba en ninguna de las listas de música prohibida elaborada por los censores del partido comunista, cuyos jefes, por cierto, asistieron encantados desde las mejores localidades al espectáculo que el pianista finalizó siempre con una versión de «Back In The USSR» de The Beatles, haciendo caso omiso de la advertencia en sentido contrario que le hicieron tras el primer show. Curiosamente, este tema había sido criticado por los conservadores occidentales, que veían en él una alabanza a la Unión Soviética, cuando en realidad los Beatles sólo habían ensalzado la belleza de las rusas. Tras la gira la discográfica estatal Melodiya publicó el álbum del pianista *A Single Man* retitulado como *Poyot Elton John* (Elton John Canta) y con dos temas menos, «Big Dipper» y «Part Time Lover», censurados por contravenir los valores que promulgaba el Partido Comunista.

Elton John se convirtió en el primer músico de rock en tocar en la URSS.

na de discos en los que mezclan el blues, el rock y la música folclórica rusa. Otros históricos que siguen actuando son Aquarium, creados en Leningrado en 1972 por Borís Grebenshchikov, un estudiante de Matemáticas, y por el poeta Anatoli Gunitsky. Comenzaron tocando en el circuito clandestino y en 1974 grabaron con un equipo doméstico su primer disco, *The Temptation of St. Aquarium*, que se ha convertido en un joya para coleccionistas. En origen mezclaban música teatro y poesía en unas *performances* que finalizaron en 1977 cuando Gunitsky abandonó la banda y esta se convirtió en otro de los grupos del VIA, actuando en festivales masivos como el de Música Popular de Tallin o el Festival de Rock de Tiflis en 1980 donde el cantante y fundador Borís Grebenshchikov provocó un escándalo monumental al cambiar el sentido de la letra de una canción y realizar una serie de gestos que fueron interpretados como obscenos por el jurado del festival y que le valieron la acusación de promover la homosexualidad y el incesto. Grebenshchikov fue despedido de su trabajo y expulsado de las juventudes comunistas y la banda fe expulsada del festival, pero se convirtieron en leyendas del rock *underground* ruso.

Boris Grebenshchikov.

En la década de los setenta hubo una eclosión de bandas que consolidaron la escena oficial como Visokosnoe Leto, una de las primeras formaciones de rock sinfónico del país, surgida en 1972, o Autograph, un grupo moscovita de rock progresivo nacido en 1979, el mismo año en que apareció Voskreseniye, que fue un grupo muy popular hasta que en 1982 algunos de sus miembros fueron detenidos por realizar actividades comerciales privadas y el grupo se dispersó para volver a reunirse en 1994. A esa época pertenecen grupos pioneros del rock duro soviético como Araks o Rubinovaia Ataka.

En los años ochenta la Unión Soviética entra en un estado de paulatina descomposición política que se acelerará a partir de 1985 con la *glasnost* (transparencia), que buscaba acelerar la transformación político social, mientras la *perestroika* intentaba dinamizar la renovación política y económica. En el ámbito musical eso se tradujo en oficialización del rock nacional, con la celebración de festivales con respaldo oficial como el Tbilisi Rock Festival, celebrado en Tiflis (Tbilisi en georgiano) en marzo de 1980 y considerado el «Woodstock soviético». Parte del rock nacional comenzó a salir de las catacumbas con la proliferación de clubs como el Rock Club de San Petersburgo, el primero de la ciudad, inaugurado en 1981, o el Moskovskaja Rok-Laboratorija Moscú (Laboratorio de Rock) abierto en la capital rusa en 1986. En 1989 la Unión Soviética acogió el Moscow Music Peace Festival, con una mezcolanza de estrellas de rock oriental y occidental en la que figuraban Bon Jovi, Ozzy Osbourne, Skid Row, Cinderella, Mötley Crüe, Gorky Park y Scorpions, que fueron recibidos en el Kremlin por el presidente Mijaíl Gorbachov. Pero mientras el rock ruso se normalizaba –o domesticaba, según como se mire– el aparato del Estado encendía todas las alarmas con la llegada de un nuevo vástago del rock llegado de las islas británicas, el punk, que se convertiría en punta de lanza de la última rebelión social y musical del bloque comunista antes de su desaparición.

LA DISPERSIÓN DE LOS PAÍSES SATÉLITES

L os países europeos del bloque comunista, conocidos como «Países satélites de la URSS», tuvieron una postura tan variada como ambigua en su relación con el rock & roll. En el caso de la República Democrática Alemana, los 1.400 kilómetros de frontera con la Alemania del Este eran los más vigilados para evitar fugas pero a la vez los más permeables para admitir las influencias del modo de vida occidental. Mientras en algunos países del bloque soviético se perseguía tenazmente a los grupos y aficionados, en la RDA se esforzaron desde el primer momento en crear réplicas de las bandas que surgían en la República Federal, una estrategia que se concretó en el denominado Ostrock (Rock del Este). Los dirigentes del partido comunista de la RDA mostraron un abierto desprecio por aquella música que provenía de los Estados Unidos, pero a pesar de que estaban convencidos del efecto de contaminación ideológica del rock que se filtraba a través de la frontera con sus hermanos occidentales, pronto llegaron a la vieja conclusión de que «si son más fuertes que tú, únete a ellos» y decidieron crear su propia música juvenil, controlada y dirigida. En 1954 Amiga, la etiqueta dedicada al pop y el folk de la discográfica estatal Deutsche Schallplatten Berlin, comenzó a acoger también las grabaciones de rock & roll, tanto propio como foráneo. Sin embargo la producción fue un tanto rácana: en dos décadas lanzó dos recopilatorios de bandas alemanas y entre 1965 y 1967 tres discos de The Beatles, Ray Charles y Joan Baez. Entre tanto el Ostrock oficial trataba de imponerse jugando con ventaja, ya que se reservó una cuota del 60% de la música emitida por las cadenas de radio, todas de carácter público. Uno de sus representantes más famosos fue Thomas Natschinski, que en 1967 lograría el primer gran éxito del pop nacional con su *single* «Die Strasse». El rock oficial germanooriental incluso imitó el cine rockero adoslescente norteamericano con películas musicales como *Heisser Sommer* (*El cálido verano*), interpertada por dos estrellas de la canción en la RDA, el matrimonio formado por Chris Doerk y Frank Schöbel.

Heisser Sommer (El cálido verano), la película producida en la RDA que seguía el modelo del cine rock estadounidense.

«¿Realmente tenemos que copiar toda la basura que viene de Occidente, con toda la monotonía de su 'yeah, yeah, yeah'?»

Walter Ulbricht, Jefe de Estado de la RDA entre 1960 y 1973.

Más allá de anécdotas como la deserción a contracorriente del bloque capitalista occidental de Dean Reed, llamado el Elvis Rojo, a quien nos hemos referido en el capítulo tres, y que a principios de los años setenta se estableció en Berlín Oriental, capital de la socialista República Democrática Alemana, el rock germano oriental siempre estuvo marcado por la imitación de lo que sucedía en el lado occidental de la frontera, de donde llegaban las últimas tendencias musicales y a donde no había músico que no quisiera escapar. El «otro lado» era el espejo donde se miraban las primeras bandas de la RDA, como Udo-Wendel-Combo, un grupo fundado en 1965 y que sirvió de base para la formación de Puhdys, una banda que comenzó en el circuito clandestino en 1969 tocando versiones de Deep Purple o Uriah Heep. Ése es también el caso de Renft, el grupo creado por

Klaus Renft, que comenzó a tocar versiones de Chuck Berry, Bill Haley y otros rockeros clásicos a finales de los cincuenta, para pasar a tocar versiones de los Beatles a principios de los sesenta y de Led Zepelin o Pink Floyd a finales de esa década. En los setenta lograron enorme popularidad bandas autóctonas como City Band Berlin, Silly, Berluc, Karussell o Rockhaus y a principios de los ochenta llegó el turno para grupos de pop discotequero como Petra Zieger o New Wave como Pankow,

Renft, una de las bandas fundacionales del rock en la RDA

que abrieron la puerta a una nueva época de rebeldía y clandestinidad marcada por el punk, mientras en el país comenzaban a actuar estrellas occidentales como Bob Dylan, Joe Cocker, James Brown o ZZ Top. El 19 de julio de 1988, Bruce Springsteen celebró el mayor concierto de rock en la historia de la RDA y tocó para más de 200.000 personas ante las que pronunció su profética frase: «Vine a tocar rock & roll para vosotros, con la esperanza de que, algún día, todas las barreras sean derribadas». Un año después caía el Muro de Berlín.

Otra importante escena de rock fue la de Yugoslavia, el país comunista que iba más por libre y el que más contactos tenía con Occidente gracias a su posición de líder de los «países no alineados». En los años sesenta el país vivió una época de dinamización cultural que facilitó la aparición de grupos de rock bajo la cobertura de la discográfica estatal Yugotón. En los años setenta y principios de los ochenta vivió una explosión de rock progresivo tal que recibió su propia etiqueta, el *yugo prog*, entre cuyas filas destacaba Indexi, de Sarajevo, que comenzaron tocando rock clásico y acabaron como pioneros del progresivo, Korni Grupa, de Belgrado, que practicaban una fusión de folk y rock sinfónico, Bijelo Dugme, también de Sarajevo, que comenzaron en el rock sinfónico y acabaron en el pop, o YU Grupa, de Kosovo, que se inclinaban más hacia el rock duro. La lista se completa con bandas como Igra Staklenih Perli, Aerodrom, Buldozer, Opus, Hobo y un largo etcétera que testifican la importancia del género en Yugoslavia antes de la llegada de la New Wave.

Korni Grupa, la banda de rock de Belgrado.

Checoslovaquia, donde en 1968 los tanques rusos habían aplastado las ilusiones democráticas de la población, tuvo inicialmente una política aperturista hacia los músicos occidentales y en 1969 Praga acogió un concierto de los Beach Boys y casi una década después, en 1978, otro de Johnny Cash que incluso fue retransmitido por la televisión estatal. Entre los grupos autóctonos destacan Plastic People of the Universe, Progres 2, ambas con un sonido progresivo, los heavies de Katapult o las bandas Blue Effect y Flamengo, creadas ambas por Vladimír Mišík, una leyenda del rock checo que vio cómo en 1982 se le prohibía actuar en público a causa de

Plastic People of the Universe.

su creciente protagonismo con unas letras que no seguían las directrices del régimen. En los ochenta, el aperturismo inicial se convirtió en represión con la llegada de las primeras bandas punk.

En Polonia la influencia llegaba a través de la RDA y de los puertos del Atlántico. En 1965 Krzysztof Klenczon, Jerzy Kossela, Henryk Zomerski, Jerzy Skrzypczyk y Bernard Dornowski forman en Gdansk —la mayor ciudad portuaria del país y la que más influencia exterior recibía— el grupo Czerwone Gitary (Las Guitarras Rojas), el más famoso en la etapa comunista polaca. Durante sus primeros cinco años se convirtieron en la banda más popular entre la juventud y llegaron a realizar giras fuera de su país, actuando en Checoslovaquia, Hungría, Alemania, Rusia e incluso en los Estados Unidos. Su primer disco, *To właśnie my* (*Somos nosotros*), lanzado en 1966, vendió 160.000 copias, una cifra impresionante en un país comunista donde el consumo no era precisamente lo más incentivado. El siguiente álbum, *Czerwone Gitary 2*, de 1967, superó incluso esa cifra llegando a las 240.000 copias. Al año siguiente recoge una importante cosecha de premios: en el Midem de Cannes, donde coincidieron con los Beatles, un premio especial de la revista *Billboard* y un tercero en el Festival Nacional de la Canción Polaca en Opole. En 1970, Krzysztof Klenczon, el líder del grupo, deja la banda y esta entra en un paulatino declive del que regresa en 1990, en los días de la descomposición del sistema comunista, para tratar de rentabilizar la gloria de los viejos tiempos.

El muro de John Lennon,
un lugar de culto democrático

Un ejemplo de la importancia que el rock tuvo para la juventud del bloque soviético es el llamado Muro de John Lennon, una pared de la Embajada de la Orden de Malta en Praga, en la que, tras el asesinato del cantante el 8 de diciembre de 1980 en Nueva York, manos anónimas comenzaron a escribir las letras pacifistas del ex-Beatle y dibujos con su rostro, algo que entrañaba un serio riesgo, ya que los autores de los grafitis podían ser detenidos por la policía, y de hecho muchos lo fueron. A pesar de la represión, el muro y sus pintadas lograron sobrevivir como un icono de las reivindicaciones democráticas de los checos y a partir de la caída del régimen soviético en 1989 se convirtió en un lugar de culto para muchos ciudadanos y más tarde en una atracción turística.

Muro de John Lennon.

PROHIBIDOS, PERSEGUIDOS Y CENSURADOS

A pesar de que el bloque comunista crease su propia escena de rock, para los jóvenes que vivían tras el Telón de Acero, al igual que los de casi todo el mundo, capitalista o no, la verdadera referencia seguían siendo los grupos norteamericanos y británicos cuyos discos entraban cada vez con más facilidad pero que no dejaban de estar bajo la lupa de los censores comunistas, especialmente en Rusia. Al igual que todas las dictaduras, el régimen soviético veía enemigos en todas partes y especialmente entre aquellos jóvenes rebeldes que escuchaban esa música del diablo llamada rock & roll en la que, con razón o sin ella, detectaban mensajes que podían atacar la política militar, policial e ideológica del sistema. A este respecto es revelador observar las coincidencias entre la censura de dos dictaduras de signo opuesto: la Rusia comunista y la España franquista, que analizaremos más adelante.

En realidad, cuando llegó el primer rock & roll, la censura soviética ya tenía un largo entrenamiento que había comenzado a mediados de los años treinta con la prohibición de algunas obras de autores de música clásica como Shostakóvich, Chopin, Rajmáninov o Chaikovski, quien fue calificado como «espíritu degenerado y parásito de la aristocracia rusa». Tras el comienzo de la Guerra Fría la obsesión del Kremlin por el control de la cultura y los medios de información le llevó a crear un servicio especial de bloqueo de frecuencias para impedir que se escuchasen emisoras internacionales como la BBC. Como ya hemos dicho, los primeros discos de rock entraron en el país de contrabando, y aunque poco a poco la situación se fue normalizando, el ojo censor no descansó ni siquiera en las épocas de mayor distensión, prohibiendo discos y canciones por los motivos más variopintos e incluso peregrinos. Una de las bandas más perseguidas fue Pink Floyd, cuya música fue prohibida en 1983 por sus críticas a la intervención militar en Afganistán, algo similar a los Talking Heads, a los que acusaron de propagar «el mito de la amenaza soviética». De hecho Pink Floyd ya estaba prácticamente prohibido en la URSS desde 1979, tras el lanzamiento de su disco *The Wall*, en el que se criticaba el totalitarismo ideológico en general.

Para hacerse una idea de las razones esgrimidas para vetar la música de determinados grupos basta echar un vistazo al listado elaborado por el Komsomol (la organización juvenil del Partido Comunista) de Ucrania a mediados de los años ochenta y recogido por Alexéi Yurchack en su libro *Everything Was Forever, Until It Was No More: The Last Soviet Generation*. Según este documento, la banda norteamericana de blues rock Canned Heat eran peligrosos por alentar la homosexualidad, algo de lo que curiosamente no acusan a Village People, a quienes sin embargo tildan de neofascistas. Judas Priest fueron vetados por anticomunistas y racistas, Van Halen por propaganda antisoviética, Black Sabbath y Iron Maiden por violencia y oscurantismo religioso y Alice Cooper por apología de la violencia y vandalismo. Como vemos, la de la violencia era una de las excusas más extendidas para la prohibición, aunque tampoco olvidaron la parte más carnal y Donna Summer fue censurada por erotismo y Tina Turner por apología sexual.

La lista incluía a artistas ajenos al rock, como el español Julio Iglesias, acusado de neofascismo, una acusación que compartía con una variopinta lista de bandas de rock como el grupo británico de pop rock 10CC, los reyes australianos del rock duro AC/DC o los mismísimos KISS. Los grupos punk y new vawe de entonces, de Sex Pistols a Clash, pasando por Stranglers, B52, Ramones o Blondie figuraban bajo la etiqueta «punk y violencia», un genérico estigma que alcanzaba también a los Strooges y los Madness. De hecho, la música nacida bajo la etiqueta punk sería la responsable de dos fenómenos paralelos: la renovada persecución de la policía hacia los grupos de rock y la consiguiente revitalización de la escena *underground* en los países del Este.

Rasputín prohibido 62 años después de muerto

En 1978 no había una discoteca en el mundo cuya pista no se llenase cuando sonaba el «Rasputín» de Boney M, pero cuando la banda llegó ese año a Moscú para actuar en directo, las autoridades les prohibieron tocar esa canción. Probablemente hasta entonces nadie se había fijado en su letra, que decía cosas como «Las mujeres deseaban / Ra ra Rasputin, / amante de la reina rusa [...], Ra ra Rasputin, / la máquina de amor más grande de Rusia. / Fue una pena cómo acabó. / Él gobernó la tierra rusa sin importar el zar». Es difícil encontrar qué era lo que no les gustaba de esa canción a los descendientes de los bolcheviques que fusilaron al último zar y su familia y qué motivo de empatía podían tener con el siniestro monje, que no podía ser menos revolucionario. Quizá fuese el herido orgullo de ver a una figura nacional reducida a machacón estribillo discotequero, pero el caso es que los jóvenes rusos se quedaron sin ver como Bobby Farrell se contorsionaba mientras repetía el nombre del amante de la zarina, que necesitó tres disparos y varias dosis de cianuro para morir.

Boney M.

LOS NIETOS PUNKS DE STALIN

A principios de los ochenta el bloque soviético comenzó a dar muestras de un progresivo debilitamiento en sus estructuras políticas y económicas, que conducirían primero al colapso de su economía en 1985 y más tarde a su desmantelamiento tras la disolución de la URSS en marzo de 1990. Al estancamiento de su producción petrolera se unió el envejecimiento de su industria siderúrgica y su sector agrícola. El accidente de la central nuclear de Chernóbil, producido en 1986, fue la puntilla para la economía de un régimen que en lo social padecía las consecuencias de la Guerra de Afganistán, que desde 1979 se había convertido en una sangría para más de 120.000 soldados soviéticos, creando entre la población un malestar similar el generado en Estados Unidos por la Guerra de Vietnam. En 1985 Mijaíl Gorbachov fue elegido máximo dirigente del país y comenzó un proceso de reformas, tanto en lo económico como en lo social, conocido como Perestroika, que supondrían una paulatina apertura del régimen a las influencias de Occidente y finalizará de hecho con la desaparición del régimen soviético. Con esa apertura entran aires nuevos que facilitan las últimas influencias musicales, marcadas por el movimiento punk nacido en Inglaterra a finales de los setenta, y que ya habían comenzado a colarse desde unos años antes por las fisuras del sistema. El lema punk «no future» le encajaba como un guante a la juventud soviética, pero a pesar de que el régimen comunista había comenzado a tolerar en los setenta el rock de grupos como los Rolling Stones o Deep Purple, el punk fue recibido con una férrea censura por sus letras antiautoritarias y en parte también por su uso provocador de estética nazi, que si en Occidente levantó ampollas en algunos sectores, al otro lado del telón de acero fue una bofetada a su memoria histórica.

En 1979 Andréi «Svin» Panov, un artista que imitaba los comportamientos y la estética punk pero que en realidad era más ácrata que otra cosa, crea en Leningrado Avtomaticheskie Udovletvoriteli, considerada una banda embrión del punk ruso junto al grupo moscovita DK, que aunque formalmente no era punk, su líder, el intelectual Serguéi Zharikov, estaba perfectamente en línea con el pensamiento de rebelión e inconformismo caótico que caracterizaba al movimiento. Mientras, en Omsk, el corazón de Siberia, nace Grazhdánskaya Oborona, un grupo liderado por Yegor Létov, que está considerado el «abuelo» del punk ruso y que fue catalogado como un peligro social e internado en un hospital psiquiátrico donde estuvo a punto de perder la vista a causa de la medicación que le proporcionaban. Curiosamente, en los años noventa se unió a las filas del Partido Nacional Bolchevique, una organización de corte nostálgico y nacionalista que promulgaba la recuperación de las esencias de la Unión Soviética.

En 1981 Víktor Tsoi y Alekséi Rybin, a los que andando el tiempo se acabarían sumando Igor Tijomírov, Yuri Kasparián y Aleksandr Titov, fundan la banda Kinó, uno de los
grupos de rock más influyentes en la Unión Soviética a partir de los años ochenta y que
todavía sigue en activo. El contenido de sus temas y su actitud, claramente influidos por
los grupos de punk inglés, los colocan desde el primer momento bajo la sospecha de las
autoridades rusas que los tildan de antisoviéticos, lo que a ojos del público los convierte
en unas incipientes estrellas de la escena *underground*. En la primavera de 1982 el grupo
graba su primer disco de estudio, *45*, y cinco años después consiguen un éxito notable con
su álbum *Noch'*. Pero será con la llegada de la perestroika de Mijaíl Gorbachov cuando
el grupo trascienda la escena *underground* y alcance la cima de su popularidad después
del lanzamiento en 1988 del álbum *Gruppa Krovi*. La banda se disuelve en 1990 tras la
muerte de su líder Víktor Tsoi.

En 1984 aparece Grazhdanskaya Oborona, una banda creada por el músico y poeta Yegor Letov y su amigo Konstantin Ryabinov, que se convierten inmediatamente en objeto

Grazhdanskaya Oborona, una banda perseguida por el KGB.

de la estrecha vigilancia del KGB por sus letras abiertamente antiautoritarias. Fruto de la represión política, en 1985 Letov es ingresado en una clínica para enfermos mentales de la que salió un año después para seguir componiendo bajo seudónimo. El resto de los componentes del grupo –incluido Ryabinov, que fue reclutado por la fuerza por el ejército– se ven obligados a firmar declaraciones juradas manifestando su alejamiento del fundador mientras su música va derivando hacia el rock psicodélico y sus letras pierden contenido político. En 1987 Letov pasa a la clandestinidad cuando descubre la intención de las autoridades de volver a ingresarlo en el psiquiátrico y durante una temporada se dedica a viajar por todo el país, llegando a grabar un disco con el provocador nombre de Адольф Гитлер (Adolf Hitler), que no vería la luz oficialmente hasta el año 2016.

A partir de los años noventa y hasta bien entrado el siglo XXI, el punk pierde garra en Rusia a medida que el país entra en una vorágine de adoración capitalista. Las letras pierden su compromiso político y la actitud de los músicos se vuelve más hedonista, hasta que en 2011 entra en escena de forma explosiva Pussy Riot, que más que una banda al uso, es un colectivo feminista radical cuya expresión musical es el punk. Su aparición se produce durante el mandato de Dmitri Medvédev, el tercer presidente ruso tras la caída del régimen soviético, quien fue nombrado por Vladímir Putin, el auténtico poder en la sombra y contra quien iban dirigidos los ataques verbales de las Pussy Riot, tanto entonces

Víktor Tsoi,

el icono contracultural del rock radical ruso

Víktor Róbertovich Tsoi nació en 1962 en San Petesburgo, el escenario de la primera revolución bolchevique, que la rebautizó primero como Petrogrado y luego como Leningrado, nombre que ostentaba cuando Víktor vino al mundo. Sus padres eran una profesora de gimnasia y un ingeniero miembros del PCUS (Partido Comunista de la Unión Soviética) y durante su adolescencia perteneció a la Organización de Pioneros Vladímir Lenin. A edad muy temprana su inquietud musical le llevó a crear el grupo Palata n.º 6, cuando estudiaba en la escuela de enseñanza media artística. Tras ser expulsado de la escuela Sierov de Bellas Artes comienza a trabajar en una fábrica y en 1981 crea la banda Kinó. Tsoi era un artista polifacético: poeta, compositor, actor de cine, pintor y cantautor, y se convirtió en una leyenda para la juventud rusa en los últimos años del régimen soviético, hasta el punto de que tras su muerte en agosto de 1990, más de sesenta adolescentes se suicidaron en todo el país. Actualmente en Moscú tiene un muro dedicado con grafitis y una estatua donde se dan cita sus fans para conmemorar su muerte. El propio *Pravda*, diario oficial del partido comunista, le dedicó una esquela resaltando su honestidad artística: «Tsoi significa para la juventud de nuestra nación más que cualquier político, escritor o celebridad. Esto se debe a que Tsoi nunca mintió ni se vendió [...]. Es el único artista de rock que no ha diferenciado su imagen de su vida real, vivió como cantó».

Víktor Róbertovich Tsoi.

«Bogoroditse Devo, Putina progoni!»

La canción que llevó a Pussy Riot a prisión.

Madre de Dios, Virgen, ¡líbranos de Putin!
¡Líbranos de Putin! ¡Líbranos de Putin!
¡Negra sotana, hombreras doradas!
Todos los niños del cura se arrastran para hacer una reverencia.

El fantasma de la libertad en el cielo,
los homosexuales se envían encadenados a Siberia,
el líder del KGB es vuestra más alta Santidad,
encierra en prisión a los manifestantes.
Para no disgustar a los santos
las mujeres deben parir y amar.

¡Basura de Dios, basura, basura! ¡Basura de Dios, basura, basura!
Madre de Dios, Virgen, ¡hazte feminista, hazte feminista, hazte feminista!

Alabanza eclesiástica al líder podrido, cruzada de limusinas negras.
A la escuela viene el cura, ve a clase, llévale dinero.
El patriarca cree en Putin. Mejor debería, perro, creer en Dios.
El cinturón de la Santa Virgen no impide las manifestaciones.
La Virgen María está con nosotros en las protestas!
Madre de Dios, Virgen, ¡líbranos de Putin!
¡Líbranos de Putin! ¡Líbranos de Putin!

como ahora. Las letras del grupo criticaban sobre todo la represión de la libertad de expresión y los movimientos artísticos alternativos, la persecución de los homosexuales y los ataques a los derechos humanos en general. Su nombre se hizo internacionalmente famoso el 21 de febrero de 2012, cuando improvisaron un concierto no autorizado en la Catedral de Cristo Salvador de Moscú en protesta por la reelección de Vladímir Putin. Tres participantes, que actuaron enmascaradas, María Aliójina, Nadezhda Tolokónnikova y Yekaterina Samutsévich, fueron arrestadas y condenadas a dos años de cárcel en un juicio muy criticado internacionalmente por su falta de garantías y las acusaciones de malos tratos por parte de las autoridades rusas. El colectivo, que entre sus principales influencias musicales remite a la banda estadounidense Bikini Kill, impulsora del movimiento *riot grrrl*, organizó otras notorias acciones de protesta como la invasión del terreno de juego durante la final de la Copa del Mundo de Fútbol Rusia 2018 para solicitar la libertad de los presos políticos y el respeto de los derechos humanos.

Más allá de Rusia, el movimiento punk también tuvo una rápida implantación en los llamados «países satélites», es decir, los países del Este de Europa con sistemas comu-

Pussy Riot.

nistas. El primer grupo punk del bloque soviético probablemente sea Pankrti (Hijos Bastardos), una banda fundada en 1977 en Eslovenia, Yugoslavia, el país más aperturista de todo el bloque soviético. Conocidos como «primera banda punk tras el telón de acero», grabaron diez álbumes antes de separarse en 1987 –aunque volvieron a reunirse en 2007– y fueron muy populares en la primera mitad de los años ochenta, sobre todo gracias a temas como «Lublana je bulana» («Liubliana está enferma»). Sus letras tenían un importante contenido de provocación política contra el régimen del mariscal Tito e influyeron decisivamente en la expansión del punk y la new

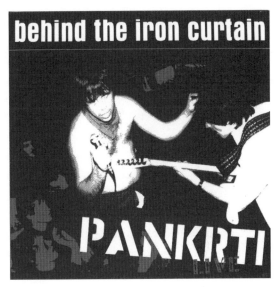

Pankrti, el primer grupo punk del bloque soviético.

vawe en los Balcanes con grupos como los croatas Azra, los bosnios Bijelo, o los serbios Šarlo Akrobata y Električni Orgazam. El título de pioneros del punk yugoslavo es disputado también por Pekinska Patka, fundados en 1978 y que hasta su disco de debut, *Plitka Poezija*, practicaban un rock más tradicional dentro del estilo progresivo.

Además de Yugoslavia, el otro país soviético con más influencia de la música occidental era Polonia, donde en 1981 Jan Borysewicz y Andrzej Mogielnicki fundan en Varsovia Lady Pank, con un primer éxito nacional, la canción «Mała Lady Punk» y otro internacional en 1986, «Minus Zero», que no sólo los llevó a ser conocidos en el resto de Europa, sino también en Estados Unidos y Australia. En los años posteriores fueron abandonando su estilo radical para convertirse en una banda de pop rock. Otro grupo pionero polaco es Siekiera, que nace en 1982 con un estilo punk muy agresivo y letras con un fuerte contenido sexual. Lanzaron su su único LP, *Nowa Aleksandria*, en 1986 y se disolvieron cuatro años después dejando una profunda influencia en los grupos polacos de los años ochenta y noventa.

Varsovia Lady Pank.

CRESTAS A LA SOMBRA DEL MURO DE BERLÍN

P ero el país más proclive a la filtración de modas y tendencias occidentales era la República Democrática Alemana, también conocido como Alemania Oriental, que era, curiosamente,el que tenía la frontera más vigilada y el punto de tensión territorial más elevado durante los años de la Guerra Fría: el Muro de Berlín. En su lado este nacieron en 1983 los Feeling Berlin, que acabarían siendo conocidos simplemente como Feeling B. La banda estaba integrada por un suizo, el cantante Aljoscha Rompe y cuatro germanoorientales, el bajista Christoph Zimmermann, el batería Alexander Kriening, el guitarrista Paulchen Landers y el teclista Christian 'Flake' Florenz. Tras la caída del Muro de Berlín y la reunificación de Alemania en 1989, estos dos últimos formarían parte de la banda de metal industrial Rammstein, en la que también militó Christoph «Doom» Schneider, el último batería de Feeling B. Aunque empezaron a tocar en la semiclandestinidad *underground*, a partir de mediados de los ochenta, cuando el punk en la RDA comenzó a ser tolerado por una política paulatinamente más relajada por parte de las autoridades comunistas, comenzaron a actuar en fiestas organizadas por las juventudes

Zionskirche, 1987.

Punks contra skins en la Alemania del Este

La noche del 17 de octubre de 1987 la iglesia evangélica Zionskirche, en Berlín Oriental, fue testigo de un suceso histórico en el panorama musical y social de la RDA. La iglesia era un punto tradicional de reunión para grupos de oposición al régimen y desde mediados de los años ochenta también acogía también conciertos de música *underground*. Aquella noche actuaban Die Firma, un grupo pionero del punk local nacido en 1983 –algunos de cuyos miembros formarían parte de Rammstein–, junto a Element of Crime, unos punks del lado occidental que habían cruzado el muro haciéndose pasar por turistas. Los cerca de dos mil asistentes disfrutan del concierto sin ningún incidente. Cuando faltaba poco para la medianoche y los componentes de Element of Crime se disponían a regresar al otro lado de la frontera, medio centenar de skins neonazis comienzan a agredir a los músicos y el público que quedaba en la zona mientras coreaban el nombre de Hitler y consignas anticomunistas. La respuesta de los punks, que ya conocían a sus enemigos desde hacía tiempo, provocó una batalla campal que pilló por sorpresa a las autoridades comunistas, que no se habían enterado, o no se habían querido enterar, de que el viejo enemigo volvía a andar dentro de casa. Dos años después era derribado el Muro de Berlín. Se podría decir que aquella noche el punk y los ciudadanos de la Alemania del Este perdieron la inocencia.

socialistas e incluso grabaron un disco con el sello oficial Amiga, donde ya habían graba-do otras bandas de rock, pero en la que el punk estuvo absolutamente vetado en un prin-cipio por su radical virulencia antisistema. Lo cierto es que los Feeling B fueron los pro-tagonistas de la transición musical en la Alemania Oriental y se disolvieron oficialmente a mediados de los años noventa, aunque varios de sus miembros siguieron participando esporádicamente en festivales hasta la muerte del cantante Aljoscha Rompe en el año 2000.

Planlos, obligados a alistarse en el ejército.

El mismo año en el que se creó el grupo Feeling B, en 1983, se celebró en Halle, una ciudad próxima a Leipzig, el primer festival punk de la República Democrática Alemana, al que acudieron jóvenes de todo el país convocados de forma clandestina, tratando de eludir la vigilancia de la Stasi, la policía política, tal y como relata Tim Mohr en su libro *Burning Down The Haus*. Las actuaciones previstas corrían a cargo de grupos seminales del punk en la RDA como Namenlos, Planlos o Müllstation que acabaron siendo deteni-dos, junto a buena parte del público, por la policía que los sometió a brutales interroga-torios tras los que fueron acusados de subversión y en algunos casos condenados a penas de un año y medio de prisión. Por su parte los miembros de Planlos fueron alistados forzosamente en el ejército y obligados a seguir un programa de reeducación ideológica. Otros grupos que sufrieron una severa persecución fueron HAU, las siglas de Semi-Rapid Anarchist Underground Movement, que sufrieron constantes cambios en su formación a causa de las continuas detenciones de sus componentes, y Schleim-Keim, una banda fundada en 1980 por los hermanos Dieter «Otze» y Klaus Ehrlich con su amigo Andreas

«Dippel» Deubach, tres jóvenes radicales que se movieron siempre en la clandestinidad más absoluta.

El archivo de la Stasi dedicado a los jóvenes punks fue inaugurado por Britta Bergmann, más conocida como Major, que en 1977 conoció la existencia de los Sex Pistols y su estilo musical gracias a las revistas que le llegaban de Alemania Occidental y los programas que la BBC emitía para los soldados británicos instalados en la frontera y que eran seguidos con devoción por la juventud del lado oriental. Su descaro a la hora de vestirse con botas, crestas de colores y cadenas y su persistencia en expresar opiniones radicalmente opuestas a la sumisión al sistema la llevaron a ser declarada por la policía como una enemiga del Estado y a pasar a la historia como la primera punk de la RDA. La expansión de este estilo musical radical fue fulgurante y a principios de los años ochenta la Stasi consideraba que había al menos un millar de punks en el país, sometidos a una persecución implacable y fichados como delincuentes potenciales. Cuando se pudo acceder a los archivos de la policía política tras la reunificación de Alemania se descubrió que algunos de esos punks eran soplones infiltrados que denunciaban a sus compañeros, como algunos miembros del grupo Wutanfall, cuyo cantante, Chaos, fue maltratado durante un interrogatorio policial y perdió su vivienda y otro de sus miembros, Bernd Stracke, fue encarcelado dos veces. Lo mismo sucedió con algunos miembros del grupo Die Firma, protagonistas de la famosa batalla campal entre punks y neonazis de Zionskirche, en 1987, que tras la caída del muro fueron descubiertos como infiltrados.

A partir de mediados de los ochenta algunas bandas de punk comenzaron a ser toleradas e integradas en lo que se denominaba *Die anderen Bands* (Las otras bandas), una etiqueta bajo la que se agrupaban grupos de rock convencional, hard core y punk que, a pesar de sus letras con críticas a la situación política y social, no exhibían una actitud excesivamente agresiva. Ese fue el caso de los antes citados Feeling B y de Die Skeptiker, creados en 1986 y que tras autoeditarse dos cassettes, lanzarían su primer EP con el sello oficial Amiga y participarían en la Semana de Música Juvenil que organizaba la FDJ (Freie Deutsche Jugend), una de las organizaciones juveniles del partido comunista. A medida que la década avanzaba, el desgaste social, político y económico de la RDA y el resto del bloque comunista europeo se iba agudizando y la permisividad era cada día mayor: las bandas de rock tradicional actuaban sin cortapisas y los punks cada vez eran más visibles, hasta que por fin, a las once menos cuarto de la noche del 9 de noviembre de 1989 los primeros ciudadanos del Berlín Este comenzaron a franquear el muro que sería demolido en las horas y días siguientes. Hoy todo esto forma parte de la historia de un oscuro periodo que se puede recordar en el museo de la Stasi en Berlín, donde hay una colección de fichas policiales, objetos y fotografías que recuerdan la encarnizada persecución que los punks de la Alemania Oriental sufrieron a manos de la policía política.

Nina Hagen

El retorno de la hija pródiga

El 13 de noviembre 1989, sólo cuatro días después de la caída del Muro de Berlín, se celebró el primer concierto que celebraba la desaparición de la trágica frontera que partió Alemania en dos. Era también un concierto de homenaje a los ciudadanos del Este de la ciudad y para darles la bienvenida allí estaba una antigua vecina suya: Nina Hagen, que actuó junto al británico Joe Cocker, la norteamericana Melissa Etheridge, los germanooccidentales Udo Lindenberg y H. R. Kunze y Pankow y Silly, dos bandas banda nacidas en la Alemania del Este. Nina Hagen había nacido en Berlín Este treinta y cuatro años antes y allí había comenzado su carrera musical con la banda Automobil. En 1976, tras una sonada protesta, abandonó la RDA junto a su madre para unirse a su padrastro, Wolf Biermann, un popular cantautor al que las autoridades comunistas impidieron regresar tras un concierto en el Berlín Occidental, a causa de sus reiteradas críticas al sistema soviético. Un año después Nina formó en la República Federal Alemana el grupo The Nina Hagen Band con el que se convirtió en una de las estrellas del incipiente punk europeo.

Nina Hagen, una artista que desafió convenciones musicales.

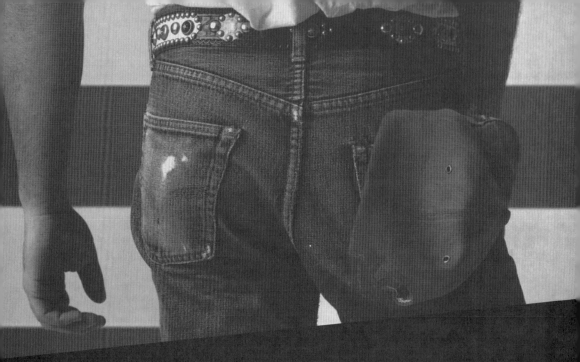

EL ROCK BELIGERANTE EN EL ÚLTIMO CUARTO DEL SIGLO XX

En paralelo al progresivo hedonismo y la autocomplacencia *hippie* surgió una actitud más escéptica, más combativa e irreverente, plasmada en unas letras con contenido inconformista hacia el sistema, que se extiende hasta la actualidad en los temas de artistas como Frank Zappa, Pink Floyd, Neil Young, Steve Earle, Bruce Springsteen o Sheryl Crow. Además, a mediados de los años setenta comenzaron a surgir grupos que proponían un salto evolutivo en el rock subidos a la ola de innovación tecnológica en ciernes, que acabaría desembocando en lo que se conoció como pop electrónico o tecno pop, que tendrían a algunos de sus representantes más destacados en bandas como Soft Cell, Depeche Mode y Human League. Entre sus representantes más rompedores y vanguardistas se cuentan los integrantes de la banda alemana –por entonces de la República Federal Alemana– Kraftwerk, creada originalmente en 1971 por Ralf Hütter y Florian Schneider. En 1975, el mismo año en que IBM sacaba al mercado su computadora de escritorio IBM 5100, antecesor directo de su famoso ordenador IBM PC, los robóticos muchachos de Düsseldorf lanzaron su quinto álbum, *Radio-Activity*, en el que recogían una de las grandes preocupaciones sociales de su entorno: los riesgos de la energía nuclear. Por esa época empezó a medrar el movimiento ecologista y antinuclear alemán, el más potente de su tiempo. Se trata de un movimiento social y político de amplio espectro en el que participan organizaciones ecologistas, anticapitalistas, feministas y un amplio abanico de movimientos alternativos que acabará fructificando en la fundación en 1979 de Die Grünen (Los Verdes), una formación política liderada por la activista Petra Kelly.

Todo este movimiento surgió casi en paralelo a la germinación de la New Wave, el industrial metal y el punk, mientras las estrellas de la línea heredera del rock & roll tradicional, en cualquiera de sus variantes, seguían proporcionando esporádicas muestras de temas con contenido social y testimonio político. Tal es el caso de Bruce Springsteen, un joven de Nueva Jersey que se convirtió en un militante del rock cuando vio actuar por televisión a Elvis Presley y comenzó a tocar la guitarra a los trece años, dando siempre muestras de una innata rebeldía que le causó algunos problemas durante su etapa escolar. Su talento para componer le granjeó desde el primer momento las alabanzas de la crítica, que llegó a compararlo con Bob Dylan en sus primeros años tocando en el Village neoyorquino, donde también comenzó el músico de Minesota. A medida que abandonaba el folk y se adentraba en el rock se fue consolidando como el heredero directo de los rockeros originales con canciones que hablaban de las circunstancias de la juventud estadounidense de clase trabajadora. Tras su éxito con *Born to Run*, en 1975, con mensajes generalmente vivaces e idealistas, y después un largo litigio judicial con su representante Mike Appel a cuenta de los derechos de las canciones, en 1977 volvió escribir temas de fuerte raigambre popular protagonizados por la clase trabajadora de Estados Unidos que padeció los duros tiempos de la Gran Depresión. Fruto de ese trabajo surgiría en 1978 el álbum *Darkness on the Edge of Town*, que incluía temas como «Factory», homenaje a la clase obrera inspirado en el padre del cantante, que trabajó como obrero, conductor de autobús y guardián de una prisión, entre otras cosas. El tema tiene un tono sombrío y el coro repite obsesivamente la palabra «trabajar», tratando de recrear la sensación de monotonía que marca la vida de los obreros de las fábricas jornada tras jornada. Otra canción incluida en este disco es la famosa

«Born in the USA»

La eterna polémica de Springsteen

(...)
Got in a little hometown jam
So they put a rifle in my hand
Sent me off to a foreign land
To go and kill the yellow man
(...)
Come back home to the refinery
Hiring man said "son if it was up to me"
Went down to see my V.A. man
He said "son, don't you understand"
(...)
Down in the shadow of the penitentiary
Out by the gas fires of the refinery
I'm ten years burning down the road
Nowhere to run ain't got nowhere to go

Born in the U.S.A
I was born in the U.S.A

(...)
Me metí en un pequeño lío en mi ciudad natal
Así que me pusieron un rifle en la mano
Me enviaron a una tierra extranjera
Para ir a matar al hombre amarillo
(...)
Al regresar a casa, a la refinería,
el capataz me dijo: «Hijo, si dependiera de mí...».
Fui a la Administración de Veteranos
y me dijo: «Hijo, ¿aún no lo entiendes?».
(...)
Bajo las sombras de la penitenciaría,
junto al fuego del gas de la refinería,
llevo diez años quemando carretera
sin sitio adónde huir, sin un lugar adónde ir.
(...)
Nacido en los EE. UU.
Yo nací en los EE. UU.

«Badlands», en la que Bruce insiste en dar testimonio de la honestidad y sencillez del estadounidense medio, sobre todo los de las zonas rurales más desfavorecidas, atrapados en la desesperanza de sueños incumplidos, pero dispuestos a seguir peleando para lograr hacer de las malas tierras un lugar habitable: «Deshazte de los sueños que te desgarran, / deshazte de los sueños que te rompen el corazón, / deshazte de las mentiras que no te dejan más que pérdida y desesperación».

Bruce Springsteen fue fagocitado, a su pesar, por la política en 1984, cuando en la campaña por su reelección el presidente Ronald Reagan le nombró en uno de sus discursos como un ejemplo a seguir para la verdadera juventud estadounidense. Reagan y su equipo basaron sobre todo esta afirmación en su famoso tema «Born in the USA» que, como otros muchos, interpretaron como una elegía del cantante al patriotismo. Pero el cantante quería explicar algo más que un alegre orgullo por su país, quería hablar del dolor por la tragedia de Vietnam, que devoraba una hornada tras otra a los jóvenes soldados. De hecho, el protagonista de la canción regresa a casa tras combatir en la guerra de Vietnam, donde ha fallecido su hermano, y trata de recuperar su trabajo en una refinería, pero se ve abocado al paro, que es su triste recompensa por haber servido fielmente a su país.

CONCIENCIA INDIGENISTA Y ECOLÓGICA

Mientras en Estados Unidos Bruce Springsteen homenajeaba a la clase trabajadora de la que procedía, en 1978 la banda australiana de rock alternativo Midnight Oil, grababan su primer álbum homónimo con un rock progresivo que paulatinamente se fue convirtiendo en un hard rock, con letras de una clara militancia política progresista, indigenista y ecológica. En este sentido destaca especialmente su álbum *Diesel and Dust*, publicado en 1987, en el que ponen un énfasis especial en las reivindicaciones de los pintupi, aborígenes australianos en lucha por la recuperación de sus derechos sobre la tierra arrebatada por la colonización británica. La edición estadounidense de este disco fue censurada y se excluyó el tema «Gunbarrel Highway» por contener estrofas explícitas como la que afirmaba «Shit falls like rain on a land that is brown« («la mierda parece lluvia si cae sobre tierra marrón»), que en opinión de la discográfica y las autoridades podía ofender la sensibilidad del oyente. El punto álgido de la militancia contestataria de Midnight Oil se produjo durante la clausura de los Juegos Olímpicos de Sídney del año 2000, cuando interpretaron «Beds are Burning», su famoso tema de reivindicación indigenista, frente al primer ministro del país y con la palabra *sorry* («perdón») escrita en sus enlutados ropajes negros, afeando así la conducta del presidente John Howard, que se negaba a hacer un gesto de disculpa hacia los aborígenes por siglos de expolio, exterminio y secuestro de miles de niños indígenas. A finales del año 2002 el líder del grupo, el cantante Peter Garret, decidió dar un paso adelante y poner fin a su carrera musical para dedicarse en exclusiva a la actividad política. Abandonó la banda, que se dio prácticamente por disuelta, y se presentó a las elecciones en las filas del Partido Laborista Australiano, siendo nombrado Ministro de Medio Ambiente, Cultura y Arte. A pesar de ello, la banda se ha vuelto a reunir puntualmente para realizar conciertos solidarios como el de 2005 en favor de las víctimas del tsunami que en la Navidad de 2004 asoló los países de la cuenca del Océano Índico nororiental, el Live Earth de 2007 contra el calentamiento global o el Melbourne Cricket Ground de 2009 a beneficio de los afectados por los incendios forestales.

A finales de los setenta y principios de los ochenta, la conciencia ecológica y la preocupación por el deterioro medioambiental comenzaron a abrirse paso entre los temas que preocupaban seriamente a la opinión pública y, por reflejo, a asomarse de forma habitual a las letras del rock y el pop. En 1978 los canadienses Rush editan «The Trees» («Los ár-

«Beds are Burning»,
la deuda indigenista de Midnight Oil

Out where the river broke
The bloodwood and the desert oak
Holden wrecks and boiling diesels
Steam in forty-five degrees

The time has come to say fair's fair
To pay the rent, to pay our share
The time has come, a fact's a fact
It belongs to them, let's give it back
(...)

Allá donde se divide el río,
el arce y el roble del desierto,
ruinas amontonadas y motores hirviendo
echan vapor a 45 grados.

Ha llegado la hora de decir «lo justo es justo»,
De «pagar la renta». De pagar lo que nos toca,
Ha llegado la hora. La verdad es la verdad.
Les pertenece a ellos. Devolvámoslo.

boles») un alegato contra la deforestación. En 1980 Black Sabbath lanza «Children of the Sea», el primer tema escrito por Ronnie James Dio tras su incorporación al grupo de heavy metal y que encierra una crítica al desarrollo industrial descontrolado y su efecto destructor sobre el medio ambiente. En 1981 la banda británica de música New Wave Duran Duran, lanzan en su primer álbum de título homónimo, la canción «Planet Earth», una llamada de atención a los problemas ecológicos del planeta que coincide en el tiempo con «We Kill the World» la evidente acusación de crimen contra la Tierra lanzada por Bonnie M. Con «The Landscape is Changing», en 1983 Depeche Mode advierte de los graves riesgos que supone la destrucción de la naturaleza en aras de la obtención de beneficios económicos. A esta lista de sensibilización musical ecológica podríamos añadir en los años siguientes temas como «Earth Song» de Michael Jackson, «Mother Earth'» de Neil Young, «Blackened» de Metallica u «Oceans» de Pearl Jam.

La banda australiana Midnight Oil, abanderados del ecologismo y el indigenismo.

ANTIAUTORITARISMO Y ANTIVIOLENCIA

Pink Floyd, un icono cultural y una de las bandas más influyentes del último tercio del siglo XX.

A finales de 1979 la banda británica de rock progresivo Pink Floyd, que se había caracterizado desde sus primeros días por su inconformismo y su militancia *underground*, lanza su undécimo álbum de estudio, *The Wall*, considerado como uno de los mejores de la historia del rock. Se trata de un disco conceptual creado fundamentalmente por Roger Waters, en el que el bajista de la banda da rienda suelta a una serie de traumas y preocupaciones propias de la juventud criada en la posguerra a través de la figura de una ficticia estrella de rock, Pink, quien habla de la opresión de la educación británica, la violencia policial, sus problemas con las drogas, los fracasos sentimentales, los trastornos psiquiátricos o las miserias internas del negocio de la música. El disco logró una enorme repercusión mediática sobre todo a partir de su versión cinematográfica, la película *Pink Floyd The Wall*, dirigi-

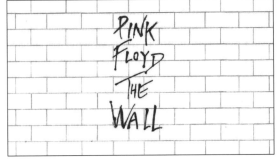

The Wall, el álbum doble de Pink Floyd que vendió 23 millones de copias en todo el mundo.

da por Alan Parker e interpretada por Bob Geldof, el líder del grupo The Boomtown Rats, cuyo mayor éxito fue el tema «I Don't Like Mondays», editado en 1979 e inspirado en el tiroteo perpetrado por la adolescente Brenda Ann Spencer en un colegio estadounidense con resultado de dos muertos y varios heridos. La película *The Wall* se convirtió en un icono del cine contracultural por sus críticas al fascismo, su marcado antiautoritarismo y su cuestionamiento del sistema educativo, británico en particular y occidental en general, en los días de la revolución conservadora que pusieron en marcha Margaret Thatcher en Gran Bretaña y Ronald Reagan en los Estados Unidos. Buena parte de su impacto se debió a su iconografía antidictatorial y a los 15 minutos de secuencias de animación creadas por el ilustrador Gerald Scarfe, que describen una pesadilla basada en los bombardeos de los nazis sobre Inglaterra en los días de la Segunda Guerra Mundial.

The Police, el rompedor trío formado por Sting, Andy Summers y Stewart Copeland.

Mientras el rock progresivo de Pink Floyd llegaba al culmen de su éxito con *The Wall*, comenzaba a surgir en Gran Bretaña una generación musical llamada a relevar a los grupos que habían protagonizado la ruptura de los años sesenta. Estos grupos se encuadran en el desencanto de la New Wave y la estruendosa revuelta del punk. A mitad de camino entre ambos surge un trío llamado The Police que supuso un revulsivo sonoro y temático. Sting, Andy Summers y Henry Padovani, que pronto sería sustituido por Stewart Copeland, debutan en 1977 con el *single Fall Out*, de escasa relevancia, y tras la incorporación de Copeland inician una meteórica carrera hacia la fama que se consolida en 1981 con el lanzamiento de su cuarto álbum *Ghost in the Machine*. El disco suponía además su bautismo en la música políticamente comprometida y también en los problemas que tal cosa suele acarrear. El *single* de lanzamiento, *Invisible Sun*, que hablaba del sangriento conflicto que se vivía por entonces en Belfast entre unionistas probritánicos y republicanos irlandeses, fue prohibido por la BBC y numerosas emisora de radio, al igual que el vídeo que mostraba la crudeza del enfrentamiento con intervenciones del ejército británico contra civiles, entierros y barrios enteros prácticamente arrasados por una guerra sorda pero cruenta. En realidad la letra era un canto a la no violencia, pero eso no pareció importar demasiado, como tampoco suscitó excesivo entusiasmo el contenido de otros temas del disco como «Spirits in the Material World» en el que se afirmaba: «No hay solución política / a nuestra problemática evolución, / no tengas fe en la Constitución. / No hay revolución sangrienta, / somos espíritus en el mundo material. / Nuestros llamados líderes hablan, / con palabras intentan encarcelarte. / Ellos subyugan a los mansos / pero es la retórica del fracaso», ni la agresividad de «Low Life», con un contenido que muchos consideraron excesivamente sórdido: «Fascinación fatal por la parte sórdida de la ciudad, / caminas por la calle y tu cabeza da vueltas. / Que no te vean solo sin tus amigos por la noche. / Lleva una pistola o un cuchillo a los bajos fondos. / No hay que nacer en esta sociedad. / Pagas por amor pero el odio es gratis». A pesar de todo, el disco fue un éxito absoluto, elevando a Sting, Andy Summers y Stewart Copeland a la cima del estrellato musical, obteniendo ventas millonarias en todo el mundo y siendo colocado por la revista *Rolling Stone* en el puesto 322 de su lista de los 500 mejores discos de la historia. El compromiso social y político de la banda, y sobre todo de su cantante Sting, quedó patente en numerosas ocasiones, entre ellas en 1982 cuando actuaron en el Festival de Viña del Mar, en Chile, en un concierto en el que mostró muy crítico con la dictadura del general Augusto Pinochet y al final del evento musical se reunió con madres y esposas de desaparecidos durante la sangrienta represión que siguió al golpe militar de 1973. Sin embargo, ese compromiso ideológico de Sting produjo importantes tensiones en el seno de la banda, que agravaron los choques de egos y contribuyeron a su disolución en 1986. Las discrepancias políticas entre el batería Stewart Coppeland, un derechista anticomunista hijo de un agente de la CIA, y el bajista Sting, un progresista con ideas socialistas acabaron siendo irreconciliables, algo que se acabó de hacer especialmente patente cuando cada uno tiró por su lado.

Al igual que habían hecho The Police con «Invisible Sun», el conflicto del Ulster entre católicos y protestantes también puso en el mapa de la música con carga ideológica a los irlandeses U2, que en 1983 lanzan su álbum *War*. El álbum tenía un contenido político que se explicitaba en dos de las canciones más famosas del grupo; «Sunday Bloody Sunday», inspirada en los graves incidentes producidos en la localidad norirlandesa de Derry el 30 de enero de 1972, durante el llamado «Domingo sangriento» que acabó con 14 víctimas mortales a causa de los disparos efectuados por el ejército británico, y «New Year's Day», que aunque originalmente era una canción de amor que el cantante Bono dedicó a su mujer, acabó reconvertida en un homenaje a la lucha por las libertades y la democracia del sindicato polaco Solidaridad, que fue decisivo para la caída del régimen comunista. A pesar de que ambos temas se vieron envueltos por la polémica por su presunto posicionamiento político, Bono insistió siempre en que se trataba de dos cantos a la paz, la libertad y la esperanza. De hecho, Bono se ha convertido en una de las figuras del rock con más proyección en la lucha por los derechos humanos,

Bono, cantante y activista en favor de los derechos humanos.

aunque en ocasiones ello le haya supuesto críticas por su presunta egolatría. Miembro activo de organizaciones como Amnistía Internacional o Greenpeace, se ha significado especialmente en la condonación de la deuda externa de los países más desfavorecidos, la lucha contra el hambre en África, la utilización de niños soldados en las guerras o el feminicidio en cualquier lugar del mundo. Todo ello le ha supuesto reconocimientos y galardones como la Legión de Honor francesa, la Orden del Imperio Británico y dos nominaciones al Premio Nobel de la Paz.

«La revolución comienza en casa, en tu corazón, en tu negativa a comprometer tu fe y lo que vales.»

Bono

LOS AÑOS DUROS DEL THATCHERISMO Y LA REVISIÓN CONSERVADORA

Hacia 1982, cuando el punk originario empezaba a decaer, los escoceses Primal Scream, una banda inicialmente formada por Bobby Gillespie y Robert Young, comenzaron su carrera imitando en cierto modo el rock inclasificable de The Velvet Underground cuando los neoyorquinos hacía casi una década que habían desaparecido para formar parte del Olimpo cultural del rock envueltos en la pátina artística del gurú del pop art, Andy Warhol. Desde entonces han pasado por casi todos los estilos y etiquetas, desde el pop rock sesentero al house, pasando por la psicodelia, el trip hop, el indie pop, el rock industrial o el tecno rock, pero nunca han perdido su militancia política, especialmente su cantante y fundador, Bobby Gillespie, que siempre ha mostrado una clara simpatía hacia los movimientos izquierdistas y en más de una ocasión se ha mostrado orgulloso del pasado pro-

Primal Scream.

letario de su Glasgow natal, una ciudad en la que una estatua de la líder comunista española Dolores Ibárruri «La Pasionaria» sirve de homenaje a los antifascistas de la ciudad que combatieron en la Guerra Civil española defendiendo a la República. Gillespie, que también fue batería de The Jesus and Mary Chain, es hijo de un sindicalista y activista de izquierdas y ha mantenido a lo largo de su carrera una postura de transgresión militante, tanto en lo musical como en lo personal. A pesar de ello, en los últimos años ha mantenido posturas controvertidas, denunciando el aumento del racismo en las Islas británicas e incluso atacando la línea de flotación ideológica del rock, como en una entrevista publicada en 2019 por Darío Prieto en las páginas de *El Mundo*, en la que afirmaba: «Creo que el rock, que la música en general, es parte del sistema.

The Jesus and Mary Chain

«Margaret on the Guillotine»

La condena musical de Margaret Thatcher

The kind people
Have a wonderful dream
Margaret on the guillotine
Cause people like you
Make me feel so tired
When will you die?
(...)
And people like you
Make me feel so old inside
Please die
(...)

La buena gente
tiene un sueño maravilloso:
Margaret en la guillotina.
Porque la gente como tú
me hacen sentir tan cansado.
¿Cuándo te mueres?
(...)
Gente como tú
me hacen sentir tan viejo en mi interior,
por favor, muere.

The Smiths.

No creo que vaya contra él, sino que lo sostiene. Lo cual no quita para que se pueda intentar enviar mensajes de empatía y solidaridad a través del mismo».

En 1986 The Smiths editan *The Queen is Dead*, un álbum que contenía una canción del mismo título que, a pesar de su ironía, no deja lugar a dudas sobre su tono antimonárquico, dedicándole a Isabel II lindezas como: «Su Bajeza con la cabeza en cabestrillo. / Lo siento de veras como algo realmente maravilloso» para acto seguido sacudirle a su hijo, el príncipe heredero: «Querido Carlos, ¿nunca has deseado fervientemente / aparecer en la portada del *Daily Mail* / vestido con el velo de novia de tu madre?». El disco iba a titularse originalmente «Margaret on the Guillotine», un título que fue aprovechado por el líder de la formación, Steven Patrick Morrissey, para hacer un furibundo alegato antithatcherista tras la disolución de la banda en 1987. Un año después, el 22 de marzo de 1988, sale al mercado *Viva Hate*, el primer disco en solitario de Morrissey, que clama de forma inmisericorde contra la primera ministra británica y su política de desmantelamiento del estado social del bienestar. La canción le costó a Morrisey un desagradable encuentro con la policía, que le sometió a un interrogatorio por un posible delito contra la seguridad nacional, tal y como el propio cantante recuerda en su autobiografía. Al final la canción fue un éxito, Thatcher dejó el gobierno dos años después y Morrisey siguió lanzando afilados dardos contra todo aquello que creyó digno de ellos.

Los ataques a la «Dama de Hierro», como era conocida la primera ministra inglesa, fueron una constante durante los últimos años de su mandato, y a esa corriente también se sumaron los chicos de The The, el grupo londinense creado por Matt Johnson en 1979, y que en 1986 publicaron «Heartland», una canción de una apariencia suave en lo melódico y una acidez corrosiva en su mensaje, en el que arremete contra la degradación absoluta a la que habían llevado al país las medidas económicas y los recortes sociales de Margaret Thatcher: «Bajo los viejos puentes de hierro, a través de los parques victorianos / la gente corre asustada a casa antes de que oscurezca. / Han pasado el sábado por la mañana en el cine que se desmorona / y en el apestoso centro comercial en la parte nueva de la ciudad [...]. Esta es la tierra donde nada cambia, / la tierra de los autobuses rojos y los bebés de sangre azul. / Este es el lugar donde los pensionistas son violados / y los corazones recortados del estado de bienestar. / Dejad que los pobres beban la leche mientras la miel es para los ricos, / dejad que los mendigos cuenten sus bendiciones mientras ellos cuentan el dinero».

La revolución conservadora thatcherista tenía un alma gemela al otro lado del océano: el reaganismo del gobierno norteamericano presidido por Ronald Reagan. Con él al timón, los Estados Unidos emprendieron un deriva política y social reaccionaria que, con la excepción del periodo de las presidencias de Bill Clinton (1993-2001) y de Barack Obama (2009-2017), todavía dura. El estilo tradicionalista y conservador de este actor, con una importante carrera militar y que había formado parte del grupo de artistas cuya carrera declinaba a mediados de los cincuenta y habían recibido el rock como una competencia zafia e intolerable, se dio de bruces con la mayor parte del mundo del rock, despertando incluso conciencias entre los artistas más insospechados.

En 1986, Violent Femmes, un grupo sin ninguna relevancia especial por el contenido político o social de sus canciones, lanza su álbum *The Blind Leading the Naked*, que contiene una canción, «Old Mother Reagan», que es un virulento y explicito ataque a Reagan y su política en la Casa Blanca. Era la expresión de la decepción y el desencanto de parte de la juventud de Estados Unidos en la última mitad de los años ochenta, y vuelcan esa frustración contra el presidente que simbolizaba lo más rancio y conservador de su país: «La vieja Madre Reagan / y todo su equipo / se han llevado todo lo mío y lo tuyo. / Espero que se vaya lejos, / será mejor que se vaya lejos [...]. La vieja Madre Reagan, / tan estúpida, tan peligrosa, / se fue al cielo pero la detuvieron en la puerta». Ronald Reagan fue también objeto de los ataques verbales del cantante de soul Gil Scott-Heron, quien le dedicó su tema «B Movie» atacándolo probablemente donde más le dolía, en su faceta de mediocre actor de serie B, comparándola con su mediocridad como presidente del país: «Cuando América se encontró a sí misma encarando malos tiempos para el futuro, buscamos a gente como John Wayne / pero como John Wayne ya no estaba disponible, nos conformamos con Ronald Reagan / que nos ha colocado en una posición a la que sólo podemos mirar como si fuera una película de serie B».

EL PUNK.
LA REVUELTA RADICAL
DEL «NO FUTURE»

A finales de los setenta, tras la decadencia del movimiento *hippie*, el estancamiento de la contracultura y el cansancio de la psicodelia, surgió el punk como respuesta rabiosa, nihilista y desencantada a las deficiencias y fracasos del sistema político, económico y cultural, que entraba en profunda recesión a partir de la crisis del petróleo iniciada en 1974. Sus representantes principales fueron grupos como The Clash, Sex Pistols, The Exploited, Damned, Ramones, The Dead Boys, Blondie, The Stooges o Dead Kennedys, entre otros muchos que abrieron un camino de recuperación del espíritu salvaje, irreverente y contestatario del rock & roll original y primitivo a las generaciones de músicos surgidas a partir de principios de los ochenta. Fue una convulsión social, pero sobre todo fue una sacudida para el mundo de la música que se hallaba adormecido en los laureles del éxito de las audiencias multitudinarias y el negocio de las ventas masivas de discos. Quizá la mejor imagen para explicar este fenómeno sea la de John Lydon, más conocido como Johnny Rotten, el cantante de Sex Pistols, luciendo una camiseta con la inscripción «I Hate Pink Floyd» («Odio a Pink Floyd»), con la que pretendía recriminar el endiosamiento y el acomodo de los reyes del rock psicodélico y progresivo, que en su origen, allá a mediados de los sesenta, habían conmocionado la escena londinense precisamente por su espíritu transgresor.

En 1976 llega a la presidencia del Reino Unido el laborista James Callaghan, que sólo aguantaría tres años en el poder, en medio de una crisis galopante del sistema provocada por la creciente crisis económica y un aumento de la tensión provocado por la oleada de bombas del IRA que sufre Londres, mientras se recrudece el conflicto en Irlanda del Norte. Ese mismo año la afamada banda de rock progresivo Jethro Tull lanza su noveno álbum con el profético título *Too Old to Rock 'n' Roll: Too Young to Die!* («Demasiado viejo para el Rock 'n' Roll: ¡Demasiado joven para morir!») un álbum conceptual que la prensa recibe como la historia de una estrella de rock que se siente envejecer y le atribuye un carácter biográfico que el aludido líder de la banda, Ian Anderson, se ve obligado a desmentir reiteradamente. Anderson insiste en que el mensaje que intentaba transmitir era que todo estilo cultural, el musical incluido, puede pasar de moda, pero que si le eres fiel y sigues intentándolo, tarde o temprano el ciclo regresará y volverás a estar de actualidad. A pesar de esta optimista visión, el líder de Jethro Tull acabó admitiendo que, en alguna medida, el disco estaba motivado por la eclosión del punk. El momento histórico en que se pone fecha oficial a esa eclosión es el lunes 20 y el martes 21 de septiembre de ese año de 1976, cuando se celebra el 100 Club Punk Special, también conocido como 100 Club Punk Festival, celebrado en el 100 Club de Oxford Street, Londres. El evento había empezado a germinar a principio de mes, cuando el promotor de conciertos Ron Watts le propuso a Malcolm McLaren, líder de Sex Pistols, encabezar un concierto en el que dar visibilidad a nueva escena británica del punk. Con el apoyo de la crítica musical de la revista musical *Melody Maker*, Caroline Coon, en pocos días consiguieron reunir a la flor y nata del nuevo estilo. Al final, el primer día actuaron Subway Sect, Siouxsie and the Banshees, The Clash y Sex Pistols, y el segundo Stinky Toys, Chris Spedding & The Vibrators, The Damned y Buzzcocks. Acababa de darse el pistoletazo de salida para uno de de los relevos generacionales más sonados del rock y como suele suceder, en los meses y años siguientes fueron muchos los que afirmaron haber asistido a ese bautizo, a pesar de que en la sala el aforo era de 600 personas. Quienes sí acreditaron estar fueron Paul Weller de The Jam, Chrissie Hynde que más tarde formaría The Pretenders, Shane MacGowan de The Pogues y Andrew Czezowski y Susan Carrington, fundadores, junto a Barry Jones, del club Roxy que acogió a todas las bandas embrionarias del punk británico. La mayoría, con los Pistols a la cabeza, proclamaron a los cuatro vientos sus simpatías por el anarquismo, aunque en realidad ninguno llegó a acercarse siquiera los postulados de esa ideología, de la que resaltaron su parte más negativa, la que invita al caos y la destrucción, una herencia que asumieron en todo el mundo muchos grupos de los años venideros, con honradas excepciones que veremos más adelante, proclamándose antisociales y antisistema en los gestos y la actitud, mientras en el fondo muchos eran absorbidos por los intereses de las grandes multinacionales del negocio musical. Una nueva versión del gatopardesco cambiarlo todo para que nada cambie.

Jethro Tull: Demasiado viejos para el rock and roll, demasiado jóvenes para morir.

ANARQUÍA EN EL REINO UNIDO

Malcolm McLaren.

En 1974 un joven británico llamado Malcolm McLaren, que había participado de la filosofía del absurdo provocador del situacionismo del 68, se encontraba en Nueva York trabajando como mánager para The New York Dolls, una banda de rock que se movía en el mismo territorio *underground* que The Velvet Underground o The Stooges, junto a los que abonaría la escena de lo que muy poco después sería el nacimiento del punk. A su regreso a Londres, McLaren conoció a unos inquietos jóvenes llamados Johnny Rotten, Steve Jones, Glen Matlock y Paul Cook, a los que más tarde se uniría Sid Vicious, y los convirtió en una banda llamada Sex Pistols, que con el escándalo y la provocación como bandera contribuyeron a darle un giro radical al rock. En noviembre de 1976 lanzaron el sencillo «Anarchy in the U.K» que fue la espoleta que hizo estallar el punk en Inglaterra. Seis meses después lanzaron «God Save the Queen», una parodia del himno nacional británico, con una letra absolutamente irreverente: «Dios salve a la Reina, / el régimen fascista / te han convertido en un idiota, / una bomba H en potencia [...]. Dios salve a la Reina, / no es un ser humano / y no hay futuro / en el sueño de Inglaterra». Tanto la portada, con la imagen de reina Isabel II con la cara tapada en parte por el nombre de la banda como la letra de la canción, provocaron un escándalo de proporciones nunca vistas. Los Pistols fueron censurados y vetados en la mayoría de las emisoras de radio, incluidas las independientes. Para usar el escándalo como promoción la compañía discográfica Virgin hizo coincidir el lanzamiento del disco con el aniversario de la llegada de la reina al trono: Los Pistols tocaron el tema en una barca que navegaba por el Támesis, la policía intervino y fueron arrestados. «God Save the Queen» se convirtió en el segundo tema más vendido por detrás de un *single* de Rod Stewart. La leyenda cuenta que los números estaban amañados para evitar que los Pistols se saliesen tan descaradamente con la suya. Pero la leyenda ya estaba en marcha.

Tras unos meses de incertidumbre y tensión, con giras anuladas y ataques personales a los miembros de la banda incluidos, en octubre de 1977 sale al mercado su primer álbum, *Never Mind the Bollocks, Here's the Sex Pistols*, que a pesar de los vetos y las censuras generalizadas en los medios de comunicación y los ataques de personalidades públicas —un miembro del gobierno llegó a afirmar que eran el más claro ejemplo de la decadencia del país– el disco se convirtió en número uno. La provocación siguió con una gira de presentación por todo el país bajo el título *Never Mind the Bans* (¡Qué importan las prohibiciones!), tras la que vendría al año siguiente otra por los Estados Unidos que se convirtió en una auténtica catástrofe, con tensiones en el grupo, peleas con el público, escándalos sexuales y un Sid Vicious completamente enganchado a la heroína, capaz de los mayores excesos. El 17 de enero de 1978, la banda se separó, McLaren, Cook y Jones se marcharon de vacaciones a Brasil, Rotten se fue a Nueva York y Sid comenzó una deriva que le llevaría a morir de sobredosis en 1979 en Nueva York, tras ser acusado del asesinato de su novia Nancy Spungen. Pero antes todavía tuvo tiempo de regresar a Londres para grabar su mítico «My Way» y filmar dos versiones de Eddie Cochran destinadas a la banda sonora de la película *The Great Rock´n Roll Swindle* (*El gran timo del rock & roll*) dirigida en 1980 por Julien Temple. La vida de la banda Sex Pistols fue breve y fulgurante, pero alcanzaron el cenit de la rebeldía nihilista y salvaje en el mundo del rock.

Johnny Rotten, vocalista del legendario grupo Sex Pistols.

«Anarchy In The UK»
La sonada irrupción de Sex Pistols

I am an anti-Christ
I am an anarchist
Don't know what I want
But I know how to get it
I want to destroy the passerby

'Cause I want to be anarchy
No dogs body
(...)
Anarchy for the U.K.
It's coming sometime and maybe
I give a wrong time, stop a traffic line
Your future dream has sure been seen through.

'Cause I want to be anarchy
In the city.

Soy un anticristo,
soy un anarquista,
no sé lo que quiero pero sé cómo conseguirlo.
Quiero despedazar transeúntes

Porque quiero ser anarquía.
No seré un lacayo.
(...)
Anarquía para el Reino Unido,
acabará llegando algún día
y quizá provoco un momento de confusión
al detener el tráfico.
Tu sueño del futuro es un proyecto comercial

¡Porque yo quiero ser anarquía!
en la City

EL ICONO IDEOLÓGICO DEL PUNK

En agosto de 1976 el barrio londinense de Notting Hill fue escenario de unos violentos disturbios raciales desencadenados a raíz de la muerte de un joven de raza negra por disparos de la policía. Los choques entre policías y manifestantes se extendieron a otras ciudades de Gran Bretaña y se prolongaron durante una semana. Entre los miles de jóvenes que se vieron inmersos en aquella debacle se encontraban Joe Strummer, Paul Simonon y Bernard Rhodes, dos aspirantes a músicos y su mánager, que habían debutado, sin demasiado éxito, como teloneros de los Sex Pistols sólo un mes antes. Fruto de aquella experiencia de lucha antirracista callejera surgió «White Riot», el primer *single* de The Clash, banda que incluía además a Mick Jones, Keith Levene y Terry Chimes, quien acabaría dejando el grupo por unas diferencias personales que tenían mucho que ver con su ideología ultraconservadora y diametralmente opuesta al liberalismo izquierdista del resto de la banda. Aquel primer *single*, que se puede traducir por «Disturbio blanco», estaba imbuido de un sentimiento de lucha de clases y animaba a los obreros y marginados blancos a usar la violencia igual que estaban haciendo sus compatriotas negros: «Los negros tienen muchos problemas / pero no les importa tirar un ladrillo. / Los blancos van a la escuela, / donde te enseñan a ser un borrico [...]. Todo el poder está en manos / de quienes son bastante ricos para comprarlo, / mientras nosotros andamos por la calle / demasiado acobardados para intentarlo siquiera». El tema formaría parte del primer disco de la banda, *The Clash*, editado en la primavera de 1977 con una foto de los disturbios de Notting Hill en la portada, un estilo musical que superaba el punk primitivo, incluyendo aires de ska, reggae y otro ritmos étnicos, y 14 temas cargados de ironía y rebelión ante el autoritarismo, como «Remote Control», donde cargaban

The Clash, la banda nacida en Ladbroke Grove, Londres, en el germen del punk británico.

por igual contra burócratas municipales, policías y grandes corporaciones de la industria musical, «I'm so Bored with the U.S.A.», una crítica al sistema social y político norteamericano, «Hate & War», un alegato contra la guerra, o «London's Burning», una abierta mofa a las tradiciones y el adoctrinamiento. Todo el disco era un repaso ácido y crítico a la época que les había tocado vivir a sus autores. A finales de los años setenta con las cifras de paro y la inflación en máximos históricos, Inglaterra atravesaba una crisis de tal calibre que en 1976 el gobierno laborista se vio forzado a pedir la intervención del Fondo Monetario Internacional, con un un rescate de 2.600 millones de libras (algo más de 3.115 de euros). El modelo económico que había regido en el país desde el final de la Segunda Guerra Mundial se tambaleaba y la conflictividad laboral iba en aumento mientras crecía el descontento entre una juventud que veía como su futuro tenía cada vez unos tintes más sombríos, algo que reflejan a la perfección en la canción «Career Opportunities»

El segundo álbum de The Clash, *Give 'Em Enough Rope*, insistió en su tono irreverente aunque con letras menos militantes y fue sobre todo la llave que le abrió las puertas del mercado de los Estados Unidos, a donde viajaron por primera vez en 1979, un año decisivo en la historia social y política del Reino Unido y que comenzó con el llamado «invierno del descontento», con un país sumido en una conflictividad laboral que fue aprovechada por la oposición conservadora para aupar al cargo de primera ministra a Margaret Thatcher, que llevó a cabo una revolución de corte neoconservador y capitalista a ultranza. En ese ambiente de tensión social, los Clash lanzan su tercer disco, el *London Calling*, en el que la banda vuelca de nuevo sus preocupaciones por temas relacionados con el aumento del racismo, el desempleo, la precariedad laboral, las drogas, las frustraciones personales e incluso un equívoco guiño a la Guerra Civil española en el tema «Spanish Bombs», que además de un homenaje a los combatientes republicanos y una denuncia del asesinato de Federico García Lorca, estaba dedicada por Joe Strummer a su novia Paloma Romero, más conocida como Palmoli-

«Career Opportunities»
La indignación de The Clash en la cola del paro

They offered me the office, offered me the shop
They said I'd better take anything they'd got
Do you wanna make tea at the BBC?
Do you wanna be, do you really wanna be a cop?

Career opportunities, the ones that never knock
Every job they offer you is to keep you out the dock
Career opportunities, the ones that never knock

I hate the army and I hate the RAF
I don't wanna go fighting in the tropical heat
I hate the civil service rules
I won't open letter bombs for you (...)

Me ofrecieron la oficina, me ofrecieron la tienda, me dijeron que cogiese cualquier cosa que me ofrecieran
¿Quieres hacer el té en la BBC?
¿Estás seguro de que no quieres ser policía?

Nunca te darán una verdadera oportunidad laboral, cada trabajo que te ofrecen es para quitarte dedelante.
Nunca te darán una verdadera oportunidad laboral.

Odio al ejército y odio a la RAF,
no quiero ir a pelear en el calor tropical.
Odio las reglas del servicio civil.
No abriré cartas bomba para ti. (...)

The Slits, la primera banda punk femenina formada en 1976 por Ari Up (Arianna Foster) y la malagueña Palmolive (Paloma Romero).

ve en sus días de batería de la primera banda punk exclusivamente femenina del Reino Unido, The Slits. El tema que da nombre al álbum reflejaba todas las preocupaciones de los integrantes del grupo en aquel momento, desde su propia situación financiera hasta el peligro de inundación que amenazaba a Londres, pasando por la amenaza nuclear, el racismo o la marginación social de los drogadictos. Su éxito fue tal que con el tiempo se convirtió en una especie de himno oficioso de la capital británica que acabó usándolo como canción oficial de los Juegos Olímpicos de 2012. El álbum fue un autentico bombazo que elevó a la banda a categoría de leyenda universal del rock, título que consolidaron con su siguiente disco, *Sandinista*, de evidentes evocaciones revolucionaras y en el que musicalmente se alejaban cada vez más del punk y profesionalmente anunciaba, a pesar de su enorme éxito de ventas y su influencia posterior en el mundo de la música, el principio del fin de la banda que se materializó tras su millonario álbum *Combat Rock*, cuando la formación original comenzó a disgregarse.

Con los Clash, el movimiento punk llegó a su punto de rebelión y concienciación política más elevado, aunque otros grupos fueron más longevos y explotaron esa etiqueta sin llegar nunca a su nivel. Muchas de las bandas originales de la primera oleada punk

The Stranglers.

los han sobrevivido, como The Damned, que acabaron derivando al rock gótico, The Stranglers, un grupo hoy alejado de sus raíces y de ideología tan particular que los llevó a enfrentarse con muchas bandas de punk de su época inicial e incluso a ser acusados de misóginos, Siouxsie and the Banshees, tan salvajes y provocadores como los Pistols y que acabaron acomodándose en el rock alternativo, The Vibrators, unos existencialistas con conciencia social que hoy se mueven en el circuito de la nostalgia, The Exploited, acusados en su día incluso de connivencia con la extrema derecha y convertidos hoy en millonarios vendedores de hardcore y otros muchos como los 999, Buzzcocks, Discharge, The Boys, The Adicts o U. K. Subs. Todos mostraron una fiereza y una apabullante rebeldía inicial, pero antes o después fueron adaptándose a las reglas que marca esa despiadada maquinaria de la industria del espectáculo.

Siouxsie and the Banshees.

Strummer el sandinista

Antes de ser Strummer, Joe fue Johnny Mellor, un chaval nacido en Turquía, hijo de un diplomático de origen indio y de una escocesa, que admiraba a la leyenda del folk Woody Guthrie y que se paseaba por Londres con una guitarra con una pegatina que rezaba «Nicaragua, un pueblo en lucha». Su apoyo al Frente Sandinista de Liberación Nacional de Nicaragua y a otros movimientos guerrilleros de Latinoamérica, era secundado por el resto de los Clash y se materializó en 1980 en *Sandinista!*, el disco más abiertamente político de la banda, con temas como «Washington Bullets», en referencia a las intervenciones norteamericanas en el extranjero, «The Call Up», sobre el reclutamiento forzoso, «The Magnificent Seven», probablemente el primer rap hecho por blancos con una ácida crítica a la precariedad en la sociedad de consumo, «Ivan Meets G. I. Joe», una burla de la Guerra Fría, o el tema de aromas guerrilleros «Rebel Waltz». Pero el elogiado álbum no estuvo exento de críticas de quienes juzgaban que sostenía un difícil equilibrio entre la revolución y el capitalismo. *Sandinista!*, a decir de algunos, es un álbum musicalmente alabado en exceso y con el pecado original de haber sido editado por una discográfica, Epic, dependiente de una multinacional tan leonina como Sony, algo que no impidió que tuviese una influencia política innegable en los grupos surgidos a partir de 1980.

ESTADOS UNIDOS, LA CUNA DEL ESTALLIDO

En 1974 los Estados Unidos viven los últimos coletazos de una Guerra de Vietnam que ha creado la mayor crisis social de su historia, el movimiento *hippie* se encuentra totalmente a la deriva, la economía sufre los primeros mazazos de la crisis del petróleo desatada ese mismo año y la política padece el descrédito del escándalo Watergate que provoca la dimisión del presidente Richard Nixon. El *American Way of Life* es un recuerdo del pasado y la decepción y el desencanto se adueñan de las clases populares, que viven en barrios degradados de ciudades azotadas por los fantasmas de la droga y el paro. En uno de esos barrios, Forest Hills, en el distrito de Queens, Nueva York, cuatro chavales llamados Jeffrey Hyman (Joey Ramone), John Cummings (Johnny Ramone), John Cummings (Tommy Ramone), Douglas Colvin (Dee Dee Ramone), montan una banda de rock que reniega de la suntuosidad de los grandes grupos de los sesenta y principios de los setenta y practican una música mucho más rudimentaria, con estructuras simples, ritmo contundente y repetitivo y letras sin más pretensión que resultar pegadizas y divertidas. Acaba de nacer Ramones y con ellos un movimiento musical, el punk, llamado a sacudir la historia del rock. No sería la primera vez, pero sí la más contundente.

El escenario de este terremoto es Nueva York y su epicentro el club CBGB, un local montado en 1973 por Hilly Kristal, un músico metido a empresario cuya primera idea era programar «country, bluegrass and blues», que es de donde vienen las iniciales que dan nombre al club, pero que en vista del auge de la escena contracultural neoyorquina que rodeada el embrión del punk, acabó acogiendo a los pioneros del movimiento, de Johnny Thunders and the Heartbreakers a Blondie, pasando por los propios Ramones, Richard Hell & The Voidoids, Television, Talking Heads, Patti Smith, The Fleshtones o The Damned, entre otros. Los Ramones pisan su escenario por primera vez en 1974 y desde entonces se convierten en unos habituales del local, donde tocarán un día a la semana. En abril de 1976 lanzan su primer disco, Ramones, que es recibido con críticas que alaban su frescura y su arrogancia insumisa «de una estimulante intensidad que el rock & roll no experimentaba desde sus primeros días», a decir del crítico Paul Nelson de la revista *Rolling Stone*, aunque hay también quien en su brutalidad cree ver conceptos y actitudes fascistas, como Robert Christgau del Village Voice, que a pesar de todo se reconoce cautivado por su electrizante rock & roll. Un mes después actúan con la banda británica Dr. Feelgood en un concierto en el que su mánager, Linda Stein, establece los contactos que los llevan en julio a celebrar su primera gira por Inglaterra actuando en el Roundhouse

The Ramones delante del club CBGB, cuna neoyorkina del punk.

junto a los Flamin' Groovies y ante una audiencia que incluía a los miembros de Sex Pistols, The Clash y otras figuras del incipiente punk británico que a partir de ese momento comenzó a subir como la espuma. A finales de ese año de 1976, el 25 de noviembre, The Band celebra su concierto de despedida, el mítico The Last Waltz, en el que participan las más rutilantes estrellas de la música popular de los Estados Unidos para poner un broche de oro a toda una época. Fue una especie de involuntario pase del testigo a la siguiente generación que sacudía la escena del rock.

Sus dos siguientes discos, *Leave Home* y *Rocket to Russia*, lanzados en 1977, siguen siendo alabados por la crítica como absolutamente rompedores, pero siguen sin cosechar unas ventas espectaculares. Ese año Tommy es sustituido por Mark Bell, con el nombre de Marky Ramone, en el primero de una larga serie de relevos que se producirán en la banda. En 1979, al igual que había sucedido con las primeras estrellas del rock 'n' roll, su participación en una película, *Rock 'n' Roll High School*, dirigida por Allan Arkush, los lanza a la popularidad. El film los lleva hasta el mítico productor Phil Spector, con el que en 1980 graban el álbum *End of the Century*, el más exitoso de su carrera en cuanto a ventas. Pero

El logotipo más rentable del rock

La camiseta con la palabra Ramones con un círculo debajo en el que se podían leer los nombres de sus cuatro componentes de turno enmarcando el dibujo de un águila sujetando con cada garra una rama y un bate de béisbol, es probablemente el icono más conocido y más vendido del rock junto a la lengua de los Rolling Stones. Más de dos décadas después de la desaparición del grupo sigue siendo lucida por las nuevas generaciones, incluso cuando algunos de ellos no saben muy bien lo que llevan puesto, lo que les ha provisto a los miembros del grupo más ingresos que la venta de sus propios discos. El logo fue creado por Arturo Vega, un artista que acabó encargándose del *merchandising* del grupo. Se inspiró en el sello del presidente de los Estados Unidos, cambiando el lema «Seal of the President of the United States» por su habitual grito de guerra «Hey ho! Let's go!», la rama de olivo por una de manzano y las flechas por un bate de béisbol. Con todo ello quería reflejar el espíritu profundamente estadounidense que caracterizaba al grupo, un aspecto en el que coincidían con los rockeros originales de los años cincuenta, cuya indumentaria también imitaron de nuevo con sus cazadoras de cuero, sus vaqueros desgastados y sus zapatillas deportivas.

las relaciones con Spector no son buenas y la banda sigue por sus propios derroteros, que incluyen sus eternas broncas internas, sobre todo entre Johnny y Joey, y sus problemas con el alcohol y las drogas. A pesar de los conflictos y los cambios en el grupo, los Ramones se convirtieron en la referencia mundial más duradera del punk. Más allá de algunas reuniones esporádicas y algunos intentos de aprovechar la marca por parte de miembros e incluso hijos de miembros de la banda, los Ramones se separaron en 1996 dejando tras ellos una quincena de discos de un impacto musical que nunca tuvo reflejo en las letras de sus canciones, que no iban más allá del desencanto juvenil, las drogas, el desamor, un primario antibelicismo y una generalizada actitud antisocial.

Lo cierto es que la revolución de Ramones fue exclusivamente musical ya que su mensaje era bastante primario y su postura política común era inexistente. Es más, en el seno de la banda convivían ideologías divergentes, cuando no enfrentadas, como las de Joey, que se definía como un judío izquierdista y un militante antiimperialista, y Johnny, un admirador de los presidentes republicanos más conservadores, como Reagan y Bush, y que no tenía demasiados reparos en exhibir sus comportamientos racistas. Estas diferencias ideológicas —acrecentadas por detalles personales como el hecho de que Johnny le quitase la novia a Joey— fueron una fuente de conflictos en el seno de la banda y el cantante y el guitarrista acabaron aborreciéndose mutuamente durante más de quince años.

EL RADICALISMO DE LOS KENNEDY MUERTOS

Un caso muy distinto es el de Dead Kennedys, que no sólo dieron un paso adelante en la evolución política y social del punk, con letras de contenido crítico político y social, sino que se lo tomaron tan en serio que además cuestionaron la esencia pretendidamente revolucionaria del propio movimiento. Nacieron en junio de 1978 en San Francisco por iniciativa de Raymond Pepperell Jr., más conocido como East Bay Ray, quién contacta con Eric Boucher, conocido a su vez como Jello Biafra, quien había conocido el punk de primera mano en Londres; Geoffrey Lyall, alias Klaus Flouride y Carlos Cadona, apodado «6025», que pronto será sustituido por Bruce Slesinger «Ted». Dada la idolatría que existe en Estados Unidos hacia la familia Kennedy tras los asesinatos del presidente John Fitzgerald y su hermano Robert, su provocador nombre les acarrea polémica y problemas desde el primer momento, viéndose obligados en numerosas ocasiones a actuar camuflados bajo nombres falsos como The Sharks, The DK's, The Pink Twinkies o The Creamsicles. Jello Biafra nunca se cansó de explicar, la mayoría de las veces sin demasiado éxito, que el nombre no pretendía ser una falta de respeto hacia los políticos asesinados, sino una forma de llamar la atención sobre una concepción de los Estados

Vote por Jello Biafra

Fiel a su papel de líder intelectual de Dead Kennedys y agitador social, en 1979 Jello Biafra protagoniza una acción mediática contra la columna vertebral del sistema democrático en Estados Unidos y se presenta como candidato en las elecciones a la alcaldía de San Francisco. Su intención es ironizar sobre la verdadera esencia de esas elecciones y ridiculizar las actitudes y las promesas electorales de los candidatos pretendidamente serios. Bajo el eslogan «There's always room for Jello» («Siempre hay una habitación para Jello») en sus mítines, lanzaba ideas antibelicistas, arremetía contra Wall Street y prometía obligar a los ejecutivos y banqueros a vestir con trajes de payaso, o proponía que los policías fuesen elegidos por los vecinos de los barrios que patrullaban. El movimiento punk de San Francisco se volcó con él e incluso sus seguidores secundaron la pantomima de que se suicidaría si no ganaba. Lo cierto es que, en una hora de absoluto descrédito de la política tradicional, Biafra suscitó muchas más simpatías de las esperadas y al final obtuvo 6.591 votos, quedando el cuarto de diez candidatos.

Jello Biafra.

Unidos como país que podría resumirse como el fin del «sueño americano». Este ideario de descreimiento frustrado lo vuelcan en las letras de sus canciones, con una ácida ironía y un duro humor negro que usan para poner en cuestión todas las ideologías políticas, tanto de derechas como de izquierdas, satirizar los grandes iconos de la cultura popular y arremeter contra la autoridad en todas sus vertientes. La provocación está patente en

Dead Kennedys, los punks revolucionarios norteamericanos

el título de su primer *single* «California Über Alles», en 1979, una virulenta crítica al gobernador de California Jerry Brown, conocido por sus ideas ultraconservadoras, en la que parodian el himno alemán usado por los nazis y que no se volvería a usar oficialmente hasta 1952. La controversia se agudiza al popularizarse la canción entre los jóvenes californianos de extrema derecha; los Dead serán incluso tildados de fascistas.

A principios de 1980 los Dead Kennedys lanzan su segundo *single*, «Holiday in Cambodia», un tema de contenido antimilitarista con el trasfondo de la intervención norteamericana en Extremo Oriente durante el sangriento régimen de los jemeres rojos en Camboya. Ese mismo año protagonizan una de sus actuaciones más sonadas durante la ceremonia de entrega de los premios Bay Area Music, a la que acudieron vestidos con camisas blancas con una S pintada con espray y corbatas negras, de forma que se leyese el símbolo del dólar. Comenzaron tocando «California Über Alles», pero a los pocos segundos Biafra paralizó la actuación afirmando que abandonaban el punk para convertirse en una banda de New Wave e inmediatamente comenzaron a interpretar un nuevo tema,

«Pull My Strings», en el que arremetían contra todos los estamentos de la industria musical sin dejar títere con cabeza, hurgando justo en la herida de la domesticación del rock a base de dinero: «Quiero ser una herramienta, / no necesitar un alma, / quiero ganar mucho dinero / tocando rock and roll [...]. Tendrás que pagar diez dólares por verme / en un escenario de quince pies de altura / gorilas de culos gordos sacarán la mierda / de niños que tratan de bailar [...]. ¿Es mi polla lo suficientemente grande, / es mi cerebro lo suficientemente pequeño, para que me conviertas en una estrella? / Dame un bocinazo, te voy a vender mi alma». En 1980 lanzan su primer álbum, *Fresh Fruit for Rotting Vegetables*, que los lleva al éxito de ventas.

En 1981 el grupo atravesó una crisis a causa de la intención de East Bay Ray de firmar un contrato con el sello Polydor Records, contra la opinión de Biafra que amenazó con marcharse. Al final el asunto se solucionó por sí solo, ya que la discográfica se asustó ante la perspectiva de tener que publicar su próximo *single* titulado «Too Drunk to Fuck» («Demasiado borracho para follar»). Por esos días publican «Nazi Punks Fuck Off», un tema con el que se zambullen en una agria polémica con las bandas británicas de punk a las que reprochan su uso de la simbología nazi. A finales de ese año editan el EP *In God We Trust, Inc.*, cuyos temas son un ataque directo a la ultraderecha norteamericana, el presidente Ronald Reagan y las organizaciones religiosas extremistas. Pero no se limitan a una sola orientación política porque durante la campaña electoral que coincidió con la gira de presentación del disco criticaron por igual a candidatos demócratas y republicanos y sus conciertos acabaron en enfrentamientos con la policía en más de una ocasión. En esa línea de denuncia insisten en su segundo LP, *Plastic Surgery Disasters,* con una impactante portada con una fotografía de Michael Wells, con una mano negra absolutamente esquelética sobre una mano blanca oronda y sana, y unas letras acompañadas de imágenes en *collage*, en las que cargan con toda su artillería provocadora e insumisa contra las dictaduras como la de Augusto Pinochet en Chile, contra la tortura, en el tema «Bleed for Me», contra la alienación que producen los medios de comunicación en «Trust Your Mechanic», contra la prepotencia del gobierno en «Government Flu» o la hipocresía de la clase media en «Terminal Preppie».

Su siguiente disco, *Frankenchrist*, editado en 1985, los pone en el punto de mira de la PMRC (Parents Music Resource Center) una asociación ultraconservadora que los demanda por un delito contra la moral. Esta vez no sólo son sus canciones las que hieren las sensibilidades de los derechistas, sino sobre todo un póster incluido en el disco, denominado «Penis Landscape», del artista suizo H. R. Giger, con una imagen de penes penetrando vulvas. Los Dead Kennedys son condenados a un año de prisión, (que finalmente no tendrán que cumplir) y 2000 dólares de multa cada uno. Pero lo peor es la censura generalizada, con veto en emisoras y tiendas de discos, que hace peligrar el futuro de

«Anarchy for Sale»
la degradación del espíritu punk

Step right up folks
Anarchy for sale!
T-shirts only ten dollars
Badges only 3.50
I nicked the design, never asked the band
I never listen to them either
(...)
Another fast-food fad to throw away
Get your anarchy for sale

Acérquense, amigos.
¡Anarquía en venta!
Camisetas a sólo 10 dólares,
las insignias sólo 3,50.
Robé el diseño, nunca le pregunté a la banda.
Tampoco los escucho nunca.
(...)
Otra moda de comida rápida para tirar.
Ponga su anarquía a la venta.

la banda, que se disuelve en 1986 a causa de los continuos conflictos entre sus miembros, sobre todo por Jello Biafra. Tampoco era ajena a esta ruptura la deriva que había tomado la música *underground* y el público que asistía a sus conciertos, cada vez más violento y alejado de la ideología crítica del grupo. Su último álbum lleva el significativo título de *Bedtime for Democracy* (*Hora de dormir para la democracia*) que incluye temas como «Chickenshit Conformist» y «Anarchy for Sale», que muestran la decepción con la deriva del movimiento punk y la escena alternativa en general. Tras varios intentos de reunificación la banda regresaría en el año 2000, definitivamente sin Jello Biafra.

La evolución de la respuesta más genuinamente norteamericana al rupturista punk británico es el garage punk, una colisión entre el garage rock sesentero y el punk de finales de los setenta, protagonizada por adolescentes desclasados de las zonas suburbiales de las grandes ciudades. Su floración comenzó sobre todo en la segunda mitad de los años ochenta y su influencia alcanza hasta nuestros días. Siguiendo el espíritu de rechazo al profesionalismo musical del punk original, bandas como los californianos The Cramps y The Mummies, The Gories, de Detroit, The Mono Men, de Washington o los neoyorquinos The Fuzztones y The Mooney Suzuki, que se caracterizaron por su oposición al *establishment* de la industria musical y por una búsqueda obsesiva de la independencia absoluta y una actitud marcadamente anti-

The Mummies.

social. Pero el movimiento no se circunscribió sólo a los Estados Unidos, sino que se convirtió en un fenómeno mundial con bandas como los suecos Backyard Babies, The Hellacopters y The Hives, los británicos The Libertines o las japonesas The 5.6.7.8's, famosas por su participación en la película *Kill Bill* de Quentin Tarantino, y sus compatriotas Guitar Wolf.

PUNK FEMENINO, INSURRECCIÓN FEMINISTA

La ruptura de dogmas, tabús y barreras que supuso el movimiento punk también tuvo un reflejo fundamental en el número de mujeres que se incorporaron a él desde el primero momento con un relevancia y una cantidad que no se había visto en ninguna corriente anterior del rock & roll. A finales de la década de los setenta y principios y mediados de los ochenta hubo una eclosión no sólo de bandas exclusivamente femeninas, sino de bandas mixtas lideradas por mujeres, algo bastante minoritario en el mundo del rock hasta el momento. Entre las pioneras en este terreno figura Siouxsie and the Banshees, que nació en el Londres de 1976 como un proyecto inicial de Susan Janet Ballion, alias Siouxsie Sioux, y Steven Bailey, alias Steven Severin, después de ver un concierto de Sex Pistols a finales del 75. Su estética y su militancia como seguidores de Sex Pistols y las bandas embrionarias del punk, los convirtieron en unos impulsores decisivos de ese estilo, pero su punk inicial pronto se les queda corto y comienzan a explorar otros territorios sonoros hasta convertirse en la avanzadilla del rock gótico, con unas letras que se alejan de la protesta nihilista para adentrarse en un tenebroso mundo de malditismo, delirio depresivo, desvarío psicológico y ritualismo satánico. Mientras a principios de los años ochenta Inglaterra se sumerge en un periodo de tensiones raciales, conflictos laborales y agudos conflictos sociales que marcan el principio del gobierno de Margaret Thatcher, Siouxsie se convierte en el referente de un sector de la juventud que se refugia en su intimidad más introspectiva y torturada, con una estética retro que explota el lado más macabro del punk. Acabaron disolviéndose en 1996, aunque Siouxsie y Budgie siguieron en activo hasta su divorcio en 2007.

Al mismo momento histórico y similar esquema de banda pertenece X-Ray Spex, liderada por la cantante Poly Styrene con Paul Dean al bajo, Paul «BP» Hurding en la batería y la saxofonista Lora Logic. En 1978 surgió en Birmingham otra banda mixta dirigida por Lesley Woods con Jane Munro, Paul Foad y Pete Hammond, que practicaban un punk con contenido irónico crítico sobre los estereotipos sexuales o las denuncias sobre la situación de los presos del IRA, entre otros temas de la actualidad. En el movimiento embrionario del punk

La carismática Poly Styrene, líder de los X-Ray Spex. .

británico figuran también grupos exclusivamente femeninos como The Slits creada en Londres en 1976 por la vocalista alemana Ari Up con la española Paloma Romero «Palmolive», la australiana Viv Albertine y la británica Tessa Pollit. Ellas nunca se declararon feministas porque no sintieron la necesidad de hacerlo. Tocaban en pie de igualdad con sus compañeros masculinos y eso era suficiente. Igual que muchas bandas de aquel explosivo momento, se fueron diluyendo tras un impactante primer disco: *Cut*. Londres fue también el escenario de los primeros pasos de una de las figuras femeninas más carismáticas del rock, la norteamericana Chrissie Hynde. Natural de Ohio, en 1976 se encontraba en el epicentro del terremoto punk. Había trabajado en la famosa boutique SEX, de Malcolm McLaren, y había colaborado en la revista *New Musical Express*. Un buen día contestó a un anuncio del Melody Maker en el que se buscaban músicos para un grupo y aunque en principio no fue seleccionada aquello le permitió codearse con los componentes de Sex Pistols, The Clash, 999 y demás bandas embrionarias del punk, un género del que se distanció para entrar a formar parte de la New Wave con Pretenders, la banda que fundó en 1978 con Pete Farndon, Jimmy Honeyman-Scott y Martin Chambers. Desde el primero momento, la trayectoria de la banda estuvo vinculada a la figura de liderazgo de Hynde, que hoy sigue paseando su carisma por todos los escenarios del mundo.

Pero fue en Estados Unidos, donde se produjo la eclosión de más calado en lo que a rockeras femeninas se refiere.

En 1975 hace su aparición en Nueva York Patricia Lee, más conocida como Patti Smith, con un álbum, *Horses*, que elevaba el nivel lírico del punk con sus referencias a la poesía francesa y a la cultura beatnik. El álbum contenía una versión de «Gloria», de Van Morrison, en la que la artista introdujo su famosa frase «Jesús murió por los pecados de alguien, pero no los míos», en un ajuste de cuentas con su severa educación religiosa. Con

el tiempo, el tema se convertiría en uno de los grandes clásicos del rock. Su fuerte personalidad y la potencia de sus composiciones le valieron el título de «Madrina del punk», un género en el que se adentraría a partir de su segundo disco, *Radio Ethiopia*, que no tendría una gran repercusión, en parte debido al accidente que sufrió durante la gira de promoción y que la obligó a retirarse de los escenarios durante un año. En 1978 publica *Easter*, el álbum que la lanzó a la fama, sobre todo gracias al famoso «Because the Night», un tema que escribió a medias con Bruce Springsteen. En los ochenta pasó por una serie

Chrissie Hynde, líder del grupo anglo-americano de rock The Pretenders.

de vicisitudes personales, como su boda con, Fred "Sonic" Smith, un antiguo miembro de la banda de rock radical MC5 que moriría en 1994, y el nacimiento de sus hijos Jackson y Jesse, que la mantuvieron apartada del mundo de la música. Regresó definitivamente en 1995 para convertirse en una indiscutible referencia femenina en el mundo de la contracultura y el rock; además de en una reconocía activista de los derechos humanos, la ecología y el pacifismo.

Patti Smith, poeta, cantautora e icono del punk femenino.

«Para mí, el punk rock es la libertad para crear, la libertad de ser quien eres. Es la libertad.»

Patti Smith

EL ICONO FEMINISTA DEL ROCK

Si hay una figura que encarna los ideales del feminismo transgresor en el rock y el punk de mediados de los setenta, esa es indudablemente Joan Jett. Nacida en un suburbio de Filadelfia, comenzó a tocar la guitarra en la adolescencia y a los diecisiete años entró a formar parte de The Runaways, el grupo femenino nacido a la sombra del productor Kim Fowley e integrado además por Kari Krome, Sandy West, Cherie Currie, Lita Ford y Jackie Fox. Su dominio instrumental y la contundencia de sus temas las convirtieron casi inmediatamente en la banda femenina más sólida y conocida de su tiempo con temas como «Cherry Bomb»,

Joan Jett lideró The Runaways, un grupo de cinco chicas que rompieron moldes en el rock.

uno de los temas de cabecera de las chicas rockeras desde entonces. En 1976 lanzan su primer álbum, *The Runaways*, y un año después el segundo, *Queens of Noise*, que salió al mercado coincidiendo con la explosión del punk británico, un movimiento en el que acabaron incluidas junto a grupos como Blondie, The Ramones, Sex Pistols o Damned. En 1977 Joan Jett se convierte en la vocalista del grupo y en su figura más emblemática. Tras una carrera tan fulgurante como exitosa y tras varios cambios en su formación, The Runaways se separan en 1979 y Joan Jett se instala en Inglaterra para iniciar una carrera en solitario. En un viaje a Los Ángeles para rodar una

The Runaways.

película sobre las Runaways que nunca vio la luz, Joan conoce al productor Kenny Laguna, quien tras un disco homónimo en solitario sin mayor repercusión, la ayuda a montar su propia banda, The Blackhearts. John Doe, Ricky Byrd, Gary Ryan y Eric Ambel, pronto reemplazado por Ricky Byrd, fueron los mosqueteros que acompañaron a Joan Jett en su primer y exitoso álbum *I Love Rock 'n Roll*, número uno del *Billboard* durante siete semanas seguidas en 1982. A partir de ese momento se convirtió en una idolatrada referencia para todas las chicas que aspiraban a convertirse en estrellas del rock. Ha sido calificada como Reina del Rock 'n' roll o Riot grrrl original, no sólo por su personalidad musical y su presencia escénica, sino también por la contundencia de sus letras que exhalan libertad personal y sexual en todas sus estrofas. A pesar de haberse convertido en un icono para las lesbianas de todo el mundo, ella siempre se ha mantenido en un terreno ambiguo al respecto, ni negando ni afirmando su condición sexual, que reclama como un asunto meramente personal que sólo a ella le concierne. Eso sí, a libre e independiente sigue sin ganarle nadie en el mundo del rock después de cuarenta y cinco años de carrera.

Para completar el póker de damas de la música a mediados de los setenta es imprescindible mencionar a Deborah Ann Harry, más conocida como Debbie Harry, una chica de Miami que a finales de los sesenta cantaba en un grupo de folk rock llamado The Wind in the Willows y que en 1974 montó una banda de rock, Blondie, junto a Gary Valentine, Clem Burke, Chris Stein y Jimmy Destri. Con

«Bad Reputation»
la reivindicación feminista de Joan Jett

I don't give a damn 'bout my reputation
You're living in the past, it's a new generation
A girl can do what she wants to do
and that's what I'm gonna do
(...)
An' I don't give a damn 'bout my reputation
Never said I wanted to improve my station
An' I'm only doin' good when I'm havin' fun
An' I don't have to please no one
(...)
I don't give a damn 'bout my reputation
I've never been afraid of any deviation
An' I don't really care if you think I'm strange
I ain't gonna change

So why should I care about a bad reputation

Me importa una mierda mi reputación,
vives en el pasado, es una nueva generación.
Una chica puede hacer lo que quiera,
y eso es lo voy a hacer yo.
(...)
Y me importa una mierda mi mala reputación,
nunca dije que quisiera mejorar de emisora,
y sólo lo hago bien cuando me lo paso bien
y no tengo que agradar a nadie.
(...)
Me importa una mierda mi reputación,
nunca tuve miedo de cualquier desviación,
y en realidad no me importa si piensas que soy extraña,
no voy a cambiar.

Así que, ¿por qué debería preocuparme por mi mala reputación?

Deborah Ann Harry.

ellos se convirtió en una habitual del CBGB, el templo del punk neoyorquino, y grabó su primer *single*, «X Offender» («Delincuente sexual»), la historia de una prostituta enamorada de un policía, que no fue ningún éxito pero suscitó la suficiente polémica para lograr que Blondie llamase la atención y grabara su primer álbum de título homónimo en 1976. Al año siguiente lanzan *Plastic Letters* que se convirtió en un éxito en Inglaterra y el resto de Europa. En 1978 sale al mercado *Parallel Lines* y Debbie Harry al frente de Blondie se convierte en una figura mundialmente conocida y una de las caras del punk y la New Wave surgida en Nueva York de mediados de los setenta, una fama que sigue explotando a día de hoy.

A la primera escena del punk neoyorquino también pertenece Lydia Lunch, cantante, actriz y escritora, que en 1976, cuando sólo tenía dieciséis años, montó su primera banda, Teenage Jesus & The Jerks, a la que seguirían otra media docena a lo largo de su vida. Su figura fue fundamental para el nacimiento del No Wave, un movimiento que reivindicaba las esencias transgresoras y experimentales del punk frente al adocenamiento comercial de muchos grupos de la New Wave ochentera. Referentes femeninos de esa época son también Cindy Wilson y Kate Pierson, fundadoras de la banda B52, Exene Cervenka, cantante de X, banda californiana de punk rock, Nina Canal, Jacqui Ham, Sally Young, las integrantes de la banda neoyorquina UT, Neo Boys, considerada la primera banda de rock de mujeres de Portland, nacida en 1978 y conocidas por sus letras políticas y feministas, Y Pants, una banda de corte poético feminista surgida en Nueva York en 1979, Chalk Circle, la primera banda femenina de la escena punk de Washington D. C. o Quinta Columna, banda canadiense de mujeres que comenzaron a practicar postpunk experimental en 1981 en Toronto. Todas ellas y unas cuantas más, fueron la avanzadilla del Riot Grrrl, un movimiento feminista estadounidense, muy ligado a la escena alternativa musical y cultural, nacido a principios de los noventa en el estado de Washington y que acabaría extendiéndose por todo el mundo.

Lydia Lunch: cantante, actriz, poeta, fotógrafa y escritora.

EL RAP, LA REBELIÓN DEL GUETO

En los ochenta, en los guetos urbanos de las grandes ciudades de Estados Unidos, nace el tataranieto del blues: el rap, banda sonora del movimiento hip hop, que nace de la marginación de los afroamericanos del finales del siglo XX y que será la banda sonora de la rebelión juvenil mundial de principios del siglo XXI con grupos como Public Enemy, Tupac Shakur, Grandmaster Flash, Beastie Boys o Rage Against the Machine. Según la convención más generalizada, en 1979 el trío de Nueva Jersey, The Sugarhill Gang, lanza el primer disco de rap, el sencillo Rapper's Delight, un tema cuya letra comienza con el rap más macarra, vacilón y ostentoso, hablando de coches de lujo, ropa cara, casa con piscina, televisores enormes, tarjetas de crédito y chicas *sexy*. Para acabar hablando de casas mugrientas, de comidas insípidas y de la miseria del gueto, del que hay que escapar como de la cárcel. Es un anuncio de lo que vendrá una década después, del estallido rabioso de los afroamericanos criados en los barrios más pobres de la ciudad en cuyos padres y hermanos mayores la heroína había hecho estragos y que ahora eran

The Sugarhill Gang.

invadidos por el cristal y la cocaína, mientras la desolación de la pobreza seguía siendo el paisaje habitual.

Obviamente, ningún género musical nace en un momento determinado, como por combustión espontánea. De hecho, desde principios de la década se venía usando la palabra *rap* para definir las parrafadas habladas en una canción a raíz del doble álbum de Isaac Hayes, *Black Moses*, editado en 1971 y que contenía cuatro temas titulados «Ike's Rap», «Ike's Rap II», «Ike's Rap III» y «Ike's Rap IV», respectivamente. Hayes también había sido el creador de la banda sonora de la película *Shaft*, una de las estrellas del Blaxploitation, las películas de acción hechas por y para negros que describían unos barrios afroamericano duros y salvajes, a ritmo del soul y el funk y del mensaje racial de Malcolm X y la provocación irreverente de The Last Poets y Gil Scott-Heron, que preconizaban el rap político, que se caracteriza por sus temáticas raciales y sociales y su lenguaje agresivo pero sin el mensaje de exaltación de la violencia, el delito y las drogas propio del gangsta rap. La cabeza visible de este rap político son los neoyorquinos Public Enemy.

EL RAP, ENEMIGO PÚBLICO NÚMERO UNO

L os pioneros del rap político fueron Grandmaster Flash and the Furious Five, una banda nacida en el Bronx en 1978, que en 1982 edita el tema «The Message», que además de ser el primer disco de hip hop que entró en el archivo nacional estadounidense de grabaciones históricas, puso más incidencia en la letra que en la música lanzando un mensaje sobre las dificultades y frustraciones que supone vivir en el gueto. Precisamente en 1982 Carlton Ridenhour, más conocido como Chuck D, se unió a Spectrum City, un equipo de DJ dirigido por Hank Schoklee en la Universidad Adelphi, en Nueva York, donde coincidieron también con Bill Stephney. Los tres fundaron el primer club de rap de Long Island, The Entourage, y graba-

Grandmaster Flash and the Furious Five.

ron una primera maqueta que titularon *Public Enemy nº 1* y que sirvió para que firmasen un contrato con la discográfica Def Jam Records. El embrión de Public Enemy se puso en marcha con Stephney como publicista, Shocklee al frente de la producción y el DJ Terminator X más el rapero Flavor Flav, arropando las incendiarias soflamas de Chuck D. En 1987 editaron su primer disco, *Yo! Bum Rush the Show*, que obtuvo unos resultados comerciales más bien modestos pero logró el aplauso unánime de la crítica. Ese mismo año viajan a Londres con el *tour* organizado por su discográfica y a la vuelta aprovechan parte del material grabado en directo para lanzar el disco *I Takes a Nations of Millions to Hold us Back*, que se convierte en un éxito internacional, marcando una nueva etapa en el rap con sus mezclas de rock. Pero lo más definitivo fue la inclusión en el álbum del tema «Bring the Noise» en el que mostraban su admiración por Louis Farrakhan, el líder de la Nación del Islam, famoso por su postura extremada en el tema racial y por su ataques directos contra judíos, católicos y homosexuales, lo que, unido a unas desafortunadas declaraciones contra judíos del miembro de la banda conocido como Professor Griff, que acabó siendo expulsado, pusieron a los Public Enemy en el ojo del huracán y los convirtieron en los representantes del rap político más combativo. Su prestigio entre la comunidad afroamericana fue en

Louis Farrakhan, el líder de la Nación del Islam.

aumento a medida que crecía también su fama y se embarcaban en largas giras por el extranjero. Sus letras de fuerte calado político y sus consignas combativas que animaban a los jóvenes a alejarse de las drogas que invadían sus barrios y a recuperar el orgullo racial, unidas a su activismo social, los convirtieron en la punta de lanza de un nuevo orgullo negro, lo que a su vez les granjeó la enemistad de todos los supremacistas blancos. En 1990 dieron una nueva vuelta de tuerca con la publicación de su álbum *Fear of a Black Planet*, en el que arremetían virulentamente contra las bases de la cultura blanca, incluidos iconos intocables como Elvis Presley o John Wayne, a los que acusaban de ser adalides del racismo. Gracias a estas actitudes el rap comenzó a ser considerado en ciertos sectores como una música peligrosamente revolucionaria y el FBI tomó cartas en el asunto elaborando el informe *Rap Music and its Effects on National Security* (*La música rap y sus efectos en la seguridad nacional*) en el que los Public Enemy figuraban como una destacada amenaza. Desde entonces su influencia en los sectores más combativos de la comunidad negra no ha hecho más que aumentar y tras 17 discos se han convertido en un referente para miles de jóvenes que ven en ellos un ejemplo a seguir a pesar de sus eternos desencuentros internos, como el que llevó a la expulsión de Flavor Flav, uno de los fundadores de la banda, tras treinta y cinco años de colaboración.

Flavor Flav, uno de los hypemen más icónicos de la historia del hip hop.

Public Enemy.

«Fight the Power»,
el ajuste de cuentas de Public Enemy

Chuck D compuso una de sus canciones más combativas mientras volaba sobre Italia en una gira por Europa. Según él, su intención no era trasgredir la ley ni atacar a la autoridad, sino simplemente denunciar el abuso de poder haciendo un homenaje a los afroamericanos que lucharon por sus derechos durante cuatrocientos años, desde los primeros días de la esclavitud, y a quienes, como James Brown, elevaron la voz como negros orgullosos. Pero Public Enemy se convirtió en un grupo odiado y temido por parte de la comunidad blanca más conservadora por sus menciones a dos grandes iconos de los Estados Unidos más tradicionales: «Elvis era un héroe para la mayoría, / sin embargo, nunca significó una mierda para mí, ya ves, / ese imbécil era directamente un racista, / lisa y llanamente. / Que se jodan él y John Wayne / porque yo soy Negro y estoy orgulloso, / estoy listo y preparado, además estoy amplificado. / La mayoría de mis héroes no aparecen en ningún sello. / Si echamos nuestra mirada hacia atrás no vamos a encontrar / nada más que paletos desde hace cuatrocientos años». Esta agresividad provocadora les valió el apodo de The Black Sex Pistols.

LA IDEOLOGÍA RADICAL COMO BANDERA

En el polo opuesto racial y geográficamente se encuentran Rage Against the Machine, una banda de rap metal creada en 1991 en California por Tom Morello, Zack de la Rocha, Tim Commerford y Brad Wilk, todos con diversos orígenes raciales y que practican una mezcla de hip hop, funk y heavy metal para acompañar a unas letras muy combativas que expresan ideas radicalmente pacifistas, anticapitalistas y con una fuerte componente de antiglobalización y de apoyo a los movimientos reivindicativos de los países más desfavorecidos. Su actitud abiertamente internacionalista les ha supuesto en varias ocasiones ser acusados de antipatriotas, algo que se agudizó en los días posteriores a los atentados del 11 de septiembre de 2001. En 1992 publicaron su álbum de debut, con el mismo nombre de la banda y una impactante portada con la famosa foto del monje budista Thích Quảng Dúc quemándose a lo bonzo en protesta por el tratamiento dado a los budistas bajo el gobierno de Vietnam del Sur en vísperas de la Guerra de Vietnam. El contenido del disco era igualmente combativo, con temas como «Killing in the Name», una de sus canciones más emblemáticas, escrita en los tiempos de los disturbios raciales de 1991 en Los Ángeles, cuando cuatro policías apalearon al afroamericano Rodney King hasta quitarle la vida, y en la letra se acusa a la policía de tener actitudes abiertamente racistas.

El monje budista Thích Quảng Dúc quemándose a lo bonzo en una protesta en Vietnam.

Otra canción muy popular incluida en ese primer disco es «Know your Enemy» («Conoce a tu enemigo»), con una crítica abierta a la Guerra del Golfo y el intervencionismo imperialista de los Estados Unidos que le lleva a imponerse por la fuerza en cualquier lugar del mundo. Es sobre todo un ataque al pretendido «sueño americano» que según la banda se fundamente en pilares tan nefastos como la sumisión, la ignorancia, la hipocresía y la brutalidad.

Su ideología radical hizo que su carrera estuviese sometida a constantes sobresaltos, como cuando en 1997 Tom Morello fue arrestado por participar en un piquete que obstruía la entrada a una tienda de la marca de ropa Guess, acusada de explotación laboral, o como en 1993 toda la banda participó en una protesta contra la censura del PMRC (Parents Music Resource Center) una entidad creada en 1985 por las esposas de varios diputados que acusaban al rock de fomentar la violencia, el consumo de drogas, el suicidio y las actividades criminales. También protagonizaron sonados incidentes en el programa Saturday Night Live, del que fueron expulsados en abril de 1996 por tratar de boicotear la presencia del candidato presidencial del Partido Republicano, el millonario Steve Forbes, y en la entrega de los premios de la MTV en el 2000. Sus malas relaciones con los medios de comunicación eran notorias y la cadena de televisión conservadora FOX los llegó a acusar de que defendían el asesinato de todo el gabinete del presidente Bush. Se separaron a finales del 2000 por desavenencias sobre el enfoque comercial del futuro de la banda, aunque han protagonizado varios reencuentros y reuniones para tocar juntos de nuevo.

Las letras de Rage Against The Machine están cargadas de polémica por sus contenidos políticos.

«La democracia estadounidense es un engaño, porque lo único que permite es escoger entre dos representantes de la clase privilegiada. La libertad de expresión en Estados Unidos también es mentira, porque uno sólo es libre de decir algo hasta que moleste a un patrocinador corporativo.»

Tom Morello

EL HIJO DE LA PANTERA NEGRA

Dentro del universo del rap con mensaje e ideología es indispensable incluir además a Tupac Shakur, uno de los mejores raperos de todos los tiempos, nacido en Harlem e hijo de dos miembros de los Panteras Negras. No nació en la cárcel por poco, ya que su madre lo trajo al mundo sólo un mes después de que fuese absuelta de los más de 150 cargos de conspiración contra el gobierno de los Estados Unidos. De todos modos la cárcel fue algo habitual para él desde la infancia ya que muchos de sus tíos y amigos de su madre fueron encarcelados por su militancia en el Black Panther Party y también por delitos de delincuencia común. A los doce años comenzó a actuar en obras de

Tupac Shakur.

teatro aficionado y estudió interpretación, poesía, jazz y ballet, además de participar en cuanta competición de rap se ponía a su alcance. En su juventud se afilió a las Juventudes Comunistas y a los dieciocho años su madre lo envió a California para mantenerlo alejado del ambiente delictivo que le rodeaba. Dos años después, en 1991, debutó en la música con su primer disco, *2Pacalypse Now*, que pasó bastante inadvertido, y en 1993 lanzó en segundo álbum, *Strictly 4 My N.I.G.G.A.Z*, al tiempo que montaba la banda Thug Life con un grupo de amigos con los que publicó un único disco, *Thug Life: Volume 1*, que se convirtó en disco de oro. Pero a medida que ascendía en el camino a la fama, aumentaban sus problemas con la ley. Tras un incidente con la policía de Oakland, en el que recibió una paliza, se vio envuelto en una agria polémica cuando un policía fue asesinado por un joven que estaba escuchando uno de sus discos. El propio vicepresidente de los Estados Unidos, Dan Quayle, exigió que el disco fuese retirado de la circulación.

Los problemas con la justicia se sucedieron ininterrumpidamente, con acusaciones de abusos sexuales, enfrentamientos con la policía e incluso un homicidio de un menor durante un tiroteo. En 1994 fue herido de bala en un asalto a los estudios Quad, en Nueva York. En 1995 ingresó en prisión por abuso sexual y mientras cumplía condena su disco *Me against the World*, se convertía en número uno en las listas de éxitos. Tras salir de la cárcel ocho meses después, se instaló de nuevo en California y comenzó a grabar discos en los que se fue alejando cada vez más del discurso político comprometido para acercarse a la temática delictiva de gangsta rap. Falleció el 7 de septiembre de 1996, a los veinticinco años, en un tiroteo en Las Vegas que nunca ha sido resuelto, dejando la inusitada cantidad de 7 discos póstumos. Tras su muerte, parte de la comunidad negra le aclamó como un mártir, volviendo la vista a sus primeros discos en los que fundamentalmente

Gang Starr, el dúo formado por Dj Premier y Guru.

atacaba la pobreza, la injusticia social y la brutalidad policial de las que su raza era víctima desde tiempo inmemorial.

Otras figuras del rap con sensibilidad política y social son Gang Starr, un grupo de pioneros del jazz rap nacidos en Brooklyn en 1986, que comenzaron haciendo temas sin ningún contenido especial para adentrase en lo social a partir de 1991; A Tribe Called Quest, surgidos en Queens en 1985 y considerados uno de los grupos más creativos de los años noventa; Dead Prez, un dúo de Florida con letras que inciden en el racismo, el control corporativo de los medios de comunicación y la pedagogía crítica; Mos Def, un convencido pacifista internacionalista. En los años noventa, el rap se extendió por todo el mundo, mezclándose con las músicas locales de cada país y convirtiéndose en uno de los puntales de la música popular del siglo XXI.

A Tribe Called Quest.

LOS SONIDOS MESTIZOS DE LA ANTIGLOBALIZACIÓN

A finales del siglo XX y principios del XXI, tras la caída del Muro de Berlín y el final de la Guerra Fría, surge el movimiento internacional de la antiglobalización que tiene sus principales representantes musicales en artistas como Manu Chao, Infernal Noise Brigade, Molotov, Vilém Čok, Tracy Chapman o PJ Harvey. Se trata de un fenómeno nuevo, que no se circunscribe a ningún país ni a ninguna organización concreta y que se basa en la interacción horizontal de la sociedad civil por encima de las organizaciones políticas. Sus temas de acción van del ecologismo al anticapitalismo, pasando por el pacifismo, el antirracismo, la eliminación de la pobreza, la liberación animal o el

feminismo, entre otros muchos. Entre sus propuestas principales destacan la condonación de la deuda externa de los países empobrecidos y la libre circulación de personas.
El movimiento tiene su origen en la convocatoria mundial del Foro contra la Globalización Neoliberal en Chiapas, México, realizada en 1996 por el subcomandante Marcos,
líder del Movimiento Zapatista de Liberación Nacional. En 1998, mientras se realizan
los preparativos para la contracumbre de Seattle contra la reunión de la Organización
Mundial del Comercio que se celebrará al año siguiente, la multinacional Virgin Records,
lanza *Clandestino*, el primer álbum de Manu Chao en solitario, que contiene la canción
homónima que se convertirá al mismo tiempo en un himno mundial antiglobalización y
un superéxito con más de un millón de copias vendidas.

UN CLAMOR POR LA LIBERTAD DE MOVIMIENTOS

E ra el primer disco de Manu Chao tras su separación de Mano Negra y lo grabó en distintos lugares del mundo usando un estudio portátil. Contó con la participación de músicos locales de los lugares que visitaba y finalmente fue lanzado el 6 de octubre de 1998. La canción que da título al disco es un canto a la diversidad, un llanto por el drama de los inmigrantes y un grito contra la injusticia que mantiene a millones de personas condenadas a la marginación por cuestiones de burocracia internacional. Durante los últimos años del siglo xx y los primeros del xxI, con la desaparición de la política de bloques de la Guerra Fría, la mayoría de los países del entonces llamado tercer mundo perdieron la cobertura política y económica de las superpotencias y entraron en una época de crisis y recesiones, con un aumento de los conflictos armados locales, que provocó un flujo migratorio de más de 15 millones de seres humanos, sólo entre el año 1995 y el

Amparanoia bucea en las raíces latinas, árabes o flamencas para dar color a sus canciones.

2000. La inmigración cobra un enorme protagonismo y un enconado debate en torno a los derechos humanos de los refugiados en el que la canción de Manu Chao se convierte en el estandarte de quienes abogan por la solidaridad y la empatía con quienes se juegan la vida cruzando fronteras.

Manu Chao es de hecho un producto de la migración. Hijo del periodista y escritor de origen gallego Ramón Chao Rego y de la bilbaína Felisa Ortega, que emigraron a Francia para huir de la dictadura franquista, nació en París en 1961 y pronto se convirtió en un miembro de la escena musical callejera alternativa con su primer grupo, Joint de Culasse, que montó siendo un adolescente junto a su hermano Antoine y su primo Santiago Casariego. Después vendrían varias formaciones, como Hot Pants o Los Carayos, hasta que en 1987 formó Mano Negra, un grupo multiétnico que mezclaba idiomas y estilos musicales, en un cóctel creativo que bautizaron *Patchanka*, nombre también de su primer álbum, lanzado en 1988 y que se convirtió en un éxito internacional. En 1992 la banda, junto a la compañía francesa de teatro callejero Royal de Luxe, emprendió una atípica gira por Latinoamérica al estilo de las antiguas compañías ambulantes, actuando en localidades indígenas prácticamente incomunicadas e interactuando con la población local en una experiencia artística que fue recogida por Ramón Chao, el padre de Manu, en su libro *Tren de fuego y hielo*. Pero la dureza e intensidad de la experiencia pasó factura a la banda, que se disolvió en 1994.

«Clandestino»
Cuando el canto derriba fronteras.

Solo voy con mi pena,
sola va mi condena,
correr es mi destino,
por no llevar papel.

Pa' una ciudad del norte
yo me fui a trabajar
(como una raya en el mar),
mi vida la dejé
entre Ceuta y Gibraltar
(Como una raya en el mar).

Solo voy con mi pena,
sola va mi condena
(como una raya en el mar),
correr es mi destino
para burlar la ley
(como una raya en el mar).
(Como una raya en el mar).

Solo voy con mi pena,
sola va mi condena,
correr es mi destino
para burlar la ley
(como una raya en el mar).

Perdido en el corazón
de la grande Babylon
(como una raya en el mar),
me dicen el clandestino
por no llevar papel.

Solo voy con mi pena,
sola va mi condena,
correr es mi destino.
Yo soy el quiebra ley
(como una raya en el mar).

Karamelo Santo, la banda argentina que mezcla estilos como el punk, el folclore, la cumbia, el ska o el reggae.

A partir de ese momento, Manu Chao comienza un recorrido personal en el que se va acompañando de otros músicos de la escena alternativa, como Tijuana No, de México, Karamelo Santo, de Argentina o la española Amparanoia, hasta que en 1998 lanza *Clandestino*, su álbum en solitario que le convierte definitivamente en una figura internacional más allá de los estrictamente musical. A partir de ese momento se transforma prácticamente en un icono de la respuesta a las políticas de la globalización capitalista, a pesar de que sus intervenciones públicas son muy escasas y casi siempre sin anunciarse. Su siguiente álbum, *Próxima estación... Esperanza*, consolida su música como un fenómeno político y social de dimensiones internacionales en el que tienen cabida desde la defensa de la identidad cultural de los pueblos indígenas, el cuestionamiento del capitalismo, hasta la legalización de la marihuana, la lucha de los zapatistas mexicanos, la lucha contra las políticas antiinmigratorias o los movimientos locales de carácter libertario.

«El peor enemigo del capitalismo es el capitalismo. Va a caer por él sólo, porque es una filosofía de vida que no es sostenible. El capitalismo se va a ahogar sólo en su codicia.»

Manu Chao

Mientras Manu Chao enciende la mecha musical de la antiglobalización, en Seattle, Washington se celebra la prevista reunión de la Organización Mundial del Comercio de 1999. Para participar en las acciones de protesta un grupo de militantes de diversa procedencia forman el grupo musical The Infernal Noise Brigade. La idea era crear algo provisional, pero ante la buena conexión personal y la eficacia de sus actuaciones en Seattle, la banda siguió actuando con formaciones abiertas durante siete años. Intervino en las acciones de protesta contra la Reunión del Fondo Monetario Internacional y del Banco Mundial en el año 2000 en Praga, en la cumbre Ministerial de la OMC de 2003 en Cancún y en las acciones de protesta contra la Convención Nacional del Partido Republicano de los Estados Unidos en 2004 en Nueva York. Durante todo ese tiempo mantuvo su base en Seattle, donde actuaban con cierta frecuencia. Sus actuaciones están más cerca de las *performances* callejeras que de los conciertos, con profusión de instrumentos de percusión y vientos. Una de sus últimas intervenciones la llevaron a cabo en 2005, durante las protestas contra la cumbre del G8. La banda se disolvió oficialmente el 29 de julio de 2006 y algunos de sus miembros formaron la Titanium Sporkestra.

The Infernal Noise Brigade, una banda formada ex profeso para las protestas antiglobalización

LA CHISPA QUE PRENDIÓ EN EL SUR

La extensión del movimiento antiglobalización y el auge del mestizaje del rock con las músicas étnicas llevado a cabo con éxito por artistas como Manu Chao hizo que en los países del sur prendiese la llama de la rebelión musical. En 1997 la banda mexicana Molotov, con influencias de grupos como Rage Against the Machine, lanzan su primer disco, *¿Dónde jugarán las niñas?*, que se convierte en un éxito de resonancia mundial. Pero su contenido crítico con la situación política y social de México, con temas como «Gimme The Power», un ataque mordaz al Partido Revolucionario Institucional, que por entonces detentaba el poder hegemónico, les acarreó severos problemas de censura por parte de los principales medios de comunicación y las emisoras de radio y televisión, que se negaron a emitir el disco. A esa censura se unió una mala interpretación del tema «Puto», que les supuso acusaciones de homofobia. Esa situación los forzó a vender directamente los discos en la calle, puerta a puerta y al final lograron difundirlo y acabaron por obtener la nominación como «Mejor álbum de rock latino alternativo» en

«Hay un niño en la calle»

Calle 13 contra la miseria infantil.

A esta hora exactamente,
hay un niño en la calle...
¡hay un niño en la calle!

Es honra de los hombres proteger lo que crece,
cuidar que no haya infancia dispersa por las calles,
evitar que naufrague su corazón de barco,
su increíble aventura de pan y chocolate
poniéndole una estrella en el sitio del hambre.
De otro modo es inútil, de otro modo es absurdo
ensayar en la tierra la alegría y el canto,
porque de nada vale si hay un niño en la calle.

Todo lo tóxico de mi país a mí me entra por la nariz,
lavo autos, limpio zapatos, huelo pega y también huelo paco.
Robo billeteras pero soy buena gente soy una sonrisa sin dientes,
lluvia sin techo, uña con tierra, soy lo que sobró de la guerra.
Un estómago vacío, soy un golpe en la rodilla que se cura con el frío,
el mejor guía turístico del arrabal, por tres pesos te paseo por la capital.
No necesito visa pa' volar por el redondel

Molotov.

Las Manos de Filippi es una banda argentina que tiene la denuncia político-social como eje de sus letras.

los premios Grammy Latino de 1998. A partir de ese momento la banda comenzó una carrera ascendente realizando giras por todo el mundo y codeándose con grandes grupos como R.E.M. o Metallica. Entre 1997 y 2014 lanzaron seis álbumes de estudio manteniendo constante sus niveles de denuncia de la corrupción, la pobreza, los ataques a la libertad de expresión o los abusos sobre las clases más desfavorecidas.

En Argentina la bandera del *underground* la levantan Las Manos de Filippi, una banda creada a principios de los noventa por Hernán Carlos de Vega, alias «El Cabra» y Gabriel Lerman, a quienes se irían sumando distintos músicos y compañeros de viaje a lo largo de los años. Comenzaron actuando en la calle y en locales de barrio en los que improvisaban su espectáculo logrando gran popularidad gracias a su mejor herramienta: la ironía política y la mordaz crítica social. De sus dardos no se libra ningún dirigente de ningún partido y sus letras claman lo mismo contra el ultraliberalismo del FMI, la bu-

porque yo juego con aviones de papel,
arroz con piedra, fango con vino, y lo que me falta me lo imagino.

No debe andar el mundo con el amor descalzo,
enarbolando un diario como un ala en la mano,
trepándose a los trenes, canjeándonos la risa,
golpeándonos el pecho con un ala cansada.
No debe andar la vida, recién nacida, a precio,
la niñez arriesgada a una estrecha ganancia,
porque entonces las manos son inútiles fardos
y el corazón, apenas, una mala palabra.

Cuando cae la noche duermo despierto, un ojo cerrado y el otro abierto
por si los tigres me escupen un balazo mi vida es como un circo
pero sin payaso.
Voy caminando por la zanja haciendo malabares con cinco naranjas,
pidiendo plata a todos los que pueda en una bicicleta de una sola rueda.
Soy oxígeno para este continente, soy lo que descuidó el presidente.
No te asustes si tengo mal aliento, si me ves sin camisa con las tetillas al viento.
Yo soy un elemento más del paisaje los residuos de la calle son mi camuflaje,
como algo que existe que parece de mentira, algo sin vida pero que respira,

Pobre del que ha olvidado que hay un niño en la calle,
que hay millones de niños que viven en la calle
y multitud de niños que crecen en la calle.
Yo los veo apretando su corazón pequeño,
mirándonos a todos con fábula en los ojos.
Un relámpago trunco les cruza la mirada,
porque nadie protege esa vida que crece
y el amor se ha perdido, como un niño en la calle.

Oye a esta hora exactamente hay un niño en la calle.
Hay un niño en la calle.

rocracia estatal o el sindicalismo corrupto. Son además militantes declarados del Partido Obrero, de orientación trotskista. Uno de sus temas más famosos es «Señor Cobranzas», que forma parte del álbum de título revelador *Arriba las manos, esto es el Estado*, y fue concebida como una descarada denuncia del gobierno de Carlos Ménem y de los vínculos entre el poder político y el narcotráfico. Como era de esperar, el tema fue censurado en múltiples ocasiones, a pesar de lo cual, sigue siendo un éxito a día de hoy. En 1999 la banda visitó Barcelona durante una temporada en la que entraron en contacto con el movimiento alternativo de la ciudad y entablaron amistad con músicos como Tonino Carotone y Manu Chao, con quien tocarían a su vuelta a Argentina al año siguiente. En 2012 grabaron el disco *Cuerpo: canciones a partir del asesinato de Mariano Ferreyra*, un homenaje a un activista obrero asesinado dos años antes. En la actualidad siguen actuando y denunciando las presiones que reciben por la acidez de sus letras.

Las Manos de Filippi han compartido escenario en más de una ocasión con Calle 13, la banda portorriqueña de rap político creada por los hermanastros René Pérez «Residente» y Eduardo Cabra «Visitante», caracterizada por la fusión de los más diversos estilos musicales, de la cumbia a la música balcánica, pasando por el ska y el hip hop, y por sus letras satíricas sobre la política latinoamericana, con ataques directos a la política estadounidense en la zona, defensa de la independencia total de Puerto Rico de los Estados Unidos y apoyo a numerosos movimientos insurreccionales sudamericanos. Son muy conocidas sus campañas humanitarias en países como República Dominicana, Argentina Puerto Rico, Colombia y Chile, mediante respaldo y financiación de programas alimenticios y escolares con el lema «La educación es la nueva revolución», su posicionamiento a favor de las poblaciones indígenas como los mapuches chilenos y su militancia en apoyo de los movimientos ecológicos en toda Latinoamérica.

Calle 13 .

RIOT GRRRL, EL FEMINISMO ALTERNATIVO

En la última década del siglo xx, con la consolidación del proceso de globalización y la crisis de las ideologías, cobra nueva fuerza el movimiento feminista que, junto al ecologismo, se convierte en una de las llamadas corrientes ideológicas transversales, por encima incluso de las corrientes políticas tradicionales. A principios de los noventa se comienza a hablar de una tercera ola del feminismo, una etiqueta atribuida a Rebecca Walker, escritora y activista afroamericana, cuyo discurso fundamental gira en torno a cinco grandes líneas: el género, la raza, la política, el poder y la cultura. Uno de los conceptos fundamentales de esta tercera ola feminista es la interseccionalidad, que básicamente es un enfoque que considera que el género, la etnia, la clase social o la orientación sexual, no son naturales ni biológicos, sino que son una construcción de la sociedad y están interrelacionadas. El artículo *Mujeres, sexo y rock and roll*, editado por Katherine Spielmann en 1989 se convirtió en el primer manifiesto del movimiento, cuya aparición está ligada a dos momentos históricos: la aparición del *fanzine* punk Riot Grrrl en Olympia, Washington, a principios de la década de los noventa y el testimonio televisado de Anita Hill en 1991 ante el Comité Judicial del Senado en el que denunció que Clarence Thomas, nominado para la Corte Suprema de los Estados Unidos, la había acosado sexualmente. Musicalmente el Riot grrrl está ligado al punk alternativo y feminista de pioneras como Patti Smith, Siouxsie Sioux o Joan Jett y recibió la influencia de la poeta, pintora, cineasta y música canadiense Jean Isabel Smith, que centra su trabajo en el feminismo y el antiautoritarismo. La génesis fue la creación de un sentimiento de comunidad de mujeres vinculadas al mundo de la cultura que comenzaron a generar redes de comunicación en torno a la filosofía básica del punk, el «do it yourself» («hazlo tú mismo») que aplicaron la literatura, el arte y la música.

La primera banda considerada como pionera del Riot Grrrl es Bikini Kill, formada en Olympia, Washington, en octubre de 1990 por tres estudiantes: Kathleen Hanna, Tobi Vail y Kathi Wilcox, que querían montar un *fanzine* y acabaron montando una banda de rock cuyas letras eran puro feminismo. Convirtieron sus conciertos en actos reivindicativos y de denuncias, invitando a las mujeres del público a subir al escenario y exponer sus quejas o denunciar públicamente situaciones de acoso y abuso. La banda acabó disolviéndose en 1998, cuando el movimiento ya se había extendido por todo el mundo. Siguiendo su ejemplo, en 1991 surgieron dos bandas más en la zona de Olympia: Heavens to Betsy y Bratmobile. Estas últimas también comenzaron siendo un grupo de agitación

Bikini Kill, la banda considerada como pionera del movimiento riot grrrl.

que publicaba un *fanzine*, *Girl Germs*, y que componían canciones que empezaron cantando de forma casi doméstica, apenas sin instrumentos. En 1993 aparecen Team Dresch Excuse 17, y en 1994 Sleater-Kinney. Pronto comenzaron a surgir grupos de Riot Grrrl fuera del área de Olympia, como las Emily's Sassy Lime, un trío formado en 1993 por Wendy y Amy Yao y Emily Ryan, unas adolescentes del sur de California de origen asiático que elevaron a la categoría de arte el «hazlo tú mismo» ya que no vivían en la misma zona y muchas veces se intercambiaban las ideas de las canciones por teléfono. Además, no tenían instrumentos y cuando actuaban tenían que pedirlos prestados. En Portland, Oregón, surgieron The Third Sex, una banda *queercore*, cuyas letras hablaban tanto de temas políticos como de liberación sexual y transgresión de género y que recorrieron prácticamente todos los Estados Unidos tocando en locales de gays y lesbianas. Su labor fue fundamental para la difusión del Riot Grrrl. El movimiento pronto dio el salto a Inglaterra con la aparición del grupo Huggy Bear en 1991 en Brighton, y Skinned Teen creado en Londres en 1993. Uno de los ejemplos más evidentes de la extensión del movimiento a nivel mundial son las rusas Pussy Riot surgidas en el año 2011 y mundialmente conocidas por su encarcelamiento tras dar un concierto improvisado en la catedral de Cristo Salvador de Moscú para protestar contra la política autoritaria de Vladímir Putin.

LOS VIEJOS LEONES SIGUEN RUGIENDO

L a actitud de los viejos rockeros en los inicios del siglo XXI lejos de ablandarse ha seguido manteniendo, e incluso incrementando en algunos casos, la actitud desafiante de sus días de juventud. En 1994 Steve Earle, un histórico de las protestas contra la Guerra de Vietnam y la pena de muerte, entre otras cosas, salió de prisión tras cumplir una condena de dieciocho meses por diversos delitos relacionados con la posesión y tráfico de drogas y armas de fuego. A partir de ahí emprendió una nueva etapa con la creación de su propio sello discográfico, E-Squared Records, que le ha permitido, tener el control absoluto sobre su obra y ha editado dos discos, *Jerusalem*, en 2002, y *The Revolution Starts Now*, en 2004, que son los más políticos de los últimos años de su carrera y que le han acarreado algún problema con el sector más conservador de unos Estados Unidos cada vez más conservadores, por arremeter contra la guerra de Irak y por apoyar a John Kerry, el rival de George Bush en las elecciones a la presidencia.

En 2005 Ry Cooder publica *Chávez Ravine: A Record de Ry Cooder,* un homenaje a una comuna mexicano-estadounidense demolida a partir de 1950 para construir el estadio de los Dodgers de Brooklyn, cuando el equipo se mudó a Los Ángeles. Más de 1.000 familias fueron desalojadas de los barrios de Palo Verde, La Loma y Bishop, todos habitados por ciudadanos de origen mexicano instalados, en muchos casos desde hacía gene-

Ry Cooder, un reivindicador de las esencias musicales norteamericanas.

«Onda Callejera»

El sonido de la batalla de Chávez Ravine

Era la medianoche, when oímos the scream
«Se requieren cien taxis en el almería de Chavez
Ravine»

Un montón de soldados, jóvenes y engañados
llevaron su bronca to Downtown L. A.
contra los pachucos, sin saber por qué.

Brotó un desmadre, por tipo acomodado
sobre un pedazo de tierra injustamente robado.
El precio en sangre que se sacó de mi gente
hasta tal día mancha La Loma y el Palo Verde

Cómo duele el recuerdo si me pongo a pensar
en el mal gusto de vida y traición dineral.
Una bola de pinches, sin corazón y falsa piedad,
por llenarse las bolsas se van a quemar.

Onda callejera, onda sin honor,
maldita onda, onda de lo peor.
Onda de lo peor.

raciones, en la zona de la barranca conocida como Chávez Ravine. Las autoridades les habían prometido que les proporcionarían nuevas viviendas de titularidad pública, pero en su lugar los desalojados se vieron obligados a dormir al raso, bajo improvisadas tiendas de campaña. Tras un largo proceso de resistencia, los últimos pobladores fueron violentamente desalojados por la policía de Los Ángeles, un episodio que en la memoria de muchos angelinos de sangre mexicana quedó grabado para siempre como un hito en la lucha por sus derechos con el nombre de *La batalla de Chávez Ravine*. El álbum de Ry Cooder contiene fotografías de las protestas, así como planos del proyecto del estadio e imágenes del antiguo barrio chicano y sus habitantes, a modo de homenaje a los protagonistas de aquella pírrica rebelión.

El universo fronterizo hispano-estadounidense, con sus años de clandestinidad de los espaldas mojadas en una tierra que por herencia también es suya pero en la que son perseguidos como extranjeros irregulares, está perfectamente representado y defendido por cinco californianos hijos de inmigrantes, Los Lobos, que tienen una larga trayectoria musical de respeto a las raíces y posicionamiento político, desde su tema de 1987, «How Will the Wolf Survive?», una canción que narraba las penalidades de un inmigrante en su lucha para no ser localizado por las patrullas fronterizas.

En 2004, Green Day, la banda punk nacida a finales de los ochenta en Berkeley, California, que todos creían al borde de la disolución, renace con fuerza gracias al éxito de su álbum *American Idiot*, grabado en la época de descontento con la intervención de los Estados Unidos en la Guerra de Irak, o Segunda Guerra del Golfo, como también fue conocida, en la que fallecieron más de 5.000 soldados de la coalición internacional liderada por los estadounidenses, murieron cerca de 250.000 iraquíes entre civiles y combatientes y se generó una inestabilidad mundial que todavía no ha sido superada. El álbum es un claro alegato contra la deriva de la política internacional del presidente George W. Bush, el conservadurismo que se ha adueñado del modo de vida del país y la política de manipulación informativa de los grandes medios de comunicación. El disco, concebido como una ópera rock, ganó el premio Grammy al mejor álbum de rock y ganó siete de los ocho premios MTV

Green Day, un grupo californiano acusado en ocasiones de antiamericanismo.

Video Music Awards gracias a temas como «Boulevard of Broken Dreams», «Holiday», «Are We the Waiting», «Letterbomb» o «She's a Rebel», temas cargados de pesimismo social que narran la desesperanza del antihéroe Jesus of Suburbia (Jesús de los suburbios), con claras críticas a la deriva del *American Way of Life*, con su espiral de violencia armada incluida. Acusados de antiamericanismo por los sectores más reaccionarios, la banda, a través de su líder, Billie Joe Armstrong, se ha defendido siempre afirmando que no es antipatriótico sino antibelicista, añadiendo que sirvió para dar voz a todos los ciudadanos desilusionados por la América del milenio, insistiendo siempre en la necesidad de dar un mensaje social y político con su música, una postura que ha reiterado públicamente en numerosas ocasiones, como cuando aprovechó su intervención en los American Music Awards de 2016 para lanzarle a la cara al presidente Donald Trump el eslogan «No Trump, no KKK, no fascist USA».

De hecho, el 45.º presidente de los Estados Unidos parece concitar más animadversión que respaldo entre la parroquia rockera. A principios de 2019 Queen le prohibió a Trump que utilizará su canción «We Are the Champions» en sus actos públicos y el ex-Pink Floyd, Roger Waters, en una entrevista concedida en 2015 a la revista *Rolling Stone* afirmó taxativamente: «Es un cerdo ignorante, siempre lo ha sido y lo será» y en 2018, durante un concierto celebrado en México arremetió contra la política migratoria del presidente estadounidense. Mick Jagger también decidió sumarse en 2005 al grupo de viejas glorias del rock que ha decidido cantarle las cuarenta a la administración conservadora de los Estados Unidos en la últimas décadas. Esta vez se trataba de George W. Bush y la cohorte de «neo cons» (neo conservadores) de la derecha republicana, a los que no les ahorraba ni un epíteto en su tema «Sweet Neo Con»: «Te llamas a ti mismo cristiano, / creo que eres un hipócrita. / Dices que eres un patriota, / creo que eres una mierda […]. La libertad es para todos. / La causa la democracia es nuestro estilo / a menos que esté contra nosotros, / entonces, es prisión sin juicio». Quizá sean las ventajas de haber sobrevivido a aquello de «vive de prisa y deja un bonito cadáver», con una cuenta corriente a prueba de sobresaltos.

EL ATÍPICO CASO
ESPAÑOL

En 1954, el año en el que Elvis y Bill Haley hacen eclosionar el rock 'n' roll en los Estados Unidos, en España se viven todavía las nefastas consecuencias de una Guerra Civil que mantenían al país en el atraso económico y el aislamiento mundial. La noticia del año es la llegada al puerto de Barcelona del buque *Semíramis*, en el que regresaban 286 supervivientes de la División Azul que una década antes había ido a combatir a Rusia junto a las tropas nazis. El regreso es contemplado por los españoles en los noticiarios cinematográficos, ya que en nuestro país ni siquiera había televisión –las primeras emisiones se producen en octubre de 1956– y todo el aparato de radiodifusión está al servicio del régimen franquista. El tema que arrasa en las emisoras de radio es «Adiós a España», de Antonio Molina, seguido de cerca por «En tierra extraña», de Conchita Piquer y «Me debes un beso», de Pepe Blanco y Carmen Morell. En 1955, mientras los cines

norteamericanos estrenaban *Blackboard Jungle*, la película de estudiantes rebeldes que impulsaría el rock & roll –que en España fue retitulada con toda intención *Semilla de maldad* y no pudo verse hasta 1963– en los cines españoles lo más visto era *Marcelino, pan y vino*, una beata y santurrona historia del actor infantil Pablito Calvo.

España era la única dictadura de lo que por entonces se consideraban países occidentales desarrollados. Una categoría que se restringía a Estados Unidos, Canadá, la Europa no comunista y algún país puntual de Latinoamérica, como México, Argentina o Chile. Pero además era una dictadura antigua, gris y rancia, que convertía toda novedad que provenía del extranjero en algo sospechoso de por sí. El rock & roll llegó fundamentalmente a través de las bases norteamericanas, en los equipajes de los turistas primerizos y en las maletas de los escasos afortunados españoles que tenían oportunidad de salir del país a Estados Unidos o Inglaterra. Conseguir un pasaporte y un billete de avión eran un sueño al alcance de pocos, ya fuese por motivos económicos o políticos. Era inevitable entonces, que la música que revolucionaba a la juventud del mundo prendiese en un principio sobre todo entre los hijos de las clases acomodadas y en el ámbito universitario.

UNA MODA BAJO SOSPECHA

Los primeros discos no llegaron con excesivo retraso y en 1956 RCA ya editaba dos EP con cuatro canciones, uno oportunamente titulado *Llegó el Rock and Roll*, con temas de Elvis Presley, Pérez Prado, Earta Kitt y Kay Starr, y el otro bajo el nombre genérico de *Rock and Roll*, con canciones de Elvis, Pérez Prado, Richard Maltby y Chet Atkins. Entre 1956 y 1959 salieron al mercado español una decena de discos del Rey del Rock, entre EP y *singles*. También en 1956 Columbia lanza el primer EP de de Bill Haley and his Comets que incluye «Rock Around The Clock» –subtitulado «Al compás del reloj»– «Thirteen Rock», «Mambo Rock» y «Birth of The Boogie». En este disco resulta esclarecedor el texto de la hoja informativa

que la compañía adjunta con el disco, en la que bajo el título «¿Qué es el Rock and Roll?», se lo califica como «el más salvaje y emocionante baile de todos los tiempos» y se afirma textualmente que «Después de causar furor en América (y estragos), el "Rock and Roll" ha llegado a Europa [...]. Estamos seguros de que ustedes también se estremecerán al oír las diabólicas grabaciones de Bill Haley y sus Comets». El asunto no era nuevo. Ya en julio de 1943 el Delegado Provincial de Educación Popular de Madrid alertaba en una circular sobre la «perniciosa influencia» que la música negra y sus bailes de «un ridículo y grotesco contorsionismo», podía tener sobre la juventud española.

A pesar de toda esta parafernalia verbal apocalíptica, el régimen franquista y sus inquisidores culturales, siempre atentos a cualquier contaminante moda extranjera, no prestaron atención a aquellos bárbaros ritmos y, al menos en un principio, no persiguieron ni anatemizaron al rock and roll, en el que vieron una rareza más que otra cosa. Por entonces la policía del régimen estaba más preocupada por evitar que los comunistas clandestinos pudiesen influir en los jóvenes universitarios, sobre todo después de la sorpresa que había supuesto el movimiento de protesta surgido en la universidad, sobre todo en la de Madrid, en febrero de 1956, cuando un grupo de estudiantes intentó rebelarse con el todopoderoso SEU (Sindicato Español Universitario), la única fórmula de representación de estudiantes y profesores en la universidad franquista. Curiosamente, los sediciosos

Adriano Celentano.

que intentan convocar un Congreso Libre de Estudiantes para exigir la reforma y democratización de la universidad, son jóvenes hijos de las élites dirigentes del país a los que se les queda corto el gris panorama cuartelero que definía la sociedad y que buscan aires de renovación, que en el fondo es lo mismo que hacen otros jóvenes atraídos por los nuevos ritmos musicales que no sólo llegan de Estados Unidos, sino de Francia, donde triunfa un joven Johnny Halliday, o de Italia, con el nuevo ídolo juvenil Adriano Celentano. Entre esos jóvenes inquietos aparecen pronto los primeros rockeros nacionales como Los Estudiantes, el Dúo Dinámico, Los Pantalones Azules o Los Pájaros Locos, que en

El Dúo Dinámino nació en diciembre de 1958 en Barcelona de la mano de Manolo de la Calva y Ramón Arcusa.

1959 graban sus primeros temas, todos con canciones de letras un tanto ingenuas y románticas o versiones de temas como «La Bamba», «Little Darling», «Hello, Mary Lou» o «Can Anyone Explain», muy alejados de cualquier rebeldía rockera.

Entre 1960 y 1964 se producirá una eclosión de rockeros como Los Milos, con Bruno Lomas al frente, Los Relámpagos, Los Mustang, Micky y Los Tonys, Curro Savoy, más conocido como Kurt Savoy, o Mike Ríos, que grabó sus primeros temas con dieciséis años y acabaría convertido en un paradigmático rockero nacional con su verdadero nombre, Miguel Ríos.

Miguel Ríos.

«No hacía falta tener una militancia política para convertirte en indeseable para el sistema. El simple hecho de no encajar en sus estrechos cánones éticos o estéticos podía causarte problemas. El miedo estaba instalado en nuestras vidas. A pesar de ello, alguna gente joven abrazamos las peligrosas aficiones que nos brindaba la contracultura: el rock, el sexo y las drogas.»

Miguel Ríos

Aunque muy tímidamente, a finales de los cincuenta empieza a surgir un microcosmos de cultura musical en aquel páramo cultural que fue la España de la posguerra, donde imperaba la copla de Juanito Valderrama y Antonio Molina, el bolero de cantantes como Jorge Sepúlveda o los pasodobles y las marchas militares interpretadas por las bandas de música municipal en las fiestas de los pueblos. La radio, monopolizada por el régimen, era bastante ajena a las modas foráneas, los tocadiscos eran algo escaso, cuando no desconocido. En 1956 aparece la revista *Discofilia*, bajo cuya cabecera rezaba: «Noticiario mensual del disco español». Aunque en sus portadas lo que más abunda son los discos de cuplé de Sara Montiel, las versiones de ópera de Teresa Berganza, las músicas folclóricas regionales y la música clásica, de cuando en cuando se cuela información sobre el jazz, el swing o el mambo que se cocinan más allá del Atlántico. En 1959 se celebró la primera edición del Festival de la Canción de Benidorm, que se inspiraba en el modelo italiano del Festival de la Canción de San Remo, nacido diez años antes como escaparate de la música pop en su vertiente más blanda. En esa primera edición la ganadora fue la cantante chilena Monna Bell, interpretando el tema «Un telegrama» compuesto por los hermanos Gregorio y Alfredo García Segura. La canción se convirtió en el primer tema creado en España que tuvo un importante éxito musical fuera de nuestras fronteras.

La policía del régimen.

SPAIN IS DIFERENT

C on Manuel Fraga al frente del Ministerio de Información y Turismo entre 1962 y 1969, se produce el auge de un nuevo fenómeno económico y social: el turismo. Fue el propio Fraga el que acuñó el eslogan *Spain is diferent* para tratar de darle la vuelta a la tortilla y convencer a los potenciales visitantes extranjeros de que la visión de un país atrasado y arcaico en realidad ocultaba un país exótico, de tradiciones festivas peculiares y una naturaleza virgen y sorprendente. En su equipaje los turistas traen también unos comportamientos nuevos, con unas dosis de libertad inusitadas en España y los gustos musicales que imperaban más allá de los Pirineos. Las autoridades encargadas del turismo no están dispuestas a perder los beneficios de esta gallina de los huevos de oro y comienzan a hacer un poco la vista gorda ante la liberalización de costumbres en las zonas costeras, y además tratan de complacer las necesidades de ocio de los visitantes. Ante el éxito inicial del Festival de Benidorm, se crea el Festival de la Canción Mediterránea, en el que participaban representantes de países mediterráneos tan variopintos como Francia, Grecia, Israel, Italia, Argelia, Egipto, Malta, Mónaco o Chipre. El festival se celebraba en Barcelona y era retransmitido en directo por Radio Nacional de España y Televisión Española, lo que permitió que el público, sobre todo el de la radio, ya que la televisión tenía poca implantación, comenzase a disfrutar de un peculiar pop conocido por entonces como «canción ligera» en las voces de personajes tan peculiares como los actores cómicos Mary Santpere y Torrebruno, una joven Nana Mouskouri, antes de convertirse en superventas, el almibarado José Guardiola, conocido como «El Crooner de España», o el italiano Jimmy Fontana.

Manuel Fraga estaba al frente del Ministerio de Información y Turismo.

Esta medrosa apertura musical tuvo su reflejo en la prensa especializada. En abril de 1962 aparece el primer número de la revista *Discóbolo*, con portada dedicada a Marisol, «Gala y gracia de la canción española» según reza el titular que comparte espacio con el anuncio de un reportaje sobre Paul Anka. En 1963 aparece *Fonorama*, una revista que acoge en sus páginas a las figuras nacionales del pop y el rock, como Raphael, El Dúo Dinámico, Los Brincos o Mike Ríos, cuyo cambio de nombre a Miguel Ríos era anuncia-

Los Brincos, un famoso grupo de los sesenta, conocidos como Los Beatles españoles.

do en su número 8 con el sensacionalista titular «Muere Mike Ríos». También da cabida a las rutilantes estrellas internacionales como The Beatles o los malgaches Les Surfs y su éxito «Be my Baby» («Tú serás mi Baby») o nuevos bailes como La Yenka, inventado por los hermanos Johnny & Charley, dos holandeses afincados en Barcelona. En 1965 sale la revista *Fans*, de la Editorial Bruguera, que estaba dirigida a un público juvenil y llevaba como subtítulo «La revista de la canción». En su número uno llevaba en portada la eterna dicotomía Beatles/Rolling Stones y un dosier especial sobre la estrella austríaca del pop Udo Jürgens. En enero de 1966 sale al mercado la revista *Discomanía*, a la que seguirán *Rompeolas* y la edición española de *New Musical Express*.

Este caldo de cultivo propicia la aparición de una modesta escena nacional de rock 'n' roll. El 18 de noviembre de 1962 se celebró el primero de los Festivales de Música Moderna del Price Music Hall de Madrid, que tenían lugar los domingos por la mañana y acabaron siendo popularmente conocidos como Las Matinales del Price. El éxito entre los jóvenes corrió parejo a la desconfianza de las autoridades y las críticas de la prensa. Sirva como botón de muestra una reseña de la revista *Triunfo* en diciembre de 1962: «¿Dónde vamos a parar? Los chicos se suben por las paredes mientras les dejan, claro. Quieren más, siempre quieren más, pero no hay nada que hacer. El espectáculo ha terminado. Otra vez será. El domingo próximo que se anuncia, es muy posible, con actuaciones extraordinarias. Se acabó lo que se daba. Unos dos mil muchachos salen tarareando "Speedy González" a tomar el aperitivo y a comer, que por la tarde hay que ir al guateque y a bailar el twist». Esas críticas escandalizadas acabaron exacerbando el celo de las autoridades que pusieron fin a las Matinés en 1964. A pesar de que la cosa se redujo a una quincena de conciertos, el Price acabó formando parte imprescindible del imaginario rockero español y en su escenario se consolidaron unos cuantos grupos que cimentaron el rock y el pop español, como Los Relámpagos, Los Pekenikes o Los Estudiantes. Esos grupos, junto a sus modelos norteamericanos o ingleses también sonaban en los programas sobre música rock que aparecieron a partir de 1960, como «Caravana Musical», «Discomanía», «Vuelo 605» o «El Gran Musical».

«Comenzaron a aparecer en la prensa comentarios negativos sobre los chicos y chicas que salían por la calle bailando y aullando al ritmo enloquecido del twist. La música moderna era vista por la sociedad de adultos como patear, berrear y hacer ruido.»

José Ramón Pardo, crítico musical

A pesar de estar muy lejos de ser un movimiento mayoritario entre la juventud de los primeros años sesenta, especialmente en las zonas rurales, el rock 'n' roll era percibido como algo más que una moda musical tal y como explicita Celsa Alonso en su artículo «El beat español: entre la frivolidad, la modernidad y la subversión», publicado en 2001 en la revista *Cuadernos de Música Iberoamericana*: «Creemos que al rechazar la copla, los boleros, la zarzuela, el flamenco y los espectáculos folclóricos habituales en las carteleras y en las ondas radiofónicas, los jóvenes españoles de mediados de los sesenta estaban rechazando lo que el régimen había convertido en símbolos culturales de una ansiada secularmente cultura "nacional"; y al buscar formas de ocio nuevas reflejándose en el espejo de Europa, forjaron una manera eficaz de posicionarse y articularse como grupo diferenciado en los estrechos márgenes que ofrecía la dictadura, encontrando en el beat un símbolo generacional».

La revista musical *Discóbolo*.

AGITACIÓN EN LAS AULAS

En los ambientes universitarios, en los que se movía una parte importante de los músicos y aficionados al rock, las aguas comienzan a agitarse a principios de los años sesenta con la aparición de grupos clandestinos como la FUDE (Federación Universitaria Democrática Española) o el SDE (Sindicato Democrático de Estudiantes). La agitación y el descontento van en aumento para alcanzar sus momentos más duros a finales de la década, con una presencia permanente de la policía en los campus universitarios que culmina con la declaración por el gobierno del estado de excepción en todo el territorio nacional, decretado en enero de 1969, coincidiendo con la radicalización del movimiento estudiantil influido por la revuelta del mayo del 68 francés.

Uno de los grupos más populares en los inicios de los sesenta se llama precisamente Los Estudiantes, fundado por Pepe Barranco con José Alberto Gosálvez, Fernando Arbex, Luis Arbex y José Luis Palacios, que en 1959 lanzaron un EP titulado genéricamente *El Rock and roll de Los Estudiantes*, y otros dos al año siguiente, todos con una mezcla de adaptaciones de estándares internacionales y temas propios con títulos tan castizos como los instrumentales «Don Quijote», «La pulga» y «Una estrella fugaz», o la balada romántica «Me enamoré de un ángel». El hecho de que tanto ellos como sus eternos rivales, Los Pekenikes, fuesen los grupos más famosos a base de letras simples y canciones instrumentales, hizo que las autoridades censoras los considerasen, tanto a ellos como al resto de grupos de rock, poco peligrosos en aquellos días de sorda agitación estudiantil. En los primeros sesenta la rebelión musical se guarecía fundamentalmente en la Nova Cançó catalana, cuya transgresión inicial tampoco iba mucho más allá del uso del idioma catalán y unas letras inspiradas en poetas como Antonio Machado o Miguel Hernández, algo que cambiaría rotundamente a finales de la década y principios de los setenta, cuando los cantautores de todo el país se convirtieron en la punta de lanza del descontento cultural contra la dictadura.

Como decíamos, los primeros sesenta fueron sobre todo los años de la explosión del turismo con su consiguiente influencia en la modernización de las costumbres del país que fue adoptando modas foráneas impensables en la década anterior, como la minifalda, los guateques e, inevitablemente, el rock & roll. En 1960 el número de extranjeros que visitaron España superó los seis millones. Trece años después esa cifra superaba los 24 millones. Entre toda esa oleada de turistas había muchos músicos de rock que eligieron nuestro país, sobre todo las Islas Baleares, para dar rienda suelta a sus aficiones y adicciones ante la vista más o menos gorda de las autoridades del régimen, lo que contribuyó a crear en Ibiza y Formentera el núcleo embrionario del hippismo español. En 1965 Syd

Barret y David Gilmour realizaron un viaje como mochileros por el país, tocando en la calle, antes de hacerse famosos como miembros de Pink Floyd. Dos años después, los fundadores de la banda: Roger Waters, Nick Mason, Richard Wrigth y Syd Barret, visitaron Formentera con sus respectivas parejas, en un agitado viaje repleto de drogas y experiencias psicodélicas que contribuyó bastante al progresivo deterioro mental de Barret, que le llevaría a su salida de la banda poco después. Fueron muchos los que se refugiaron en el paraíso balear en aquellos tiempos: de Cat Stevens a Frank Zappa, pasando por los Bee Gees o King Crimson.

El 1 de Julio de 1965 Los Pekenikes consiguieron ser teloneros de los Beatles en la Plaza de Toros de las Ventas en Madrid.

LA CENSURA NUNCA DUERME

Pero en un país donde todo está fiscalizado por la moral católica y la obsesión del régimen que veía enemigos políticos por todas partes, el rock fue víctima inevitable de la censura y a veces se buscaban intenciones ocultas donde no las había, algo que no era exclusivo de los censores, sino incluso de quienes, hambrientos de libertad, buscaban dobles mensajes por todas partes. Hubo incluso quien encontró unas gotas de rebeldía en la letra ingenuamente *hippie* y rudimentariamente anticapitalista de «La escoba», el gran éxito de Los Sírex editado en 1965, en el que el grupo barcelonés cantaba que si tuvieran una escoba: «Primero, lo que haría yo, primero / barrería yo el dinero, / que es la causa y el motivo, / ay, de tanto desespero». Pero, incluso en una sociedad acostumbrada a buscar dobles intenciones en casi todo, eso sería hilar demasiado fino. Porque lo cierto es que en la España de los años sesenta todo se leía entre líneas, buscando mensajes que anunciasen el final del autoritarismo, tanto en los discursos de los políticos más aperturistas del régimen, como en los periódicos o las canciones de moda. Pero fantasmagorías aparte, lo cierto es que entre 1960 y 1977 se consideraron como «no radiables», es decir, se prohibió explícitamente su emisión pública, más de 4.300 canciones entre nacionales y extranjeras.

El criterio de la censura era amplio y hacía referencia a las alusiones al régimen y al caudillo, al Alzamiento Nacional, a la política internacional española, al régimen económico o la moral católica, lo cual se resumía en el punto número dos de las normas dictadas por la Dirección General de Propaganda en 1940, que especificaba: «Debe vigilarse cuanto pueda resultar molesto a las instituciones militares, civiles, eclesiásticas o políticas». La censura se cebó sobre todo con lo más evidente, las portadas, por aquello de la decencia

y la moralidad, pero el ojo inquisidor también arremetió contra las letras del rock, a veces con motivaciones bastante surrealistas, como revelan las actas de los censores. «Good Vibrations», de The Beach Boys, fue prohibida por su «sentido totalmente erótico, en el que se subliman las excitaciones sexuales [...]. Esta letra pertenece a los ambientes de los grupos USA drogadictos del lumpen: los HIP –*hippies*– cuya filosofía está basada en el sexo». También

Tapestry, de Carol King, considerado inmoral por la censura.

«Looking at Tomorrow», de John Mayall, acusada de explicitar la homosexualidad, porque en muchas ocasiones más que a la política, la censura de los discos de rock, tanto foráneos como nacionales, estaba más dirigida hacia el contenido moral de las letras, es decir, a vigilar las posible alusiones al sexo en cualquiera de sus variantes, incluidas las imaginarias, porque de imaginación parecían ir sobrados los censores, como demuestra el caso del disco *Tapestry,* de Carol King, mencionado por Valiño en su libro como ejemplo del amplio concepto de inmoralidad de los encargados de dar el visto bueno y que en este caso se cebaron con temas como «I Feel the Earth Move», cuyo permiso de emisión fue denegado por ser una «canción ligera, aunque las palabras no son reprochables, su clímax, muy apasionado, puede hacer que la interpretación resulte fuerte», o «It's Too Late», en la que, según el censor, «las palabras tienen doble interpretación, lo que lo hace peligroso».

Popotitos baila, pero no hace el amor

Uno de los casos más curiosos de celo censor fue el de la canción «Bony Moronie», de Larry Williams, que fue censurada por considerarse que la frase «yo la amo y ella me ama, y más felices no podríamos ser, haciendo el amor bajo el manzano» era intolerablemente erótica y estaba encaminada a corromper a la sana juventud española, pero que se convirtió un éxito bailado en todos los guateques del país en la versión que hizo la banda mexicana Teen Tops, rebautizándola como «Popotitos». Eso sí, los mexicanos se cuidaron mucho de eliminar cualquier mínima alusión al sexo, dejando el tema en una letra que a los más que llegaba era a aquello de «Popotitos no es un primor / pero baila que da pavor, / a mi Popotitos yo le di mi amor».

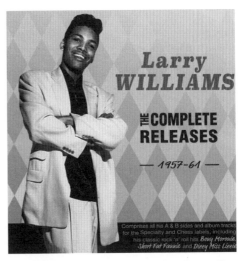

El tema original rebautizado como «Popotitos« se llamaba «Bony Moronie» y fue creado por Larry Williams en 1957.

Pero el verdadero caballo de batalla era la censura política. El tema de Bob Dylan «Masters of War», de 1963, fue censurado por su contenido antibelicista, al igual que otro tema del mismo autor, «Chimes of Freedom» («Campanas de Libertad») de 1964. Se ve que a los vigilantes de la corrección política, que entonces significaba sumisión a la dictadura, no les gustaban las llamadas a la libertad y las letras antibélicas supusieron la censura de cientos de temas como «Military Madness» («Locura Militar») de Graham Nash o «I Don't Wanna Be Soldier» de John Lennon. Otro objetivo eran las canciones que pudiesen poner en tela de juicio la figura de los cuerpos policiales, cosa que era bastante común en los años de más efervescencia del movimiento hippie y contracultural. Esta fue la causa de la prohibición de «Help I'm a Rock» de Frank Zappa, en la que se afirma «Es una lata ser policía», y también la de la negación de permiso para emitir «I Hear Voices» de The Dells, por una frase que hablaba de policías que disparaban por placer, entre otras muchas. Obviamente, era impensable que se colase en las emisoras y tiendas de discos nada que hablase de la revolución, como las canciones de Nina Simone «Revolution Rock I y II», y «Power to the People» de John Lennon, que debió de erizar los cabellos de los vigilantes del régimen franquista cuando escucharon aquello de «Levántate y toma la calle / reclamando el poder para el pueblo [...]. El poder para el pueblo es justo, / millones de trabajadores / trabajando por nada. / Es mejor darles lo que es de ellos / o te destruirán».

Pero la verdadera bestia negra era el comunismo, la pesadilla de los ganadores de la Guerra Civil que habían calificado como una cruzada contra la amenaza roja. A un censor que se preciase no se le podía escapar la más leve mención al comunismo, fuera real o imaginaria, como en el caso del disco de Fleetwood Mac, *Future Games*, sobre el que el funcionario de turno afirmaba que «los juegos que indica, el tono todo él de esta canción la hace sospechosa de filocomunista». Lo mismo le pasó en 1965 a Paul Simon por decir en su tema «A Simple Desultory Philippic»: «Yo he estado marginado / casi marcado con hierro / por ser comunista», o a los Kinks en «Money and Corruption I Am Your Man»,

Los No, inconformistas y rebeldes por denominación de origen.

una canción que mencionaba los términos soviéticos de abolición de clases sociales y planes quinquenales.

Con este exceso de celo no es de extrañar que al grupo español Los NO se les complicase mucho la vida en 1966, cuando sacaron un EP con cuatro canciones, una de ellas titulada nada más y nada menos que «Moscovit». Las letras de los cuatro temas figuraban en la contraportada del disco y se veía claramente que el tema «Moscovit» era un claro alegato contra el régimen soviético, tildando a sus ciudadanos de borrachos insoportables y afirmando incluso «En cambio las muchachas son tan fuertes como yo, / al piropear a una me atizó, / yo tuve que salir huyendo de aquel país, / no me gusta su forma de vivir». Pero todo eso no impidió que los censores se cargasen el disco por la simple osadía de andar mentando a la pérfida Unión Soviética. Para colmo de males, el nombre del grupo tampoco ayudó, porque aquel mismo año de 1966 el dictador Francisco Franco tuvo la idea de convocar un referéndum para tratar de legitimar a un régimen que llevaba veintisiete años en el poder sin haber pasado una sola vez por las urnas. Sólo había dos papeletas, el SÍ y el NO y obviamente sólo la primera podía tener el aval del régimen, las emisoras de radio, los diarios y la televisión, que no mencionaron al grupo durante los fundamentales meses de promoción del disco.

«No hubo nunca un criterio claro, sino que (los censores) tenían que interpretar lo que se esperaba de ellos, con lo que su trabajo era totalmente arbitrario. Para la censura cinematográfica se dictaron dos códigos, pero para la música no hubo nada.»

Xavier Valiño, autor del libro *Veneno en dosis camufladas*.

Se podrían enumerar muchos más ejemplos de censura, pero sería demasiado prolijo. Al final, con la imparable ola de modernización del país, fruto tanto del desgaste del régimen como de la necesidad de aproximarse cada vez más a Europa, en 1966, bajo el mandato ministerial de Manuel Fraga, se promulga la Ley de Prensa e Imprenta que, si bien permitió un ablandamiento de la censura en algunos sectores, no favoreció precisamente la industria discográfica y la creación musical, tal y como explica Xavier Valiño en su imprescindible libro de consulta *Veneno en dosis camufladas. La censura en los discos de pop-rock durante el franquismo*, del que se han extraído muchas de las referencias citadas: «Es a partir de 1966 cuando el número de canciones consideradas no radiables por la Dirección General de Radiodifusión y Televisión se dispara, creciendo su número, en especial hasta 1973, con un cierto repunte incluso cuando ya estaba muerto Franco».

RECUERDOS DEL PELO LARGO

A finales de los años sesenta y principios de los setenta las cosas empezaron a cambiar a un ritmo cada vez más acelerado. Barbas, melenas y un estudiado desaliño indumentario se imponen entre la juventud española de principios de los setenta, que protagonizará al mismo tiempo la eclosión del movimiento cultural *underground* y de la contestación política a una dictadura que tiene los días contados. En un país hambriento de modernidad comenzaron a florecer cantantes y grupos que trataban de dar a sus canciones un contenido más serio y más acorde con las aspiraciones de cambio de la sociedad. Más allá del rock o la canción protesta, esa hambre de libertad alcanzaba incluso a los intérpretes de música popular y llevaba incluso a interpretaciones erróneas, como en el caso del tema «Libre», de Nino Bravo, compuesto en 1972 por José Luis Armenteros y Pablo Herrero en el que algunos quisieron ver un hastío de la dictadura en el principio de aquel canto a la libertad, un bien escaso en el régimen de Franco: «Tiene casi veinte años y ya está cansado de soñar / pero tras la frontera está su hogar, su mundo y su ciudad. / Piensa que la alambrada sólo es un trozo de metal, / algo que nunca puede detener sus ansias de volar». En realidad la canción estaba inspirada en la desgraciada historia de Peter Fechter, un joven que en 1962 murió tiroteado por los guardias de Alemania de Este cuando trataba de huir saltando el Muro de Berlín, lo que vendría a ser una triste prueba de que el ansia de libertad puede costar cara en todas las dictaduras. En Latinoamérica, donde Nino Bravo era enormemente popular, la canción también fue víctima de la censura. Fue prohibida en la Cuba de Fidel Castro, mientras que en el Chile de Augusto Pinochet fue interpretada como un himno anticomunista y se hizo popular entre los simpatizantes de la dictadura militar, llegando al macabro extremo de que, según algunos musicólogos como Katia Chornik, fue usada durante los sangrientos interrogatorios de la dictadura militar.

Un destacado ejemplo de camuflaje musical es la canción «Rosas en el mar», un éxito nacional interpretado por Massiel pero escrito por Luis Eduardo Aute, que empezó tocando canciones de Elvis Presley en grupos como Los Sonor o Los Tigres y que se convertiría en uno de los cantautores más populares de los años setenta. Aparentemente, Aute compuso una canción de amor, pero que incluía una sutil llamada a la conciencia social y política en su última estrofa: «Voy pidiendo libertad y no quieren oír. / Es una necesidad para poder vivir. / La libertad, la libertad / Derecho de la humanidad. / Es más fácil encontrar rosas en el mar». En la España de 1967 eso de andar clamando a la libertad frente a oídos sordos era más peliagudo de lo que pudiera parecer, pero coló y le permi-

Massiel, primera ganadora española del Festival de Eurovisión.

tió a Massiel lograr una popularidad que la llevaría al año siguiente al Festival de Eurovisión, que ganó para regocijo de los españolitos de a pie y de sus dirigentes, que necesitaban como agua de mayo cualquier cosa que proyectase una imagen del país alejada del atraso dictatorial.

Pero bajo la aparente amabilidad adocenada de la programación musical de la radio y la televisión comenzaba a fermentar un ambiente de rebeldía contracultural al que no era ajena en absoluto la influencia del movimiento *hippie* internacional, que a España llegó con el habitual retraso, y que se dejó sentir en publicaciones como la revistas *Star* que estuvo activa entre 1974 y 1980 bajo la dirección de Juan José Fernández primero y Karmele Marchante –sí, por increíble que parezca, la misma de los programas televisivos de finales de los noventa– más tarde, y que estaba dedicada al cómic *underground* norteamericano y a traducciones de artículos de autores de la contracultura, como Tom Wolfe o Hunter S. Thompson. En 1974 también apareció *Ajoblanco*, una publicación de espíritu libertario que sobrevive tras numerosos avatares, y un año después se publica el primer número de *Ozono* dedicada a la difusión de la creación *underground* española, con un importante contenido musical marcado por su director, el locutor Juan de Pablos, famoso por su programa «Flor de Pasión» en Radio 3 durante cuarenta años, que estaba acompañado en la labores de redacción por nombres tan míticos del periodismo musical como Diego Manrique, Carlos Finaly o Gonzalo García Pelayo.

Pero a pesar de estos aires aperturistas el régimen seguía manteniendo intacto su aparato de represión ideológica y cultural y su capacidad de vigilancia paranoica, como se demostró en 1971, cuando sale al mercado el primer álbum de Gloria van Aerssen y Carmen Santonja, más conocidas como Vainica Doble, que es también el nombre del disco que desde el primer momento suscita los recelos de los guar-

Gloria van Aerssen y Carmen Santonja, más conocidas como Vainica Doble.

dianes del régimen franquista que ven en el tema «Quién le pone el cascabel al gato» una velada alusión al final del dictador Francisco Franco, algo que necesitaba mucha imaginación a tenor de la letra, tan ingenua como breve: «Niño no duermas más, / niño despierta ya, / que hay que poner el cascabel al gato, / que se lo pongas tú, no se lo pongo yo, / que se lo ponga Rita». Por si fuera poco, otra canción del disco, «La cigarra y la hormiga», inspirada en la fábula de Esopo, fue considerada por muchos directores de centros educativos como una mala influencia para los niños e incluso nociva para su salud mental. Más delirante llegó a ser la polémica

La España censurada de Cecilia

Un año antes de morir en accidente de tráfico el 6 de agosto de 1976, Cecilia, la gran promesa del pop español, sufrió otra vez la tijera de la censura del agonizante régimen franquista −el dictador murió pocos meses después de que se publicase la canción− con uno de sus temas más emblemáticos: «Mi querida España». Tuvo que cambiar sólo seis palabras de la letra, las suficientes para quitarle todo sentido crítico, al menos a ojos de los censores: «Mi querida España, / esta España viva (mía), / esta España muerta (nuestra) [...]. Esta España nueva (mía), / esta España vieja (nuestra) [...]. Esta España en dudas (mía), / esta España ciega (nuestra)».

sobre la canción «Al escondite inglés», incluida en la banda sonora de la película Iván Zulueta y José Luis Borau, *Un, dos, tres...*, en 1969 y que fue censurada por su presunto erotismo el describir las aventuras de un montón de mozas nórdicas que llegaban en avión para jugar al escondite inglés con un tal Antolín. Ni siquiera la polémica fue capaz de darle popularidad al primer disco de este dúo de estética *hippie* de manual, que hacía un pop elegante y atípico que fue poco entendido en su momento, pero que acabaría convirtiéndolas en un icono para las generaciones venideras.

En 1972 la cantante de pop folk Cecilia lanza su primer LP de título homónimo que incluye el tema «Dama, Dama», una crítica poco velada a la doble moral de la puritana sociedad de la época que se convirtió en un rotundo éxito. Aquello de «Dama dama de alta cuna / de baja cama, señora de su señor / amante de un vividor. / Dama dama, que hace lo que le viene en gana» caló profundamente en una sociedad, especialmente en su parte femenina, que no sólo ansiaba una libertad política sino también una libertad personal y sexual, cansada del corsé de la vigilancia religiosa sobre todos los comportamientos sociales y harta de la hipocresía de unas clases altas que disfrutaban de libertades privadas que se negaban al conjunto de la sociedad. En su segundo álbum, *Cecilia 2*, editado un año después, incluye «Un millón de sueños», una canción que hacía referencia a las vidas arrancadas y rotas por la Guerra Civil, un tema que seguía siendo un tabú intocable en las postrimerías del franquismo y que la colocó bajo la iracunda mirada de la censura que pretendía que el tema no fuese publicado. Al final logró publicarlo, en parte gracias a unas poco creíbles declaraciones en las que afirmaba que en realidad se refería a la Guerra de los Seis Días, el sangriento conflicto que por entonces enfrentaba a árabes e israelíes.

EL ROLLO PERIFÉRICO

En 1977 el periodista Jesús Ordovás publica el libro *De qué va el rollo*, visión desde dentro de la escena *underground* cultural y musical en la España de los años setenta que sirvió para etiquetar oficialmente la «cultura del rollo» que era como se denominaba coloquialmente lo que estaba sucediendo en el mundo del rock en aquellos confusos años, a caballo entre la dictadura y la transición a la democracia. Todo se circunscribía fundamentalmente a los barros periféricos de tres grandes ciudades: Madrid, Barcelona y Sevilla y todo era un reflejo tardío de lo que había sucedido una década antes en los ambientes culturales norteamericanos e ingleses, tal y como explica el propio Ordovás en una entrevista publicada en 2017 en la revista digital *Alacontra.es*: «Éramos, sobre todo, gente desintegrada, todos a imagen y semejanza de lo que eran los *hippies* o la *Beat Generation*. Íbamos a la contra de lo que era la cultura oficial. Ese era el rollo». Un año después de morir Franco, los referentes culturales y musicales eran difusos y mientras unos comenzaban a mirar hacia el Londres donde estaba brotando el punk, otros se recluían en sus barrios para imitar a las bandas más cañeras de los años sesenta y componer unas canciones en las que dar rienda suelta a unas enormes ansias de libertad y levantar la voz contra la injusticia y la marginación que habían padecido hasta los últimos estertores de la dictadura.

En ese contexto nacen grupos como Cucharada, que entre 1978 y 1979 popularizan un tema, «Social peligrosidad», que ejemplifica perfectamente esa denuncia social básica a la que nos hemos referido. La letra de Manolo Tena era un alegato contra la Ley de Peligrosidad y Rehabilitación Social —en realidad, una actualización falsamente moderna de la vieja Ley de Vagos y Maleantes que tan útil fue a la represión en los años más duros del régimen franquista— a la que, con un preclaro sentido de la realidad, la gente había bautizado simplemente como Ley de peligrosidad Social, obviando una intención rehabilitadora que jamás tuvo una norma creada específicamente para poder encarcelar con facilidad a vagabundos, prostitutas, drogadictos, homosexuales, mendigos y cualquier otro colectivo cuyo comportamiento moral y social se saliese un mínimo de los estrechos márgenes del nacionalcatolicismo. El tema salió al mercado en un disco sencillo con una cara B, «Libertad para mirar escaparates», incidía también en la crítica social, aunque de una forma menos cruda y más irónica, sin bajar por ello el nivel de la denuncia: «Todos los días los obreros parados se juegan la vida / en el comercio de intereses del empresario, / pero las pintadas de la disconformidad / han sido borradas con celo policial». Aunque hubo intentos de que la canción «Social peligrosidad» no fuese emitida en la radio, en realidad se libró de la censura porque ésta había sido defi-

«Social peligrosidad»

Cucharada denuncia la represión social

Mary «la Friki» era una tía legal
pero el «desempleo la obligó a putear.
Un día La Ley la mandó enchironar
diciendo que era UN PELIGRO SOCIAL.

Pero ¿quién es el culpable
y quién el inocente?
¿El justo millonario
o el pobre necesario?

El hippy se lo hizo de pasar el maná
y nunca estafaba al que quisiera comprar.
Un día La Ley le mandó enchironar
diciendo que era UN PELIGRO SOCIAL

Pero ¿quién es el culpable
y quién el inocente?
¿El justo millonario
o el pobre necesario?

Pablo «El Trapero» es un homosexual,
le gustan los tíos como a ti la libertad.
Un día La Ley le mandó enchironar
diciendo que era UN PELIGRO SOCIAL.

Pero ¿quién es el culpable
Y quién el inocente?
¿El justo millonario
o el pobre necesario?

Manolo Tena.

nitivamente abolida en abril de 1977. Curiosamente, la Ley de Peligrosidad Social duró bastante más y no fue completamente abolida hasta 1995.

En 1978 Leño, una banda con la ideología suburbial del extrarradio madrileño e integrada por Rosendo Mercado, Ramiro Penas y Chiqui Mariscal, sustituido a mitad de la grabación de su primer disco por Tony Urbano, registra el tema «Este Madrid», una canción cargada de ironía ecologista sobre la desastrosa situación medioambiental de Madrid, una ciudad que padecía todos los males propios de la descontrolada masificación urbanística de los años sesenta, con una letra con doble sentido: «Es una mierda este Madrid / que ni las ratas pueden vivir. / Queremos una central / que nos suministre / energía para destruir / la mucha vegetación / que nos estorba, / y no, no podemos construir, / tenemos que eliminar / a los antinuclear. / No hagas caso a esta canción / pues todo es mentira, / lo que falta es un buen bidón / de aire puro y natural / y de cerveza». En sus escasos cinco años de vida, Leño se hizo muy popular con canciones que enganchaban a la juventud con letras sencillas que reflejan sus vidas de futuro incierto, como «Corre, corre», «Maneras de vivir», «Sin solución» o «Todo es más sencillo».

Políticamente son tiempos muy convulsos con atentados de ETA y los GRAPO casi cada semana, mientras la ultraderecha clama contra los intentos de democratización y responde a la violencia terrorista con más violencia terrorista en el País Vasco y el sur de Francia. Adolfo Suárez gana las elecciones generales y se convierte en el primer presidente del gobierno de una democracia amenazada por todas partes, mientras el PSOE le disputa abiertamente el poder, ganando las primeras elecciones municipales en las principales ciudades del país. La banda sonora de esa difícil época, aparte de los himnos electorales «Habla pueblo, habla» del grupo folk Vino Tinto y el famoso «Libertad sin ira» de Jarcha, o los temas de cantautores concienciados política y socialmente como Patxi Andión, Lluís Llach, Luis Eduardo Aute o Luis Pastor, la ponen

Leño marcaron una época del rock español con sus canciones.

grupos que expresan el desencanto de las clases trabajadoras, de los barrios precarios construidos durante el desarrollismo de los años sesenta, como Bloque, Storm, Burning, Moris, Asfalto, o el primer Ramoncín que musicalmente transitan por un extraño periodo en el que los sonidos del punk y la New Wave comienzan a colarse en las emisoras de radio, anunciando ya la transición a la tan traída y llevada Movida.

HEAVYS Y MODERNOS EN TIEMPOS MOVIDOS

El 9 de febrero de 1980 se celebra en el Salón de Actos de la Escuela de Caminos de la Universidad Politécnica de Madrid un concierto de homenaje a José Enrique Cano Leal «Canito», batería del grupo Tos, posteriormente Los Secretos. El acto es retransmitido por Radio España y la segunda cadena de TVE, lo que le da una proyección inesperada y sirve de carta de presentación para una variopinta amalgama de grupos

Los Secretos fueron uno de los grupos emblemáticos de lo que se conoció como movida o nueva ola de la música en España.

surgidos bajo la influencia de las bandas de punk y New Wave de Inglaterra y Estados Unidos. Es lo que durante poco tiempo se conocerá como «nueva hola» y que pasará a la historia de la música española con el nombre de «La movida». A partir de ese momento las emisoras de radio y los programas de televisión se hacen eco de la música de grupos como Nacha Pop, Alaska y los Pegamoides, Radio Futura, Siniestro Total, Aviador Dro, Los Coyotes, Los Burros, Gabinete Caligari o 091, entre muchos otros. Lejos de formar un movimiento homogéneo. Practican un amplio abanico de estilos musicales, pero coinciden mayoritariamente en su espíritu lúdico y escasamente reivindicativo.

En 1980 Nacha Pop publica su primer álbum, titulado *Nacha Pop*, de la mano de Teddy Bautista en la producción.

En paralelo sobreviven una serie de grupos herederos del rock macarra y suburbial de finales de los setenta, que se mueven en torno al sello Chapa, creado por Mariskal Romero, periodista musical y locutor de radio que en 1975 había editado un recopilatorio de rock español titulado *Viva el Rollo*, y que a finales de los setenta y principios de los ochenta edita a bandas como Leño, Ñu, Cucharada, Moris, Burning o Barón Rojo, entre otros muchos y que reivindica un rock más militante e ideologizado. Desde los ochenta Romero viene reivindicando el papel de las bandas de heavy y rock duro como verdadero baluarte del rock con contenido político y social en España y denunciando la connivencia que a su juicio tuvieron los partidos políticos de la Transición con los grupos de la Movida, a los que acusa de dóciles, pijos y privilegiados. Así lo explicaba en una entrevista concedida al diario *La Región* en 2018: «Eran unos niños pijos, mayoritariamente, que hacían algo hedonista, sólo querían pasarlo bien. Era lo que quería el poder, que no les recordaran un pasado de pobreza». Un ejemplo de esa sensibilidad social es por ejemplo el tema «Marea negra», grabado en 1982 por Topo, una banda de la escudería Chapa Discos, con un profundo contenido ecológico casi profético: «Marea de alquitrán sembró la muerte en el litoral. / La noticia es desmentida por la autoridad. / Políticos inoperantes dicen por televisión / que no nos preocupemos, todo está bajo control».

«Rockeros, el que no esté colocado, que se coloque... ¡y al loro!»
Enrique Tierno Galván, alcalde de Madrid, en un concierto de rock en 1984.

«Los ojos vendados»
La denuncia de Loquillo contra la tortura

Iba en su coche por el camino viejo,
eran tres, le detuvieron, le taparon los ojos,
le apuntaron a la cara, no pudo adivinar adónde le llevaban,
tan sólo recuerda... que le golpeaban...

Esa luz, esa luz cegadora,
sus ojos vendados durante horas,
le soltaron el rollo, su boca sangraba,
no pudo adivinar de qué le acusaban,
tan sólo recuerda... que le golpeaban...

Eran tres, él recuerda sus caras
por la mañana, al acostarse,
al despertar de madrugada.
El reo inocente, perdió toda esperanza.

A la espera de juicio, con abogado de oficio,
sin poder decir adiós... en una cárcel lejana...
sin poder besar los labios de la chica que amaba. (x3)

Eran tres, el recuerda sus caras
por la mañana, al acostarse,
al despertar de madrugada.
El reo inocente, perdió toda esperanza.

Loquillo.

La Movida madrileña, un fenómeno artístico y social en la capital de España.

Lo cierto es que la llamada Movida fue un cajón de sastre en lo musical y en lo ideológico. Desde la incomprensión hacia las letras del tecno pop de Aviador Dro y su irónico alegato contra la amenaza nuclear en «Nuclear sí», a las acusaciones de fascismo contra los primeros Gabinete Caligari por su provocación en «Cómo perdimos Berlín», pasando por la condena de Parálisis Permanente por su irreverente y casi blasfema «Quiero ser santa», o el transformismo futurista de «A quién le importa» de Alaska y Dinarama, que tardó casi una década en convertirse en himno de la libertad sexual, en los años ochenta la música española se caracterizó en buena medida por una absoluta diversidad, una libertad a la hora de componer y un abundante ansia de mera diversión, que eran un reflejo de una sociedad que había salido de un país gris y monótono para zambullirse de golpe en una euforia de libertad, permisividad y disfrute que no duraría ni una década pero que se vivió muy intensamente. Madrid, epicentro de la Movida, fue además un caso especial gracias a la alcaldía de Enrique Tierno Galván, conocido como «el viejo profesor», que alentó el espíritu de libre expresión en todas sus facetas. Pero no todo fueron risas y evasión y, aparte del peaje que muchos pagaron por su coqueteo con las drogas, hubo momentos trágicos, como el incendio de la discoteca Alcalá 20 de Madrid, con 27 víctimas mortales, que dejaron un poso de pesimismo en aquella presuntamente alocada generación. También hubo músicos que pusieron contenido contestatario en sus letras, como el antimilitarismo de El Último de la Fila en «Querida Milagros», la protesta contra la reconversión naval en «Sector Naval » de Os Resentidos, la angustiosa e imposible huida de la droga de «Metadona» de Los Pistones, o la alerta contra la amenaza nuclear de «Miedo» de los PVP, por poner sólo algún título de muestra. Hubo incluso casos que prácticamente han pasado al olvido, en los que la intención de una letra estuvo a punto de costar un disgusto a su autor. Uno de los más sonados tuvo como protagonista a un músico que desde sus orígenes ha sido tan querido como odiado a causa de sus posturas en aspectos políticos y sociales: José María Sanz, conocido como Loquillo. En 1993 su canción «Los ojos vendados» le costó no sólo la censura de un buen número de emisoras de radio sino también algunas amenazas más o menos veladas. La canción cuenta un hecho real de torturas e impunidad policial que Amnistía Internacional denunció a través de un vídeo musical del realizador Aitor Zabaleta que también fue censurado y condenado al olvido.

EL PUNK AUTÓCTONO QUE VINO DE LA PERIFERIA URBANA

En 1976 el barrio de San Ildefonso de Cornellà, en la periferia barcelonesa, era conocido como Ciudad Satélite, una de esas aglomeraciones humanas construidas a toda prisa, con absoluta precariedad de materiales y el máximo de especulación, para alojar a la riada migratoria que estaba llegando procedente de las zonas más deprimidas de España, especialmente de Andalucía en este caso. Allí, entre auténticas colmenas humanas rodeadas de descampados en los que menudeaba la heroína, con calles sin asfalto y a veces sin alcantarillado, respirando las miasmas del polucionado río Llobregat, crecieron Miguel Ángel Sánchez «Morfi Grei», Modesto Agriarte «Tío Modes», Jordi Pujadas Valls «El Subidas» y Juan 'Raf' Pulido, que es la formación clásica de La Banda Trapera del Río, un grupo por el que han pasado más de 20 integrantes a lo largo de su accidentada historia. A pesar de que ellos siempre rechazaron la etiqueta de punks y siempre han sido encuadrados en el llamado rock urbano de los setenta, se pueden considerar, por su rompedor estilo musical, sus letras irreverentes y, sobre todo, por su actitud salvaje y provocadora, como unos auténticos antecesores del punk en España. Prueba de su espíritu provocador es su primer *single*, aparecido en 1978 con dos temas titulados «La Regla», que hablaba explícitamente de la menstruación, y «La Cloaca», una escatológica

La banda trapera del río, rock suburbial y pre punk autóctono.

«Venid a las cloacas»

El grito del suburbio

Vivís, en cuatro paredes agobiados del mal olor
de aceite de comida barata que se adhiere al
narizón,
soportáis las cuatro paredes, soportáis el mal
olor,
soportáis pagar impuestos soportáis la
humillación.

¡Vivís en la ciudad satélite! La gente a todo
confort.
El metro al lado de casa, pero de barro hasta el
pantalón.
Creéis que estamos salvados, pero estáis en un
rincón,
en un rincón de mierda, de control y represión.

Venid a las cloacas, estaréis mucho mejor,
identificaos con las ratas, no vayáis al paredón.
¡Venid a las cloacas! Donde no hay más control
que una caverna de mierda, de peste y mal olor.

Venid todos juntos, saldremos al exterior
para ver fluir las heces que vierte la sociedad.
¡Obrero! Te llaman siempre perro y derrochador
en la ciudad satélite, las ratas al exterior.

Yo habito en los bloques verdes, y vivo con
tensión
el pánico de la noche, el terror y la violación.
Por eso ciudad satélite es como una enorme
cloaca,
por eso sus habitantes tienen rabo como las
ratas.

Rabo como las ratas, como las ratas,
rabo como las ratas, ¡de cloaca!

y agria descripción de la vida en su barrio. En 1978 grabaron su primer LP, que tardó casi un año más en ver la luz y que era todo un muestrario de su insolencia y su radical desprecio por todo lo que sonase a aceptación del sistema social en aquellos titubeantes y atribulados primeros años de transición hacia la democracia tras cuarenta años de dictadura, que en barrios como Ciudad Satélite eran también de marginación, tal y como definían perfectamente en su tema «Venid a las cloacas», una descarnada descripción de vida suburbial que se podría hacer extensiva a cientos de barrios que habían crecido por toda España al amparo de la especulación salvaje que caracterizó el desarrollismo urbano de los años sesenta.

Suyo es también el primer tema de rock duro en catalán, «Ciutat podrida», un hecho curioso en una ciudad, Cornellà, en la que la mayoría de la población era castellano parlante y en la que los rockeros periféricos como los componentes de La Trapera vivían completamente al margen de la irrupción del rock autóctono catalán, conocido como *rock laietà*. La canción es otro desencantado alegato contra la marginación en una ciudad sin oportunidades, sin esperanza, sin futuro: «Ciutat podrida ens portes la nit i la por, / ara que ets adormida els carrers són plens de foc, / vull sortir d'aquest infern on els crits dels perduts s'obliden / quan ets presoner, l'esclat del vent i la llibertat no camina» («Ciudad podrida, nos traes la noche y el miedo, / ahora que estás dormida las calles están llenas de fuego, / quiero salir de este infierno donde los gritos de los perdidos se olvidan, / cuando estás prisionero, el estallido del viento y la libertad no camina»). Su reivindicación de la marginalidad y el lumpen como auténtica razón de ser de la banda y la juventud de su entorno social alcanza su clímax con el salvaje autorretrato de «Nacido del polvo del borracho y del coño de una puta», con un lenguaje antisocial y explícito, todavía inédito en el rock español: «Nacido del polvo del borracho, parido con desesperación, / humillado por el vecindario por crítica y represión. / El padre era un borracho, la madre su provocación. / De ellos dos y una cama, nació lo que ahora veis [...]. Para la gente un bastardo, para la poli un ladrón, / para el patrón un plebeyo, ¿qué culpa tuvo él? / ¿Qué culpa tuvo nadie de nacer donde nació? / Para que luego le condenen y le exploten como a un cabrón [...]. Entonces, ¿a quién matarías, al padre o a la madre, / o la puta sociedad que permite esto fraudes? / Siempre paga el mismo, siempre paga un don nadie / nacido del polvo de un borracho y de la satisfacción de su madre».

En 1982 grabaron su segundo disco, *Guante de guillotina*, pero con la banda en plena trifulca y en proceso de la primera disolución, el álbum no se editó hasta 1993, cuando fue recuperado a partir de una cinta con una grabación que conservaba el batería, Raf Pulido. Vistos con perspectiva histórica, resulta un tanto curioso el poco eco que tuvo más allá del área de Barcelona y algunos círculos radicales de Euskadi o Madrid, una banda capaz de elaborar letras de una radicalidad tan absoluta como «Padre Nuestro», un ataque frontal contra dos de los principales pilares del poder, la política y la religión: «Padre nuestro, que estás en el gobierno, / santificado sea tu dinero. / Vengan a nosotros tus elecciones, / hágase tu voluntad, así en el barrio como en la Modelo [...]. El porro nuestro de cada día dánosle hoy, / perdónanos nuestras neuras, / así como nosotros pagamos a nuestros opresores. / Déjanos caer en la tentación, más líbranos de aguantarte...joder». Se trataba en definitiva de una banda rompedora, adelantada a su tiempo y navegando a contracorriente, con un mensaje que en aquellos primeros años de la transición política pasó más inadvertido de lo que merecía y que rebrotaría muy poco después en las bandas surgidas en Euskadi bajo las etiquetas de punk y rock radical vasco y en Cataluña con los herederos de este primer rock macarra y punk pionero como Marxa, Peligro, Último Resorte, Decibelios, L'Odi Social, Kangrena o Malos Tragos.

L'Odi Social, exponentes del punk-hardcore barcelonés.

EUSKADI, UN CASO APARTE

Eskorbuto, una de las bandas más influyentes en el panorama del punk radical vasco.

En 1983 la canción «Mucha policía, poca diversión», de Eskorbuto, una banda formada originalmente por Jesús María Expósito «Iosu», Juan Manuel Suárez «Juanma» y Roberto Kañas, tres chavales de Santurce, se convierte en el lema de las fiestas de Bilbao, pero para el grupo los problemas no han hecho más que empezar. Poco después de grabar la maqueta que contiene ese tema son detenidos por la policía a causa de su aspecto sospechoso y les encuentran encima la grabación con otros tres temas: «E.T.A.», «Escupe a la bandera» y «Maldito país España». No hace falta nada más, se les aplica la Ley Antiterrorista y son encarcelados durante 36 horas. A pesar de que todo hace suponer que pertenecen a la izquierda abertzale, nadie de ese entorno sale a defenderlos. A partir de ese momento se colocan en una difícil situación, tal y como recuerda Xavier Valiño en *Political World. Rebeldía desde las guitarras*: «Poco después, en su mini-álbum *Zona Especial Norte*, compartido con los guipuzcoanos RIP, proclaman por todo lo alto: "A la mierda el País Vasco", tal vez recordando que la izquierda nacionalista era la única que los había abandonado al ser detenidos». Son tratados como unos apestados, son sometidos a boicot y encima los ayuntamientos no les contratan por considerar que sus canciones incitan a la violencia. En 1985 graban el álbum *Esquizofrenia*, pero se ven obligados a promocionarlo fuera de Euskadi, logrando el suficiente éxito para editar dos elepés más hasta que los problemas de Iosu y Juanma con la heroína comienzan a hacerse insalvables. Iosu muere en 1992 y la banda pasa por continuos cambios de rumbo para desaparecer en 1999, dejando un legado controvertido que sin embargo no los apeará nunca del club de los grupos más radicales de Euskadi, en competencia directa con una banda de Salvatierra, Álava, donde en 1979 un grupo de amigos integrado por Evaristo Páramos, Fernando Murua «Fernandito», Manolo García «Sumé», Txarly y Abel, forman una de las bandas más emblemáticas y referenciales del punk español gracias a la radicalidad política y social de sus mensajes.

La Polla Records, que es el nombre del grupo en cuestión, edita su primer disco, *Salve*, en 1984. Un álbum con 23 canciones que no dejan títere con cabeza, arremetiendo contra la Iglesia, el capitalismo, el ejército, el nacionalismo, la justicia, la moda, los políticos e incluso el propio movimiento punk. Convertidos en el principal referente del punk radical, en 1985 lanzan su segundo disco con el explícito nombre de *Revolución*, en el que dirigen afiladas pullas contra la policía, los fascistas, el patriotismo, la política penitenciaria, el ejército y la práctica totalidad de las instituciones sociales y políticas, con un tono de acratismo libertario que queda patente en el tema «El Congreso de Ratones», una de las invectivas más directas con el sistema parlamentario que se haya hecho nunca en el ámbito del rock.

En 2003, tras trece discos y 24 años de carrera la banda se disuelve y Evaristo sigue haciendo la guerra por su cuenta al frente de las bandas Gatillazo, The Kagas y The Meas: en 2019 la banda volvió a reunirse para realizar una serie de giras y editar un nuevo disco: *Ni descanso, ni paz!*

En 2005, con el grupo Gatillazo y a cuento de la memoria histórica, volvió a su etapa

«El Congreso de Ratones»
La declaración libertaria de La Polla Records

Señores diputados, la situación es extremadamente grave,
debemos hacer un consenso para meterlo dentro de un marco.
¡Qué monada!
Como primer punto del orden del día, actualizaremos nuestro sueldo,
como segundo punto, bajaremos el de los demás.

Qué felices son haciendo el mamón,
siempre en nombre de la razón,
y su libertad vigilada por los cañones del capital

Estáis todos acojonados por el ejército
y vendidos a todos los banqueros,
camuflando en democracia este fascismo
porque aquí siempre mandan los mismos.

Un congreso de ratones podíais formar,
no representáis a nadie.
¿Qué os creéis? ¿A quién queréis engañar?

Quiero soberanía personal,
mi representación soy sólo yo
y nada me puede obligar
con vuestra constitución.

más radical y dura con el tema «Fosa Común»: «No eran mártires ni héroes, sólo fueron a luchar / con la rabia de los pobres contra el fascismo brutal [...]. Cara al sol de madrugada, con una camisa azul, / los tiraron como a perros en una fosa común. / El silencio de los muertos grita libertad». A lo largo de su carrera no ha habido prácticamente nadie que se haya librado de los agudos dardos de Evaristo Páramos: la policía en «Era un hombre»: «Gracias a tus putas gracias / empezaron mis desgracias. / Era un hombre y ahora es poli»; la religión en «Dios»: «Dios, al que ni Dios le ha visto luchando por la justicia»; la justicia en «Señores del jurado»: «Señores del jurado, digan si el acusado es culpable o culpable. / Creo que está muy claro, / hay que reconvertirlo, hay que recuperarlo / Muerto puede servir para abonar el campo», y la banca y la política en «Delincuentes»: «Banqueros, unos ladrones, / sin palancas y de día, / políticos estafadores, / juegan a vivir de ti».

> «Merece la pena gritar contra las cosas o cantarlo entonado, como quieras. Decirlo poéticamente o con juramentos, insultos o frases sexistas o machistas. Me da igual, la cuestión es que sea eficaz.»
>
> Evaristo Páramos, cantante de La Polla Records

En el ámbito del rock radical vasco es necesario destacar también a Cicatriz, una banda de Vitoria con cuatro discos en su haber, que nació como un ejercicio de terapia de grupo en un centro de desintoxicación. Sus canciones son un recorrido guiado por la violencia callejera que sacudió al País Vasco durante los años ochenta, con letras virulentas, salvajes y corrosivas, propias de quien parece que no tiene nada que perder. Títulos como «Inadaptados», «Desobediencia», «Goma 2», «Enemigo público», «Aprieta el gatillo» o «En comisaría», hablan claramente del espíritu lumpen de esta banda que los convirtió en habituales de las comisarías y que desaparecieron en 1994 tras ir muriendo uno tras otro la mayoría de su componentes. Mención especial merecen también Kortatu, un grupo de punk y ska formado en Irún en 1984 por los hermanos Fermín e Íñigo Muguruza, Treku Armendariz y Kaki Arkarazo. Duraron sólo cuatro años, pero grabaron media docena de discos que forman parte del mejor punk radical hecho en España. Han dejado para la posteridad himnos de insumisión y rebeldía como «Nicaragua Sandinista», una exaltación a la revolución nicaragüense, «Jimmy Jazz», el relato de una fuga de prisión de un etarra, «La cultura», un tema basado directamente en un cómic del genio del cómic contracultural Robert Crumb, o «La línea del frente», dedicado a la violencia callejera. Tras la disolución del grupo los hermanos Muguruza formaron Negu Gorriak junto a Kaki Arkarazo y en 1997 cada uno emprendió su camino, aunque siempre vinculados a la música y al compromiso social.

LOS HIJOS DEL PUNK

La influencia de los grupos vascos del punk de los ochenta se ha dejado sentir en una inmensa cantidad de bandas de rock de varios estilos durante las décadas posteriores, como los sevillanos Reincidentes, los extremeños Extremoduro o los madrileños Boikot. Pero quizá quienes han encarnado mejor el espíritu contestatario de aquellos días sean los Ska-P, un grupo de ska punk formado en Vallecas en 1994, que se caracteri-

Reincidentes, grupo de referencia del punk rock sevillano.

za fundamentalmente por su militancia anarquista y su inconformismo con el sistema. Su primer LP, titulado igual que la banda, es precisamente el menos reivindicativo y el más lúdico, pero el segundo, *El vals del obrero*, aparecido en 1996, contiene canciones como «Cannabis», que reivindica la legalización de la marihuana, «Sexo y religión», un alegato contra la intromisión de la Iglesia católica en los temas sexuales, «Romero el madero», una crítica a los policías antidisturbios, «Animales de laboratorio», un sañudo ataque a la experimentación con animales, o «El vals del obrero», una exaltación de orgullo proletario. En este disco se perfilan ya la amplia temática ideológica de la banda, que a lo largo de sus diez discos incluye también abiertas críticas a la pena de muerte, los medios de comunicación, la tauromaquia, el uso de niños soldado en las guerras, el fascismo, el racismo, el abandono de animales o la defensa de la antiglobalización, la intifada palestina y el

«Consumo gusto»
La alienación de la clase media contada por Ska-P

Comprar cosas que no valen *pá ná*,
comprar para olvidarlas en el desván,
comprar es un placer excepcional,
comprar, cómo me gusta despilfarrar.
Todo el día currando como un cabrón hasta las 10
por un salario de mierda que no me llega a fin de mes
pero la tele me dice que tengo que consumir,
acepto con sumo gusto, yo me dejo persuadir.

Pagar el colegio del chaval,
pagar la puta luz, el agua y el gas,
pagar la residencia de mamá
pagar mi vida consiste en aforar.
Pago la letra del coche, pago la cuota de comunidad,
pago la puta hipoteca, pago la cuenta que debo en el bar,
pago la letra del vídeo, pago la letra del televisor,
pago el seguro del coche, pago la letra del ordenador.

Puto dinero, puto dinero,
la sociedad de consumo me ha convertido en un servidor,
puto dinero, puto dinero.
Siempre con el agua al cuello, esta es la vida de un consumidor.

Esclavo de la puta publicidad,
esclavo soy.
Esclavo, la sociedad del bienestar no es para todos por igual

Aquí termina la historia de este humilde trabajador
que ha sido utilizado y ni siquiera se ha *enterao*,
quién saca la tajada, quién maneja este *tinglao*,
los que están por arriba, los que parten el bacalao.

Ejército Zapatista de Liberación Nacional. A pesar de sus combativas letras, o quizá precisamente a causa de ellas, en los últimos años han arreciado las críticas por parte del sector más radical de su público que los consideran unos incongruentes, e incluso unos vendidos, por mantener un contenido crítico en sus canciones mientras editan sus discos con una multinacional como Sony/BMG. Más allá de las polémicas, han sabido demostrar también una capacidad para hacer crítica social más allá de los eslóganes de fácil enganche para el público, como en el caso de «Consumo gus-

Ska-P, la banda de ska eusko-vallecana con letras cargadas de ideología.

to», una canción en la que se aproximan sin benevolencia pero sin saña a esa clase media maltratada por la crisis. A pesar de las críticas siguen en activo, manteniendo su actitud combativa y su espíritu solidario.

Otros que por su espíritu combativo merecen ser reseñados en este apartado, aunque en realidad su música no sea heredera del punk sino del hip hop, son Def Con Dos, un grupo nacido casi de forma anecdótica en Vigo en la noche de reyes de 1988, pero afincado en Madrid desde el principio y liderado por César Strawberry. Tras tres grabaciones tituladas *Primer, Segundo y Tercer Asalto*, la popularidad les llega al participar en 1993 en la banda sonora la película de Álex de la Iglesia, *Acción mutante*, para la que grabarían un tema, «Mineros locos (Armas pal pueblo)», que acabaría dando paso a la grabación del LP *Armas pal pueblo*. Desde entonces han grabado una docena de discos repletos de ironía, juegos verbales, referencias a la cultura de serie B y a una estética violenta que no es más que una fachada que oculta una temática más comprometida, más próxima a la denuncia combativa de las injusticias, la hipocresía social y las desigualdades creadas por el sistema. Esa actitud ha llevado a Strawberry, un artista polifacético que además de cantante es escritor, guionista, director y productor cinematográfico, a ser procesado por el delito de enaltecimiento del terrorismo e injurias a la Corona en unos tuits. Tras un largo y enrevesado proceso judicial, finalmente el Tribunal Constitucional decidió que sus comentarios sarcásticos no eran condenables judicialmente.

Def Con Dos, la banda de hip hop y rap metal abonada a la crítica aguda y la denuncia social.

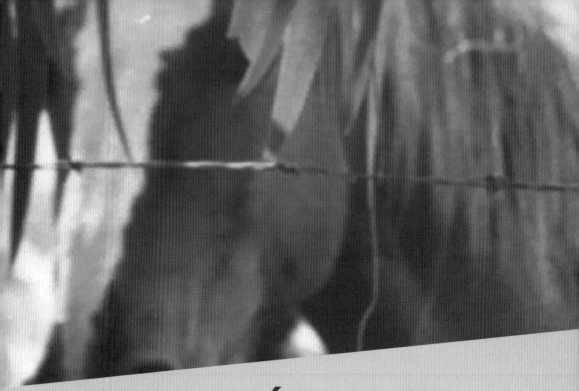

LATINOAMÉRICA. EL ROCK FRENTE A LA TIRANÍA

La llegada del rock 'n' roll a Latinoamérica se produce prácticamente desde el primer momento de su aparición en los Estados Unidos y durante la década de los cincuenta las bandas se limitan a reproducir y versionar los éxitos más populares del rock norteamericano y durante los sesenta comienza a surgir el rock en español, con personalidad propia en los distintos países. La particular situación política de los países sudamericanos en general, con un generalizado predominio de los regímenes dictatoriales desde finales de los cincuenta en Bolivia, Brasil, Paraguay, Uruguay, Argentina y Chile, dentro del llamado Plan Cóndor diseñado por los Estados Unidos a través de la CIA para frenar el avance del comunismo, colocará al rock en el punto de mira de las respectivas autoridades militares y conferirá un forzoso e inevitable papel protagonista en los movimientos rebeldes y contraculturales. Primero fueron los primeros rockers y sus insolentes modales, sus tupés engominados y sus cazadoras de cuero y más tarde los desafiantes

hippies con sus melenas y su voluntario desaliño. Todos supusieron un desafío para las conservadoras generaciones posteriores a la Segunda Guerra Mundial y sobre todo para las ultrapatrióticas autoridades militares, que veían en aquellos jóvenes de costumbres extranjeras un peligro tras el que podía ocultarse otro mayor: la libertad de ideas.

Curiosamente, en Latinoamérica el término «rebelde» estuvo asociado desde el principio a la aparición del rock 'n' roll. «Rebelde» es el título del primer rock en español grabado en Argentina, Rebeldes del Rock es el nombre de uno de los principales grupos pioneros del rock 'n' roll mexicano y Los Rebeldes de Potosí el de una de las bandas que crearon el rock boliviano. Los roqueros latinoamericanos fueron considerados sospechosos en casi todos sus países, pisaron comisarías y fueron perseguidos y encarcelados por todas las dictaduras militares y muchos salvaron el pellejo huyendo al exilio. Pero en realidad los rebeldes por antonomasia fueron cantautores y los músicos de folk protesta –que se escapan a la temática de este libro y merecen un estudio aparte–, como vendría a evidenciar el hecho de que el único latinoamericano incluido por la revista *Rolling Stone* en su ranking «15 Rebeldes del Rock & Roll» sea el chileno Víctor Jara, uno de los cantautores más famosos de todos los tiempos, que fue detenido en las horas posteriores al golpe y llevado al tristemente famoso Estadio Chile, que hoy lleva su nombre. Los soldados se ensañaron con Jara y le aplastaron una mano para burlarse de él diciéndole que tocara la guitarra. Luego le ametrallaron y arrojaron su cuerpo en una calle de las afueras de Santiago donde fue recogido por unos vecinos y enterrado de forma clandestina. Durante la pesadilla de su cautiverio tuvo tiempo a escribir sus últimos versos: «Canto que mal que sales / Cuando tengo que cantar espanto / Espanto como el que vivo / Espanto como el que muero».

ARGENTINA, PIONEROS Y REPRIMIDOS

Al igual que en la mayoría de los países del mundo occidental, el rock 'n' roll llegó a Argentina de la mano de la banda sonora de la película *Blackboard Jungle,* estrenada en 1957 y que incluía el consabido tema de Bill Halley & his Comets, «Rock Around the Clock» (titulado en los medios argentinos como «Al compás del reloj»). Casi de forma inmediata surgieron músicos que imitaban a Halley, como Eddie Pequenino, al frente de la primera banda de rock 'n' roll del país, Mr. Roll y sus Rocks, que hacían sobre todo versiones de grandes éxitos norteamericanos. También en 1957 se estrena la película argentina *Venga a bailar el rock,* del director Carlos Marcos Stevani, la primera del rock iberoamericano, que incluye un tema de rock, «Venga a bailar el rock», compuesto por Éber Lobato e interpretado por The Big Rockers. En 1958 es el propio Bill Haley el que actúa en Buenos Aires, mientras en paralelo comienzan a surgir bandas autóctonas como Los Cinco Latinos, Sandro y los de Fuego, Billy Cafaro, Johnny Tedesco, Palito Ortega, The Rocklands, Los Paters o Los Modern Rockers de Luis Aguilé. Más allá de ser tildada de extranjerizante por los círculos musicales periodísticos más tradicionales, este primer rock 'n' roll no pasó en su carácter rebelde más allá del habitual desencuentro generacional. Fue la siguiente generación, la de los años sesenta, la que profundizaría en esa grieta contestataria y sentaría además las bases para un rock con características propias.

Los Gatos escalaron muy pronto los primeros lugares en la preferencia de la juventud en Argentina y en muchos países de Latinoamérica.

Aunque en 1956 Santos Lipesker y Aldo Cammarota compusieron el primer rock en español, «Rock con leche», fue en 1965, bajo la influencia de la invasión británica, cuando comenzaron a surgir bandas con un verdadero repertorio propio en español, como Los Gatos Salvajes o Los Beatniks, que en 1966 grabaron un primer single, considerado como el primer disco del denominado «rock nacional argentino», que contenía un tema, «Rebelde», que fue censurado por el gobierno del militar golpista Juan Carlos Onganía, a causa de su contenido ideológico. El tema fue compuesto por Moris –que acabaría exiliado en España y convertido en una figura del rock a principios de los ochenta– y Pajarito Zaguri, uno de los emblemas del rock *undeground* de los sesenta en Argentina. En

Alberto Ramón García, más conocido como Pajarito Zaguri.

«Rebelde»

La inconformista declaración de intenciones del rock argentino.

Rebelde me llama la gente,
Rebelde es mi corazón,
Soy libre y quieren hacerme
Esclavo de una tradición.

Todo se hace por interés,
Pues este mundo está al revés,
Si todo esto hay que cambiar,
Siendo rebelde se puede empezar.

Rebelde me llama la gente,
Rebelde es mi corazón,
Soy libre y quieren hacerme
Esclavo de una tradición.

¿Por qué el hombre quiere luchar
Aproximando la guerra nuclear?
Cambien las armas por el amor
Y haremos un mundo mejor.

Rebelde me llama la gente.

Los Beatniks.

la banda estaban también Jorge Navarro, Antonio Pérez Estévez y Javier Martínez, uno de los fundadores de Manal, banda pionera del blues argentino. Todos fueron a parar a la cárcel durante varios días a causa del escándalo que montaron con la promoción de «Rebelde», que incluía la difusión de la canción montados en un camión que recorría las calles de Buenos Aires o la publicación de una serie de fotos semidesnudos en una fuente pública. A pesar de todo el disco no vendió mucho más allá de un par de centenares de copias y Los Beatniks acabaron disolviéndose, dejando, eso sí, patente la actitud netamente insumisa de los roqueros argentinos de segunda generación.

En 1967 el grupo Los Gatos publican un sencillo, «La Balsa», considerada por la revista *Rolling Stone* como la mejor canción del rock argentino de todos los tiempos, en la que de forma encubierta se hablaba del consumo de drogas, pero sobre todo de la insatisfacción de la juventud argentina por la falta de libertad de expresión personal y la represión sexual de una sociedad bajo vigilancia. La letra tenía un aire desesperanzado: «Estoy muy solo y triste acá / En este mundo abandonado / Tengo una idea, esa la de irme / Al lugar que yo más quiera / Me falta algo para ir / Pues caminando yo no puedo / Construiré una balsa / Y me iré a naufragar», y marcó tanto a la juventud de su tiempo que el término «náufrago» pasó a definir a los que integraron el movimiento surgido a finales de los sesenta e inspirado en los hippies estadounidenses y en el rock psicodélico. Este movimiento se extendería durante los setenta, con grupos como La Joven Guardia de Roque Narvaja, Almendra de Luis Alberto Spinetta, Manal, más orientada al rock blues, Pescado Rabioso, Color Humano, Aquelarre o Sui Generis de Charly García, hasta la llegada de una de las más cruentas dictaduras latinoamericanas.

El 24 de marzo de 1976 las Fuerzas Armadas Argentinas dan un golpe militar que acaba con el gobierno de María Estela Martínez de Perón y que durante siete años impuso un terrorismo de estado que se saldó con el asesinato, tortura y desaparición de más de 30.000 personas. Durante este período de terror y dictadura el rock & roll argentino sufrió una transformación que lo llevó a una situación ambivalente. Por un lado en un primer momento la Junta Militar colocó los jóvenes aficionados al rock en una categoría de «enemigos» por su afición a una música extranjera y presuntamente subversiva, pero a partir de 1982, tras la declaración de la guerra contra Inglaterra por la disputa de las Islas Malvinas, la singularidad del rock argentino hecho en español frente al rock anglosajón colocó al rock en una situación de privilegio al entender la dictadura que podía ser una herramienta patriótica para llamar a la juventud a apoyar la guerra, tal y como explica Mara Favoretto en su artículo «La dictadura argentina y el rock: enemigos íntimos», publicado por la revista *Resonancias* de la Universidad Católica de Chile: «Si bien el régimen parecía tener claro que la música cumplía una función social y política importante, no contó con que, lejos de apoyar la guerra y el discurso épico de los militares, el rock nacional usaría ese mismo escenario para resistir, disentir y expresar su solidaridad con los rockeros y ciudadanos ingleses».

Entre 1976 y 1977 se registra un inusitado aumento de conciertos de rock nacional, especialmente en el estadio Luna Park, con capacidad para 15.000 personas, que lejos de las intenciones de la dictadura, se convirtieron en actos políticos encubiertos en los que muchas canciones censuradas en la radio y televisión se interpretaban en directo. En ocasiones la respuesta de los músicos a

Charly Garcia, uno de los puntales del rock argentino

la dictadura fue de abierto desafío, como en el caso del Festival del Amor organizado en 1977 en el Luna Park por Charly García con muchos de sus viejos compañeros de bandas como Sui Generis y PorSuiGieco y que contó con una asistencia multitudinaria a pesar del férreo control de las autoridades militares. A finales de 1977 la Secretaría de Inteligencia del Estado (SIDE) comenzó a establecer conexiones entre el rock y la subversión, se empezaron a elaborar listas negras de músicos presuntamente sospechosos de sedición, muchos conciertos fueron prohibidos y muchos músicos optaron por el exilio mientras que los que se quedaban pasaban a sobrevivir en una peligrosa escena *underground*. La censura se afianza a partir de 1980 tanto en radios, como en televisión y periódicos. En octubre el diario *Clarín* publicó una lista de 242 temas musicales prohibidos, según el informe de Mara Favoretto, mientras algunos como Charly García seguían plantando cara a la represión con conciertos masivos con su grupo Serú Girán en Palermo, donde reunieron a 60.000 personas.

En 1981, con el traspaso del poder del general Videla al general Viola la dictadura hizo un amago de falsa apertura hacia el mundo del rock que se tradujo en un aumento de las protestas más o menos encubiertas. El ambiente comienza a cambiar en abril de 1982 con el comienzo de la Guerra de las Malvinas. Para la dictadura el enemigo exterior, los ingleses, comienza a sobrepasar al enemigo interior, y la música en inglés es prohibida lo que provoca una ascenso inesperado del rock argentino que es mayoritariamente crítico con la guerra, como se demostró en el Festival de la Solidaridad Latinoamericana, organizado en 1982 como apoyo a la guerra y en el que lo que sonaron fueron cantos en contra la intervención militar.

En diciembre de 1983, tras la derrota en la guerra de las Malvinas, la dictadura caía y era sustituida de nuevo por un régimen electoral. El país entra en una etapa de resu-

El rock y las Malvinas

El tiro por la culata

El 16 de mayo de 1982 el gobierno militar argentino organizó el Festival de la Solidaridad Latinoamericana, un macro concierto en apoyo a la guerra de las Malvinas en el que cosechó los efectos contrarios a los deseados. Fito Páez interpretó temas como «Tiempos difíciles», en el que aludía a los desaparecidos y a las Madres de la Plaza de Mayo: «Los sepultureros trabajaron mal / Los profanadores se olvidaron que / La carne se entierra y no produce (...) Madres que le lloran a una

tierra gris / Hijos que se entrenan para no morir / Como atestiguar tanto vacío ante la historia / Y que nos crea y que le duela como al hombre». También Luis Alberto Spinetta dedicó su canción «Maribel se durmió» a las Madres de Plaza de Mayo, Raúl Porchetto clamó por el fin de la guerra en su tema «Algo de paz», mientras que Miguel Cantilo y Jorge Durietz, conocidos como Pedro y Pablo, haciendo un evidente alegato contra la tortura en su canción «Apremios ilegales»: «Apremios ilegales, dolores genitales / Pistolas y cuchillo por toda tu piel / Picana en los testigos, muriendo de alaridos / Por más que grites fuerte no van a escuchar».

Soldados argentinos en la guerra de las Malvinas.

rrección cultural que en el rock se traduce en la explosión del punk y la new wave con un lustro de retraso respecto al resto del mundo. Las ansias de libertad y diversión hacen que las canciones tengan un aspecto más lúdico y menos intenso y comprometido. La protesta cambia de sentido y se convierte en irreverencia e incorrección política, como en el caso de Los Violadores, una de las bandas más importantes de finales del siglo XX en Argentina, que comenzaron atacando a la dictadura en sus primeros temas y acabaron enfrentándose a la justicia por una encarcelación ilegal a causa de una falsa acusación de posesión de drogas. A partir de mediados de los ochenta el rock argentino cobró una dimensión panamericana e internacional con bandas como Soda Estéreo, Los Fabulosos Cadillacs o Los Enanitos Verdes, con una temática más social que política y en los noventa surgieron algunos grupos contestatarios y críticos con el sistema como Bersuit Vergarabat o Las Manos de Filippi, que ya han sido analizados en el capítulo correspondiente a la antiglobalización.

CHILE, BAJO LA BOTA DE PINOCHET

E n Chile la evolución del rock fue muy similar a la de Argentina. Tras la época de imitación de los rockers de los años cincuenta, en los primeros sesenta se produjo un movimiento muy popular pero de muy poco calado crítico, conocido como la Nueva Ola, que fue sustituido a finales de esa década por un rock psicodélico más contracultural y agresiva, con bandas como Los Mac's, Los Lark's, Los Vidrios Quebrados o Los Jockers, con temas de contenido más contestatario y crítico. Sin embargo esta rebeldía musical era más estética que de fondo y estaba marcada por la imitación del fenómeno hippie y psicodélico importado de Inglaterra y Estados Unidos, algo que se prolongará en los primeros años setenta, en los que se comenzó a cimentar un folk rock de estilo autóctono con grupos como Los Jaivas o Aguaturbia que fusionaban el rock con el folclore autóctono. Pero el peso del compromiso político y social de la música en esos años recaería sobre todo en los cantautores de música popular y folk que florecieron con el gobierno de Unidad Popular presidido por Salvador Allende, que se vio abrupta y sanguinariamente interrumpido el 11 de septiembre de 1973 por el golpe militar dirigido por el general Augusto Pinochet.

Desde el comienzo de la dictadura militar el rock pasó a una situación de clandestinidad al ser considerado una herramienta de los subversivos, como se denominó a cualquier que no fuese adepto al nuevo régimen. El rock & roll pasó a ser considerado como una música contestataria, de influencia extrajera y liberal. Muchos grupos se disolvieron, muchos músicos, los que pudieron burlar la represión, emprendieron el camino del exilio, otros tuvieron que adaptarse a los nuevos tiempos y convertirse en lo que se llamaba conjuntos de canción ligera y algunos optaron por crear una arriesgada escena *underground*. Comenzó lo que fue conocido como «apagón cultural»,

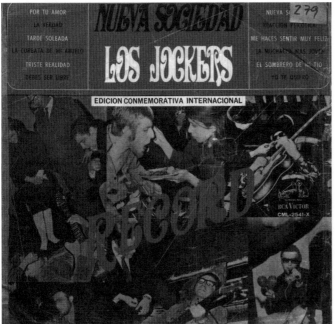

Los Jockers.

«No Necesitamos Banderas»

El himno libertario y pacifista de Los Prisioneros

Con la autoridad que nos da el buen juicio
Y en pleno uso de nuestra razón
Declaramos romper de forma oficial
Los lazos que nos pudieron atar alguna vez
A una institución o forma de representación
Que nos declare parte de su total

Con toda honestidad y con la mente fría
Renegamos de cualquier patrón
Ya todas las divisas nos dan indiferencia
Renegamos de cualquier color
Se llame religión se llame nacionalidad
No queremos representatividad

No necesitamos banderas
No reconocemos fronteras
No aceptaremos filiaciones
No escucharemos más sermones

Es fácil de inquietar dejar que otros hablen
Y decir: Ellos saben más que yo
Ponerse una insignia, marchar detrás de un
líder
Y dejar que nos esgriman como razón
No vamos a esperar la idea nunca nos gustó
Ellos no están haciendo lo que al comienzo se
pactó

No voy a la guerra contra el argentino
Es mi vecino y es mi amigo
No voy a la guerra contra el peruano
Es mi vecino y también mi hermano
No voy a la guerra contra el boliviano
No soy capaz de matar un gusano
No voy a la guerra contra Irak
No me interesa ir a robar

No voy a la guerra señor general
Si es tan cobarde con las manos limpias va a
pelear
No mande a los pelaos a asesinar no a larga
distancia

Como en Dermatal

una época en la que la creatividad fue considerada sospechosa y la disidencia perseguida y castigada con la tortura o la muerte. Al final del período dictatorial, que acabó en 1990, se registraron más de 2.000 asesinados, 3.500 desaparecidos y miles de personas torturadas. En ese ambiente de terror y represión el rock vivió una etapa de semiclandestinidad con bandas como Tumulto, Fulano, Pinochet Boys, Electrodomésticos, Sexual Democracia, Los Niños Mutantes, Fiskales Ad-Hok o Los Prisioneros, que crearon una escena underground en dura pugna con la vigilancia policial que a menudo interrumpía los conciertos y clausuraba los locales donde se celebraban. Algunos optaron por una descarada actitud de rebeldía como los Pinochet Boys, que además de su irónico nombre tenían canciones como «La música del general», que eran un abierto desafío: «Dictadura musical / nadie puede parar de bailar la música del General / Nada en el cerebro, nada en el refrigerador». La actitud provocadora de la banda les colocó bajo el punto de mira de la policía y acabaron abandonando el país aprovechando un concierto en Brasil.

Otra banda muy conocida por su postura política de crítica abierta al régimen de Pinochet fueron Los Prisioneros, un grupo punk fundado en 1983 por Jorge González, Claudio Narea y Miguel Tapia, que en 1984 grabaron un casete titulado *La voz de los '80*, considerado uno de los álbumes más importantes del rock chileno y cuya presentación en televisión fue censurada e interrumpida por considerar que su música atentaba contra la estabilidad nacional. En realidad fue la situación polí-

No voy a la guerra, no voy a la guerra, nunca más

Me da vergüenza la pacificación de la Araucanía
Y el barco militar, me da vergüenza la guerra del Pacífico
Y el golpe militar, me da vergüenza Vietnam
Y hasta la Segunda Guerra Mundial

Una bandera es linda cuando juega la selección
Cuando la dibujamos cuando chicos en el pizarrón
Cuando Marcelo, Iván o Pizarro meten un gol ¡sí!
Pero no cuando hay que ir a matar

No es linda cuando hay que ir a odiar
Cuando quemamos las casas de los extranjeros de Suda-
mérica
Cuando nos reímos de la tristeza del pobre hermano
argentino
Cuando hablamos con prepotencia sobre el peruano
Pero le abrimos las patas al norteamericano

No necesitamos banderas
No reconoce, ¡no!

tica la que hizo que alguno de sus temas cobrasen una dimensión que inicialmente no tenía, como el caso de «¿Por qué no se van?», que estaba originalmente dedicado a los músicos y artistas esnobs pero que el público creía que estaba dirigido a los militares de la dictadura. El propio guitarrista, Claudio Narea, desmentía el carácter político de la formación en una entrevista concedida a Eduardo Santos de la revista digital *Vice* en 2016: «Los Prisioneros no era una banda política pero las canciones tenían mucho contenido social. Aunque no tuviéramos partido político, los de derecha pensaban que éramos comunistas y los comunistas pensaban que éramos de derecha». Aún así, temas como «La cultura de la basura» fueron censuradas y canciones como «El baile de los que sobran» se convirtieron en himnos contestatarios. Si algún tema ideológico tiene Los Prisioneros, ese es sin duda el canto internacionalista «No tenemos banderas».

La oposición musical a la dictadura de Augusto Pinochet también tuvo un frente exterior con la banda Corazón Rebelde, representantes del rock chileno del exilio de los años ochenta, formada por tres hermanos, Cacho, Luis Emilio y Rodrigo Vásquez, hijos un militante de izquierda exiliado en París, y por el franco tunecino Cyril Noaco. Inspirados en The Clash, mezclaban punk y ritmos latinos y cantaban en español canciones cargadas de intención política que aludían a la situación de represión en su país de origen, como «Desaparecidos», «Adónde van», «San-

Los Prisioneros, una banda de características únicas en la historia del rock chileno.

tiago» y «Valparaíso», temas alusivos a la marginación social como «Tíos de acero» o incluso canciones alusivas a la Guerra Civil española como «El ejército del Ebro» y «La muerte», dedicada al asesinato del poeta Federico García Lorca. Aunque la banda nunca llegó a actuar en Chile, sus canciones se hicieron muy populares entre la juventud de aquel país durante los años de plomo de la dictadura, sobre todo gracias a un casete que grabaron en Francia en 1985 y que fue reproducido hasta la saciedad de forma semiclandestina. Otros grupos que, durante o después de la dictadura, lanzaron sus dardos musicales contra a Pinochet fueron Mecánica Popular con su canción «Los lentes de Allende», Los Tres con «No es cierto», Francisca Valenzuela con «Salvador», Los Bunkers con «El detenido» o Los Miserables con «Siempre vivirás».

Pinochet Boys es una de las bandas fundacionales del punk en Chile con nombre provocativo.

MÉXICO. EL ESTADO CONTRA EL ROCK

El primer país en ser invadido por el incipiente rock 'n' roll fue México, elegido por Bill Haley & His Comets como escenario de sus primeras giras por el extranjero. Sólo dos años después de que Haley grabase «Rock Around the Clock» aparecían al sur del Río Bravo bandas pioneras del rock mexicano como Los Black Jeans y Los Camisas Negras. Entre esos pioneros figuran Los Rebeldes del Rock, fundados hacia 1957 y que atestiguan con su nombre su intención insumisa, al menos en las formas. Al igual que en el resto del mundo, la sociedad mexicana recibe con una escéptica desconfianza aquel nuevo estilo musical que arraiga entre el sector más inconformista de la juventud urbana. El primer escándalo sonado lo crearon a principios de los sesenta Los Spitfires con su tema «Ven cerca», especialmente a causa de la interpretación sensual hacía su cantante femenina, una adolescente llamada Julissa. Poco a poco las bandas fueron pasando de imitar a sus vecinos del norte a ir creando en estilo propio, con más influencias de la música autóctona aunque cantado en inglés, conocido como el rock chicano, que

Matanza de Tlatelolco.

fue censurado en los grandes medios de comunicación y acabó siendo condenado a la semiclandestinidad por ser considerado por la conservadora sociedad mexicana como una
mala influencia para su juventud.

Pero la proximidad con los Estados Unidos hizo que la influencia del rock fuese imparable y a finales de los sesenta y principios de los setenta la psicodelia el movimiento hippie
y el rock progresivo se fueron extendiendo por México hasta el punto de que un artista
de ese país, Carlos Santana, actúa en el mítico Festival de Woodstock con un enorme
éxito. En septiembre de 1971 se celebró el primer festival masivo de rock en el pueblo de
Avándaro, en el Estado de México, que marcaría un antes y un después en la historia del
género en México. El miedo de las autoridades a semejante concentración juvenil llegó a
la paranoia cuando el cantante del grupo Peace and Love lanzó el grito que daba nombre
a su canción más famosa, «Tenemos el poder», que empezó a ser coreado por el público,
formado por alrededor de 20.000 personas, provocando la interrupción de la emisión
en directo por radio que se venía efectuando hasta el momento y creando un estado de
alarma entre las autoridades que acabaron decretando la prohibición de cualquier evento
masivo de rock en 15 años. Por entonces todavía perduraban las secuelas de la matanza
de Matanza de Tlatelolco, producida en octubre de 1968 en Ciudad de México cuando
las fuerzas de seguridad dispararon contra una concentración de estudiantes causando
entre 300 y 400 muertos. El gobierno ligó la protesta estudiantil con el rock y esta música
fue perseguida con saña, condenándola a la clandestinidad, con conciertos en fábricas

Carlos Santana.

abandonadas y casas semiderruidas, conocidas como «hoyos fonquis», y contribuyendo a crear un clima de persecución que haría que el rock mexicano se fuese convirtiendo cada vez más en un movimiento contestatario. Aunque muchas bandas sucumbieron a la presión y algunos cambiaron su estilo y se convirtieron en bandas de baladas románticas para poder ser aceptados en la radio y la televisión, otros resistieron contra viento y marea. Entre estos últimos destacan Three Souls in my Mind, que serían más conocidos como El Tri y que pasaron de cantar en inglés a componer canciones en castellano en las que denunciaban la corrupción el autoritarismo y represión estatal con temas como «Perro negro y callejero», «Chavo de onda» y «Abuso de autoridad».

El testigo disconforme del Tri ha sido recogido a finales del siglo XX y principios del XXI por una multitud de bandas entre las que destacan Molotov, ya mencionados en el capítulo dedicado a a la antiglobalización, Panteón Rococó, un grupo de rock y ska con duras críticas al gobierno en temas como «Democracia Fecal» y «Payaso de mentiras», Maldita Vecindad y los Hijos del Quinto Patio, Control Machete, Café Tacvba, La Nun.k Muerta Rebelión, El Gran Silencio o Resorte, entre un largo etcétera de bandas que practican un amplio abanico musical que va desde el metal al hip-hop y que muestran una especial sensibilidad social y un espíritu de denuncia en la letras de sus canciones.

«Abuso de autoridad»
El Tri denuncia la represión

Vivir en México es lo peor
Nuestro gobierno está muy mal
Y nadie puede protestar
Porque lo llevan a encerrar.

Ya nadie quiere ni salir
Ni decir la verdad
Ya nadie quiere tener más líos con la autoridad.

Muchos azules, en la ciudad
A toda hora, queriendo agandallar, no!
Ya no los quiero ver más!

Y las tocadas de rock
Ya nos las quieren quitar
Ya sólo va poder perrear
La hija de Enrique Guzman.

Muchos azules, en la ciudad
A toda hora, queriendo agandallar, no!
Ya no los quiero ver más!

Y las tocadas de rock
Ya nos las quieren quitar
Ya sólo va poder perrear
La hija de Silvia Pinal

EL CASO DEL ROCK ANDINO

En 1965 la banda peruana Los Saicos publicó el tema «Demolición», una canción de rabia juvenil y rebeldía ciega con un ritmo antecesor del punk, que compite con «Rebelde», de los argentinos Los Beatniks, por ser el primer rock en español. En Perú la historia inicial del rock es muy similar a la de sus vecinos, con el habitual proceso e imitación al rock clásico y la creación paulatina de una escena propia que se vio interrumpida en 1968 por la dictadura militar encabezada por el General Juan Velasco Alvarado, que se tildaba de antiimperialista y que prohibió toda influencia cultural estadounidense. La presión sobre el rock fue tal que un concierto de Carlos Santana fue prohibido mientras en la Universidad de Lima se producían disturbios por parte de estudiantes afines al

Los Saicos.

régimen que protestaban por la presencia del músico mexicano. Tras la recuperación de la escena del rock durante los años setenta, a principios de los ochenta el rock volvió a sumergirse en un mar de problemas durante lo que se conoce como el «rock subterráneo», a merced de una inestable situación social provocada por la guerra sucia entre el gobierno y la guerrilla de Sendero Luminoso. Grupos como Narcosis, Guerrilla Urbana, Leusemia, Autopsia, Éxodo, Kaoz, Voz Propia o Salón Dada se vieron confinados a la clandestinidad, convertidos en una minoría bastante ignorada que enarboló una ideología de tintes libertarios y una oposición al régimen gobernante, marcado por la corrupción y el uso de la represión militar y policial. La situación comenzaría a cambiar a finales de los noventa con la proliferación de bandas de nuevo cuño, más alejadas ya de las implicaciones políticas y con más proyección internacional.

Los Rebeldes de Potosí.

En el país vecino, Bolivia, donde la palabra *rebelde* fue elegida para autodenominarse por las bandas pioneras Los Rebeldes de Oruro fundada en 1962 y Los Rebeldes de Potosí creada en 1965, el desarrollo del rock fue un tanto más residual pero siguió prácticamente las mismas pautas. Esta vez la dictadura de turno fue la del general Hugo Banzer, que gobernó por la fuerza entre 1971 y 1978 y que fue la pesadilla de los grupos de la época que practicaban la fusión con los músicas autóctonas como el taquirari, el saya o el undiqui, como Los Signos, 50 de Marzo, Antares o Wara, un grupo que en su disco *El Inca* realizó una de las mejores aproximaciones entre el rock y la música ancestral andina.

BIBLIOGRAFÍA

Cartier, Juan Pedro y Naslednikov, Mitsu, *El mundo de los hippies*, Editorial Desclée de Brouwer, Bilbao, 1974.

Castarnado, Toni, *Ellas cantan, ellas hablan*, 66 RPM, Barcelona, 2019.
Mujer y música: 144 discos que avalan esta relación (I y II), 66 RPM, Barcelona, 2011 – 2013.

Cohn, Nick, *Awopbopaloobop Alopbamboom. Una historia de la música pop*, Suma de letras, Madrid, 2004.

Doggett, Peter, *Historia de la Música Pop. Del gramófono a la beatlemanía.* Ma Non Troppo, Barcelona, 2017.
 Historia de la Música Pop. El auge. De Bob Dylan y el folk al Spotify. Ma Non Troppo, Barcelona, 2018.

Friedlander, Paul, *Rock and Roll: A Social History*, Westview Press, Boulder, Colorado, 1996.

Gómez Perez, Rafael, *El Rock. Historia del movimiento cultural más importante del siglo xx*, Editorial El Drac, Madrid, 1994.

Guillett, Charlie, *Rock. El sonido de la ciudad*, Ma Non Troppo, Barcelona, 2008.

Guillot, Eduardo, *Historia del Rock*, Editorial La Máscara, Valencia, 1997.

Hormigos Ruiz, Jaime, *Música y sociedad. Análisis sociológico de la cultura musical de la posmodernidad*, Fundación Autor, Madrid, 2008.

Jackson, Andrew Grant, *1965: The Most Revolutionary Year in Music*, Thomas Dunne Books, New York, 2015.

Juliá, Ignacio, *Pulp-Rock. Artículos y entrevistas (1982 – 2004)*, Editorial Milenio, Lleida, 2005.
The Clash. Rock de combate, Editorial La Máscara, Valencia, 1999.

Lynskey, Dorian, *33 revoluciones por minuto. Historia de la canción protesta*, Malpaso Ediciones, Barcelona, 2015.

Luna, Sagrario, *The Clash*, Ediciones Cátedra, Madrid, 1996.

Manzano, Alberto, *Antología poética del rock*, Ediciones Hiperión, Madrid, 2015.
Apóstoles del rock, Lenoir Ediciones, Girona, 2008.

Martín, Joseba, *Diario del Rock*, Editorial La Máscara, Valencia, 1997.

Muniesa, Mariano, *Punk Rock. Historia de 30 años de subversión*, T&B Editores, Madrid, 2007.

Myers, Marc, *Anatomía de la canción. Historia oral de 45 temas que transformaron el rock, el r&b y el pop*, Malpaso Ediciones, Barcelona, 2018.

Panadero Cantos, Antonio, *Beatles, el color de los sueños. Cómo Lennon & McCartney cambiaron la música popular*, Editorial Milenio, Lleida, 2017.

Sierra i Fabra, Jordi, *La Era Rock*, Espasa Calpe, Madrid, 2003.

Stanley, Bob, *Yeah! Yeah Yeah! La historia del pop moderno*, Turner Noema, Madrid, 2015.

Trulls, Alfonso, *Historia de la música country (I y II)*, Editorial Fundamentos, Madrid, 1994-1995.

Valiño, Xavier, *Veneno en dosis camufladas. La censura en los discos de rock durante el franquismo*. Editorial Milenio, Lleida, 2012.

Vélez, Anabel, *Mujeres del Rock. Su historia*, Ma Non Troppo, Barcelona, 2018.

Vogel, Adrian, *Bikinis, fútbol y rock & roll. Crónica pop bajo el franquismo sociológico (1950-1977)*, Ediciones Akal, Madrid, 2017.
Rock 'n' Roll. El ritmo que cambió el mundo, Ediciones Akal, Madrid, 2018.

VV.AA. *Sucios, grasientos, rebeldes. Una revolución greaser*. Editorial La Felguera, Madrid, 2018.

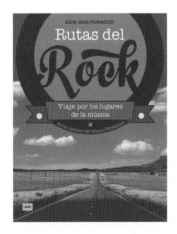